IOAN P. COULIANO

OUT OF THIS WORLD

Otherworldly Journeys
from Gilgamesh
to Albert Einstein

出世

从吉尔伽美什到爱因斯坦的

幽冥之旅

[美] 约安·P.库里亚诺 —————— 著　　张湛 ——————— 译

上海书店出版社
SHANGHAI BOOKSTORE PUBLISHING HOUSE

序

所有来到这个世界的人知道：他们都不免一个天堂或地狱之旅。事实上，从今世开始了许多信仰，稀奇古怪的天国、地狱、天堂、炼狱、地狱边缘[1]、迷宫、持守场所、内部世界、外部世界之旅。约安·库里亚诺并非漫无目的，就像熟悉房间和里面的家具，他步履轻松，穿行其间。这些幽冥，如果不是他的家园，至少也是他经常转换的工作场所。他详细阐释了许多不同时代和文化的材料，在这些领域他也并不总是专家；同时，他以某种相对的视角来呈现这些世界观，这也冒了极大的风险。

在创造令人惊奇的比对中，库里亚诺确属专业。他以这样一种方式编排历史材料：阐明这些材料间的本质区别，就构想时空维度和在其间旅行的普通人类智力提出问题。他有意结合科学与文学、人种论与哲学、历史与体制。他同时考察科幻小说和事实科学的不同类型，以及完全相异的人物比如玻尔[2]与博尔赫斯[3]、爱因斯坦与吉尔伽美什。

没有诙谐的才智与讽刺就没法真正做到这一点。读者将愉快地发现库里亚诺很胜任这项工作。他所做的一些匹配，奇思妙想,发人深省。他也并非不考虑使用能引起疑问和含糊的神秘的比对来挑逗读者。对幽冥之旅一种反讽的处理看来适合于他——一个荷兰公民、生长于罗马尼亚、意大利和法国大学的毕业生、在美国任教。

　　库里亚诺超越了对世界历史中引人注目的具体剧本的一系列描绘。他的探索超出了单一的描述,而把它们作为一个整体来研究。实际上,他称这一研究为"幽冥之旅的历史"。这样一种通史及其提出的问题,将加强对具体案例的相关探索,并阐明它们的意义。

　　库里亚诺揭示了一种普通观点背后的现象:人,很少生活在幽冥,却对这些他们恰恰并不属于的地方的细节给予很不寻常的注意。也许,像人类学、比较文学、宗教史这样的文化研究也会为这种怪异的魅力提供例证;而物理学、数学、科幻小说也同样被吸引,去理解超出我们当下世界的外部的、未知的扩大着的边界。库里亚诺写到,"总有那么一个维度,把我们导向未知",可能是一个神话、第四维或第 n 维。未知的范围随着知识的范围向外扩展。

　　有关幽冥的思辨在文化史和想象力的创造过程中扮演什么角色?我们这些生物已经慢慢知道并保存了关于这些世界的大量信息,这些世界设计复杂,配置精巧,密集居住着"此世 之外"的各种存在。库里亚诺甚至宣称"没有任何古代的幽冥信仰被完全抛弃"。如果,18 和 19 世纪的物理学与数学要求我们抛弃许多与物质世界的本质不相容的幽冥信仰,库里亚诺可能会让我们三思而后行。

　　爱尔兰哲学家、数学家、主教贝克莱,在他的《视觉新论》

(1709)中，论述了人类感知世界的方法。一年后，在《人类知识原理》，他考察了世界结构、感知与存在的本性之间的联系。"有一些真理对于人心是最贴近、最明显的，人只要一张开自己的眼睛，就可以看到它们。我想下边这个重要的真理就是属于这一类的；就是说天上的星辰，地上的山川景物，宇宙中所包含的一切物体，在人类心灵以外都无独立的实体（substance）；它们的存在（being）就在于其为人类心灵所感知、所认识"[4]，这样，人们可以想象库里亚诺是赞同贝克莱的。

贝克莱走得更远。他否认绝对的空间、时间和运动的存在，这些观念伴随着牛顿爵士的霸主地位而赢得了公众。贝克莱从数学和哲学出发，认为所有运动都是相对的。他在《论运动》（*De motu*，1721）中对牛顿力学的拒斥，一方面预示了马赫（E.Mach）和爱因斯坦的论点，另一方面也对哲学进行了加工。库里亚诺在他对空间感知的研究中似乎也强调了相对性。和贝克莱一样，他提供材料来质疑存在的基本属性如稳定性和外延。如果在它们当中考虑所有可能的空间和客体，库里亚诺可能发现他与贝克莱的相似：它们的 *esse*（存在）乃是 *percipi*（感知），它们的存在就是被感知。那么，世界上的所有现象，都是编织感知的材料。

有关被感知的和表面的诸世界的争论，《出世》提供了一个机会来评估库里亚诺的新锐观点：对于文化观念和符号行为的扩散，历史学科应该采取认知传播（cognitive transmission）作为它们的模型。"我们把认知传播看作对出自一套简单规则的传统的反思……每个单独的个体对传统的

x

（那种）分享很好地解释了某些信仰和实践的顽强。"正如贝克莱向我们保证的"没有心灵也就没有实体"，库利亚诺把传统和思维融合在维柯（G.Vico）的一句格言中：传统就是被感知。"每个人作为传统的一部分进行思考，因而也被传统所思考；在这一过程中，个人获得了认知的自我确证：被思考所体验的内容和被体验的内容反馈回被思考。人类心灵间这种相互作用的复杂过程使我们相信，我们中的多数人拥有共同的隐藏的根源，这根源可以……回溯到智人（homo sapiens）的出现。"[5]

贝克莱在他的时代，被迫得出结论：物质世界是个错觉，是个不必要的复制或抽象，不可想象、不可感、不可见，简言之，是个对这个世界来说多余的世界。在贝克莱看来，没人感觉就没有疼痛，没人听就没有声音，没人品尝就没有味道，没人看就没有颜色。感知做成了外部世界。除了人们经验到的感知世界，并无其他世界。

但贝克莱设想的是一个被一套感觉（一套人类感觉）浸透的世界，更重要的是，这不是被上帝独一的一套神圣感知掌管的世界。上帝乃是无限的感知者或观看者，这一突出特点把聚合性和连续性给了世界。库里亚诺与贝克莱不同。库里亚诺设计的认知传播概念，似乎要解决多方面的传统及整个历史中出现的多种传统的冲突问题。

库里亚诺从现代物理学和数学中引出关于物质（matter）的诸概念（这些概念对贝克莱是不适用的），让我们重新关注自然的维度及物质、空间、时间和心灵之间的关系。在我们的这个世界中（与贝克莱的世界不同），物质不需要再被推理掉

（如贝克莱试图做的那样）。一方面是粒子物理学，另一方面是多维宇宙论，已经把物质相对化甚至转移了。从当代科学的观点看，物质可能主要是空的、空虚的，而感知可能是其物理状态的一个成分。爱因斯坦、海森堡、拉克[6]的世界不是贝克莱的世界。今天，物质已经让路给感知而不必从场景中完全消失。

通过引入空间、时间的当代概念和流动概念，库里亚诺把我们送回到了休谟对贝克莱的打磨之前那一刻。我们通常通过插入透镜来解读贝克莱对物质和空间问题的解决。叔本华的二元论（"头脑内的世界"对"头脑外的世界"）重铸了贝克莱对脑与心的结合。而在贝克莱试图把物质消解于精神的地方，休谟把精神消解于时间的混乱的迷宫，在其中，心灵自身变成了一个由意识舞台上感觉现象在时间上的前后相继而构成的剧院。

库里亚诺对埃及的死后旅程、中国的鬼、伊朗的出窍、希腊的药物、犹太教神秘主义的展示，让我们重新思索关于心灵、物质和现象的那些争论，这些争论从贝克莱时代一直延续到我们自己的时代，我们自己关于物理、数学、感知以及思维准则的"事实"的时代。库里亚诺的目标是使我们认识到（实际上是实在化）其他的可能性。通过变换我们在历史上获得的关于空间、时间和物质的感知，我们将发现我们创造性地生活在一个可供选择的世界（或更恰当地说）别的世界中。

对于库里亚诺来说，世界的多重性似乎是种认识论上的必然，是心灵在空间中活动方式的功能。毕竟，心灵是在心灵

xii

创造的空间内起作用。因而，心灵与空间之间的关系天生似是而非，并向许多曾展开过的历史解答开放，但并没有终极的解答。然而，内在心灵的空间，领先于我们对周围世界的知识，向外扩张。这就是为什么在他看来"我们对更多空间的想象，没有终点"。我们设想了比物质宇宙所具有的更多的维度。成问题的是想象力的本性、想象的特点、以及象征在形塑现实中的作用。

　　库里亚诺自由地使用控制论、物理学、文学理论、精神分析、认知理论、神经生理学、数学、人种学以及认识论上的发现。这些学科中的一些实际上是宗教研究领域的"他世"。库里亚诺转向这些科学是因为他着迷于可预测的思考本身的可能模式（文本和历史传统可能从中出现）。他在广阔的个案研究中探索这种可能性。比如，他考察了《圣帕特里克的炼狱》，这是一部 12 世纪的作品，和德格湖一个不寻常的山洞联系在一起，在这个山洞里耶稣向圣帕特里克显形。这个山洞激发异象的历史有一千年。库里亚诺分析的不只是这些异象的启示论内容，而且还有类山洞空间（比如在建筑物和城市中）以及在山洞中体验到的异象中呈现的空间的模式。于是他还把这些解释与 12、13 世纪其他一些空间异象做了比对，比如《图尔基尔的异象》（*The Vision of Thurkill*）、《唐达尔的异象》（*The Vision of Tundal*）、13 世纪德国农民戈特沙尔克（Gottschalk）的异象以及《神曲》。

　　他使用这些和其他例子，提出了一个认知假定：传统是一套有限的简单规则的产物，这些规则比如"有另一个世界"、"他世位于天堂中"、"有身体和灵魂"以及"身体死后，灵魂进入他世"。库里亚诺在其他一些作品(论述灵知派、出窍的飞升以及文艺复兴时期魔法)中提出过他的部分例子。他在短篇小说中阐述、发挥过他的论点。库里亚诺似乎认为,经过漫长的时间,这些规则在人类心灵中产生相似的结果。通过这种彻底的历史决定论,他是否暗示了一种——统驭感知并介入物质世界的——心灵的普遍系统的存在? 毕竟,他指出,(只有?)从世界中并不存在的维度出发,世界才能被充分感知。比如,如果人们认识到自己在三维世界中的存在,就很容易理解(感知)二维世界的属性。

为了表明他的观点,库里亚诺用一些迷人的思想实验款待我们;不但邀请我们进入宗教幻想者的实验性宇宙,而且邀请我们进入那些数学难题和诗歌乌托邦。例如,平面国里的生活是什么样子的? 这是一个二维国度,在那里中国的长城由一些相同的薄的扁线构成,就像人的皮肤。我们将不得不使用相同的孔洞吃饭和排泄,以免我们直接成为不相连的两半。

《出世》把精神分析、启示录预言、原子科学、科幻小说、诗意幻相的世界熔于一炉。从本书之外的某处,读者被要求把幽冥中的旅程看作一种单一文学样式的例证或者也许是心灵的一种单一的多维方案的例证。而且,它们在本书中的熔合,表现为在人类历史或至少在人类的意识结构中有其根据:有这样一种意见,即没有萨满教的历史存在,这些世界中任何一种都不可能出现。库里亚诺确信,有几个根据,可以证明,文化的创造被错误地认为相互之间距离遥远:纯数学和物理学的想象、古人的神话、诗歌、乌托邦、出窍、异象、历史上分散居住的人类的梦。这些创造性传统的结合能够丰富我们自己的世界观。

读者将对库里亚诺间或在全书中得出的一般结论和末了的概括分析留下深刻印象。他的解释,像度灵人[7]的指引,为《出世》中一条未知的道路标出标识。库里亚诺试图引导迷茫的读者的想象力——当这想象力下降入古代冥府、漫游于中世纪的埃瑞璜[8]或者翱翔于伊甸乐园之中。

沙利文(L.E.Sullivan)

哈佛大学世界宗教研究中心主任

注 释

[1] 地狱边缘(limbos)。天主教创造了这个词,放置基督降生之前未受洗的儿童和好人。但丁的《神曲》里,把 limbo 放在地狱的最外围,荷马,苏格拉底等古圣先贤在这里面。在一般的用法中,limbo 代表的是一个三不管的地带。——译者注

[2] 玻尔(Niels Bohr),1885—1962,丹麦物理学家,量子物理学先驱。——译者注

[3] 博尔赫斯(Jorge Luis Borges),1899—1986,阿根廷诗人和小说家。——译者注

[4] 乔治·贝克莱(George Berkeley)著,关文运译,《人类知识原理》,商务印书馆 1973 年版,第 22 页。译文稍有改动。——译者注

[5] 见本书导论最后一段。沙利文的引文稍有改动。——译者注

[6] 拉克(Rudy Rucker),生于 1946 年,美国数学家、计算机科学家、科幻作家、哲学家。——译者注

[7] 度灵人(psychopomp),字面的意思是灵魂向导,指各民族神话中那些沟通阴阳两世(或神、人、鬼三世)的那些角色。因而在许多

文化中,萨满也承担这个功能。在荣格心理学中,它是意识和无意识领域之间的调解者。——译者注

[8] 埃瑞璜(Erewhon),现代文学中著名的"乌托邦"之一,英国作家巴特勒(Samuel Butler,1835—1902)1872 年发表的一部小说的名称。——译者注

致　谢

　　这本书是 1974 年到 1986 年间我出版过的另外两本书和一些文章及书评的续篇。在这些非常专门的研究中,我详细论述了西方宗教传统中幽冥之旅的历史,而对其他传统略作分析。几年前,我认识到,应该写一部幽冥之旅的通史。因为没有别的方法在它们的多样性中获得可能的统一。

　　1988 年和 1989 年,我在芝加哥大学开过两门课程,我借以组织并写作了这本书的大部分内容。感谢所有参加过"宗教和科学:第四维"及"宗教和文学中的幽冥之旅"这两门课的同学。在第二个课的一次课上,余国藩(A.Yu)与我们一起讨论了《西游记》,这是本书第六章简略提到过的文本之一。

　　我为本书收集的一些材料,在《微行》(Incognita,莱顿的布里尔出版社出版)第 1 期社论的修订版中出现过。我还应芝加哥大学心理学与宗教组的邀请作过空间维度与幽冥之旅之间关系的讲座,应印第安纳州圣母大学柯林斯(A.Y.Collins)教授的邀请在她启示录文本的讨论班上作过关于伊朗幽冥之旅的讲座(1990 年 2 月)。

　　多年来,我从从事启示文学和神秘主义研究的同事那儿获益良多。在这里我特别要向柯林斯（J.J.Collins）、西格尔（A.Segal）、马丁内斯（F.G.Martinez）、斯通（M.Stone）、基朋伯格（H.Kippenberg）、古伦瓦尔德（I.Gruenwald）、瑞勒斯吉（C.Zaleski）以及在卡巴拉研究中有新发现的以戴尔（M.Idel）表示感谢。沙利文的力作《印坎楚的鼓》中详述了一些南美萨满教技巧。总的说来，我对萨满教的概述仍嫌简陋。

1987 年后我出版的每一部著作都离不开威斯奈尔（H.S.Wiesner）的支持。她校订全书，帮我修订要点。但未尽之处，责任在我。

目　　录

导　　论

　　根据一系列民意测验,美国人,94%信仰上帝,67%相信死后生命,71%相信死后天堂(相比来说只有53%相信地狱),29%报告过真实地看到过天堂,23%相信转世化身,46%相信在其他星球上存在智能生命,24%相信可以与亡灵沟通,超过50%相信超感觉的感知,15%报告过有过濒死体验。[1]人们得出的唯一结论可能是,任何打开这本书的读者已经掉进这些范畴中的一个或几个中了。所以我希望如果你对这些事的当前观点了解不多,不要急于把书合上。幽冥之旅(包括天堂、地狱、别的行星等)、幽冥异象、意识改变状态(ASC)、还有脱体经验(OBE)和濒死体验(NDE)[2],本书的目的是对这些现象提供一个简明而全面的跨文化历史概览。本书并无野心对所有这些现象作出"解释",不过是要力图评估不同时间和地理环境中的人们自己如何解释他们的经验。

　　人类最古老的文献和对人类最"原始"文化(使用最初级技术进行狩猎和采集的文化)的研究都表明,对幽冥的访问是早期人类最重要的事情。面对从文明初始到现在关于幽冥之旅与异象的大量材料,历史学家和认识论学者提出了同样的问题:那些自称到过另一个世界的人他们到底去了哪儿? 当然,双方期待的答案相去甚远。

历史学家搜集文献(无论是否文字文献),努力在文化环境中描述人们宣称探索过的所有幽冥。本书的大部分,除了第一章和结论部分,包含这类描述。

认识论学者使用历史学家搜集的材料,以便检查所有那些幽冥探索者论断的真实性。换句话说,认识论学者的问题可以重新表述如下:数不清的人声言他们去过幽冥,这幽冥的实在性何在? 它们是我们物质世界的一部分吗? 抑或平行的世界? 它们是精神世界吗? 而且,所有这些情况,怎么获得通达它们的通道?

很快我们就会看到,表现在报道中的通达幽冥的方法和形式,其最大可能的幅度及其解释,变化很大。女巫可能宣布她骑着拖把并在安息日[3]降落,而通过钥匙孔窥视这些的观察者(从 15 世纪就有这种报道)可能看到她躺在床上,进入狂躁的睡眠中;而负责宗教审判的持怀疑态度的审判长或自然魔法的代表,可能把她的异象解释为一种意识改变状态(ASC),是皮肤吸收了致幻剂的结果。[4]

3　　从历史上看,关于幽冥探索者所见景象的场所,他们给出的最一般解释,或者是属于我们物质世界的一些地方,或者是一个平行世界的部分。对那些平行世界提供全面描绘是宗教的任务。早期哲学就来自对这些努力的理性化。从古到今,死者或出窍者通常被认为经历了一个死后生命。也许死者会回来说明死后生活的情况,更多情况下的"来世之窗"[这是小盖洛普(G.Gallup, Jr.)的说法],通常是那些活着的人获得的,这些人经历了身体上的不测事故、分娩、外科手术以及其他病痛，包括麻醉剂或感觉缺失（麻木），医院外的突发疾病、刑事侵害以及"宗教异象、梦、预兆以及其他灵修体验。"[5]

通达幽冥之旅和异象的一干方法，共同特征是，所有这些方法都遵循一个事实，而且也许是唯一的事实：被探讨的世界都是精神世界。换句话说，它们的实在性存在于探索者的心灵中。不幸的是，心灵到底是什么，特别是心灵空间是什么，似乎没有心理学方法可以提供足够的深刻见解。认知科学力图获得这些基本问题的一些答案，尽管这个学科还年轻。我们"心灵空间"的所在和特点，也许是自古以来人类面对的最大的谜；而且，在两个黑暗的世纪中，实证主义者试图把它们解释为虚假的以促使它们消失，随着控制论和计算机的发展，这些问题强力回归了。

通过本书第一章我们就会清楚，出于多种原因，我们有权相信，我们的心灵空间具有神奇的特点，其中最神奇的是心灵空间并不局限于——三维（就如我们周围的物质世界）。显然，当我们进入我们的心灵空间（它是无限的，因为我们对空间的想象没有尽头），我们并不真正知道我们去哪里。在我们的心灵空间中，没有什么地方是梦和意识改变状态（ASC）不能把我们带走的，虽然心理学家认为，我们所经验的，归根到底，或者与我们的个人经验有关，或者与我们在出生时心灵中就存在的东西有关。所有解释——无论从性的欲望和冲动出发还是从集体无意识出发——都相互矛盾，因为这些解释都建立在无法检验的前提上。这些解释最终都是不充分的，因为它们完全忽视心灵是什么这个问题。精神分析提供的所有

4

关于"无意识"和"精神"（psyche）的模糊解释，与萨满行为或女巫骑着拖把在空中的旅行并无二致，是其现代等价物。在以上这些案例中，只有我们禀持关于巫师和女巫这同样的前提，我们处理程序和专业解释才是有效的。不过他们解释的普遍有效性十分可疑。我们做不到真正理解，就像假如我们没有真的弄明白梦和异象在哪里产生、梦由什么构成等基础问题，就无法真的理解梦是什么一样。

即使我们把我们的心灵空间及其奇异的"心灵素材"描绘为一个完整的世界，与被感知为在我们之外的世界平行，两者依然在各种意义上相互依赖：外部世界是由精神世界来感知的，没有思想世界的感知外部世界就不能存在，而精神世界反过来又从感知借入意象。这样，至少精神世界的景象和剧本依赖于感知的实际结构。一只蜜蜂的内部世界与一只海豚或一个人的内部世界完全不同，因为彼此的感官不同，正如彼此对感知外部世界的反应中的冲动不同。例如，尽管蛇几乎目不见物，它们通过温度探测器来扫描外部世界，而青蛙对刺激——这刺激主要由去吃任何比它小的，与任何与自己大小相当的交配，从任何比自己大的那儿逃命构成——有一个初级的反应模式。蛇和蛙的内部世界与我们的如此不同，以至于我们几乎没法想象，即使最异想天开的努力。当然，在所有这些情况下在内部世界与外部世界间都存在一个相互关系。

如今，我们认为精神病患者（通常是那些被称作精神分裂症的患者），可能还有孩子，无法清晰辨别内部世界与外部世界。其实二者间的关系使严肃的西方思想家倍感困惑，不止开始于笛卡尔，甚至从柏拉图和亚里士多德就开始了。他们中不少人认为外部世界是我们感知的构造物,因而被剥夺了"客观性"。我们所谓客观世界实际上是人类感知机制创造的一个约定:蛇或蛙的客观世界貌似与我们的完全不同。这样,我们的内部世界和外部世界并非真正平行,它们不止通过多种途径相互介入,我们甚至无法确认何处一方停止而另一方开始。这意味着它们可能实际上共有空间?(除非我们要提出新的令人难以想象的问题,我们应该小心地从这一问题收手:企图界定人们以为的空间是什么。)

库克群岛(Cook Islands)的居民认为,幽冥就在岛的下面,入口是一个山洞(许多不同文化的民族实际上都持这种观点,即他们相信他们可以指出通往下界的入口),按我们在这里所取的认知观点来看,这种观点并不像它看起来那么幼稚。[6]这一信仰恰恰就是内外世界间的相互干涉问题吗?精神分析学家谈论精神意象的投射及基于外部世界的假定。但这个外部世界,如果不是一个根据感知、情绪、性、社会地位,甚至观察者的身高而变化的约定,那它又是什么呢?乐观者与悲观者看同一个杯子,一个看到半满,一个看到半空;哲学家维特根斯坦可能会说他们住在不同的世界里。这同样适用于我们所有人:对于我们每个人来说,不但内部世界,而且外部世界,看起来也完全不同。

我们现在来考察认识论学者为了评估幽冥之旅与异象的实在性而可能提出的一系列问题。不超出历史学家的权限我们就没法走得更远。当然,尽管这个概览简短而且并非结论性的,但也足以显示整个事情是多么复杂,以及我们对全面理解我们的心灵世界是多么没有准备。

转到历史学家的领域，我们应该强调幽冥之旅与异象的经验在时空中的普遍性。在那些认为直观是科学中唯一可靠方法的人类学家语境中，"普遍"这个词受到严厉批评。不过，我们要处理的现象是如此广泛，我们当然有权称之为普遍的。毕竟，在自己的空间内旅行是人类心灵固有的，而且在我们的存在属性中，内外世界间持续的相互干涉也是生来就有的。因而，有些旅程据报道是以肉体形式发生的，有些是"精神上的"，有些则不知道是以什么方式发生的——比如使徒保罗对升天的描述（哥林多后书，12：2—4）。[7]其中有一些（也许是大多数）导向死亡的国度或者这个国度的一部分，有些则导向新的世界，而有些则揭示出相互重叠的不可见的世界。有些在空间中，有些在时间中，有些同时在两者中。它们可以或者通过一种探求或者通过一种呼唤而获得。为治愈病人而前往幽冥的萨满，前往安息日的女巫，为获得异象前往一个著名孵化地的出窍者，唤醒亡灵的招魂巫师，通过致幻药物或其他手段改变自己意识状态的男人或女人，可以控制"脱体"过程的出窍体验实践者，所有这些都实施了一种对他们旅程或异象的探求并通过可控的手段而获得。与此不同的是，一场突发事故的受害者，获得了一次特殊而棘手且不可意料的异象经历的人，得到了一种特殊的呼唤，根本不是探求的结果，甚至与接受者的世界观、社会和思想习惯完全不同。

如果一方面幽冥之旅不应该仅仅作为想象力的产品被过于轻易地抛弃，那么另一方面它们就能够无可争辩地被设想为一种文学样式。这倒不是一定说它们属于纯粹的虚构。我们的思想倾向于把新经验装到旧经验的模子里，这可以部分地解释文本的交互影响这种很普遍的现象。梦,或者不如说我们记得的那些梦,是一种解释倾向的产品,这种解释倾向基于已知的性质、过去的梦、猜测、怕和希望。异象更加复杂,在异象中异象的接受者如果不是在他人的帮助下获得这种异象,通常也了解文学上的先例。通常是无意识地,互文中介入了原始异象:异象者确信他或她掉进了被许多其他异象者说明过的古老而崇高的模式中。实际上,在大量的神秘主义文献(犹太教的、基督教的、伊斯兰教的)中,存在以一个基本论题为基础的几种变形。[8]这并不意味着有些异象是假的,这不过表明了互文在何种程度上起作用。

互文意指一种以非常复杂方式进行的"传播"。所有以前的经验与我们认为是新鲜的经验汇合并深刻地影响新经验。这种汇合主要是在下意识中发生的,而且预设了对众多因素在思想上的综合,预设了对新事件的积极处理,而这新事件不是对过去任何事的简单重复。历史上,传播通常被看作一个过程,在这个过程中某人阅读或重读一个文本,并通常以某种歪曲的形式向他人重复。实际情况远不是这么简单。有时文本在观念的传播中根本就不显现,虽然它们存在。有时,一条普遍的解释学原则偶尔或秘密地传给他人,这个人就根据这条规则而不是根据以前的文本来创作在事实上他或她并不熟悉的新文本。不过,每种情况的最终结果可能非常接近在原始传播者中流传的文本。历史学家因而得出结论,传播基于文本。他们会吃惊地发现这一解释太过简单了,还未接受他们方法的考察:人们思维,而如果人们的思维有一个模式,那么他们产生的思想从开始就是可以预料的。在形成了我们分析对象的许多情况中，传播并不随文本的实际流传而发生。"互文"这样就是一种思想现象，它关涉的"文本"有时是写出来的，更多则是没写出来的。

当然，借助民族符号学（ethnosemiotics），我们可以确立，人类的幽冥信仰远早于他们能够书写。民族符号学分析分号系统而不用顾及其时间设定。这样就可以确立——实际上已经确立——古西伯利亚岩洞绘画已经显示了发达萨满教体系的所有特征，而我们仍能看到一些西伯利亚萨满展示它们。在这种环境下谈论文本是荒谬的。幽冥信仰与幽冥之旅的模式，确实是循着文化传统的线索传播的。意大利学者金兹伯格（C.Ginzburg）研究欧洲巫术 25 年，得出的结论是，直到 19 世纪末，在东欧的某些地区，魔法作为萨满教的直接衍生物依然被实践。（参加本书第二章）公元前 1000 年左右古西伯利亚岩洞里的信仰在至今不到 100 年里依然有效，我们如何解释这种神奇的连续性？

像基因传播（genetic transmission）这样的解释，或位于每个人心灵之后的某种集体无意识这种并无补益的模糊论断，都没有认知基础。最可能的解释依然是文化传统，就像我们看到的，文化传统复杂并且不依赖观念系统的完整传播。换句话说，本书的认知假设是：一套简单的设定，在差不多无限长的时段里，在人类的心灵里产生相似的结果。这些设定可以是，比如："存在一个另外的世界；这个世界在天堂里；存在身体和灵魂；身体死后，灵魂就去了这个世界"等等。下面各章详细描述的几乎所有个别传统都基于这套设定系统，而且在或重或轻的程度上，这些系统彼此相似。通常我们可以确定,这些设定显示了对萨满教的依赖,因而可能是萨满教的衍生物。

　　某些情况下,传统和革新如影相随。一个例子是柏拉图传统,既基于文本(柏拉图的对话)的传播,也基于流行的信仰。中期柏拉图主义者如喀罗尼亚的普鲁塔克(Plutarch of Chaeronea,约公元50—120)根据更精致系统的解释学来重释既有材料;后来在晚期新柏拉图主义者中,我们看到了新的重释,这种重释以对神秘主义如饥似渴的兴趣为线索。相应地, 10 新柏拉图主义力图确立非常精确的规则系统,来描绘幽冥及其居民的结构,以及人类灵魂通往这些世界的途径。

　　认知传播(cognitive transmission)是历史的,但以对旧信仰的持续反思为前提、因而也就是以记忆、删削和革新的不断失效为前提。在很多情况下,哲学不过是一种系统化努力,力图思索出一套规则的含义。这样,比如柏拉图主义,力图解决源于一个问题的所有类型的争论。柏拉图主义者试图描绘天上存在物的所有类型,并回答转世问题,或灵魂从身体到身体的转生问题。显然,有多种可能的回答,而且所有讨论可能就因为采取某种权威立场而被打断。〔就许多(如果不是全部)形而上学问题来说,我们没法找到确凿的证据来证明一部分人的灵魂可以转生到行星或动物身上,不过我们同样也没法证明不可以。〕

　　借助直接经验或遭际可以比较权威地赋予一个信仰合法性。这就是为什么幽冥之旅的报道大量存在于人类传统中: 11 面对过去令人尊重的某人物提供的揭示,我们倾向于把它们接受为无疑问的真理。(例如,弗洛伊德传统建立在一套十分武断和无法证实的假定上,基本上是对人类缺乏幸福的原因的一个揭示,这一传统在很长时间内是极其重要的,尽管在今天看来让人感到猥亵。)对合法性的诉求解释了希腊化时期作为旁经的启示文学作品或秘密启示的激增。

　　搜集有关幽冥之旅的所有历史文献是一个艰巨的工作,以前从来没做过。我们从地理和年代两方面来展现所有的传统,以处理我们这个论题中最近大家感兴趣的东西为第一章。评估不同传统间复杂的相似性,以及直到近代,萨满教在塑造幽冥之旅的一般规则中所具有的压倒性重要,我们都留给读者。我们并不认为已经解决了关于传播的所有问题;但我们认为,认知传播,如我们在这个导论中已经草描过的,是历史学科迄今设想的关于传流(diffusion)的一个最灵活的模型。我们把认知传播看作对基于一套简单规则的传统的积极反思,而单个人对传统的分享恰好解释了某些信仰和实践的强固,这里重复一下这一点也就足够了。每个人作为传统的一部分思维,因而也被传统所思维;在这一过程中,个人获得了认知的自我确证:被思维的就是被经验的,而无论被经验的是什么,它也对被思维者产生影响。人类心灵间这种相互作用的复杂过程使我们相信,我们中的多数人拥有共同的隐藏的根源,这根源可以回溯到旧石器时代,甚至更远,回溯到智人(homo sapiens)的出现。幽冥之旅似乎属于这一级别的信仰,属于人类最坚韧的传统。

注　释

[1]　这些民意调查的结果概述在 George Gallup, Jr.及 William Proctor,

Adventures in Immortality(New York：McGraw Hill，1982），pp.31ff. and 183ff。

[2] 意识改变状态（altered states of consciousness，ASC)、脱体经验（out-of-body experiences，OBE)、濒死体验（near-death experiences，NDE)。——译者注

[3] 安息日（Sabbath)是犹太历法最重要的日子之一，按犹太教，是神指定的安息之日，因为神用六日造天地，第七日休息。安息日是休息、聚会和献祭的日子。安息日不同于后来基督教的礼拜日。安息日是一周的结束，从周五的日落开始到周六的日落结束。基督教中，除了安息日教派以星期六为礼拜日，多数根据耶稣是在星期天复活，以星期天为礼拜日。——译者注

[4] 见我的 *Eros and Magic in the Renaissance*，trans. into English by Margaret Cook（Chicago and London：University of Chicago Press，1987），pp.244—245，n21。

[5] Gallup 和 Proctor，Adventures，pp.6—15（所引段落在第 15 页)。

[6] J.G.Frazer，*The Belief in Immortality and the Worship of the Dead*，vol.2：*The Belief among the Polynesians*（London：Macmillan，1922），pp.148ff。

[7] "我认得一个在基督里的人，他前十四年被提到第三层天上去。或在身内，我不知道。或在身外，我也不知道。只有神知道。我认得这人，或在身内，或在身外，我都不知道。只有神知道。他被提到乐园里，听到隐秘的言语，是人不可说的。"（哥林多后书，12：2—4）——译者注

[8] 见我的 *Psychanodia* I：*A Survey of the Evidence Concerning the Ascension of the Soul and its Relevance*（Brill：Leiden），1983；和我的 *Expériences de l'extase*：*extase，ascension et récit visionnaire de l'hellénisme au Moyen Age*（Payot Paris），1984。

第一章 一个历史学家对第四维的概览

有些人认为宗教体验是属于过去的,对于近来兴起的对意识改变状态(ASC)、脱体经验(OBE)和濒死体验(NDE)的兴趣,这些人仍然感到莫名其妙。在这个意义上,精神分析起到了启蒙运动的作用:心灵在各个方向上似乎放弃了它们所有琐碎的神秘性,在心理学的审视下,异象和幽冥旅行变成了猥亵的婴儿期梦境和性欲的虚构满足。

为什么濒死体验与出窍体验的实例激增?说来奇怪,对幽冥之旅可能性(理论可能性而非实践可能性)的确证不是来自心理学科,而是来自硬科学。[1]人们对知识的兴趣重新走向神秘主义方向,很大程度上是由物理学和数学导致的。他们声称我们认为世界是可视的,只是基于观念上的约定俗成,进而他们提出新的观点,壮丽而难以想象的世界隐藏在微小的粒子中,甚至也许就隐藏在环绕我们的熟悉的空间中。本章的主题,是那些导向更高世界的假说的发现史。

"首先,让我们设想一个二维空间里的存在。持有扁平工具的扁平生物……自由地在一个平面上走动,对于他们来说,这个平面之外什么也没有:他们观察到的发生在他们自身上的和他们平面'事物'上的事情,就是他们的平面的全部现实……"[2]

这是爱因斯坦 1916 年写的,试图用比较生动的比喻来描绘更高维度(《狭义与广义相对论,为一般读者而作》)。这在他的同代人读来和现在(一个相对长的时间之后)读来在效果上肯定有很大不同。[3] 当时世纪之交不言自明的参照今天已经没有了,而且,与人们的期望相应的数学也变了。它只是指向 19 世纪中期的一个数学推论,但需承认 20 世纪头几十年间它在很大程度上是人类最振奋人心的期望。如果不提及爱因斯坦广义相对论的一般知识背景,就不可能理解它。在这个背景中,科学不可避免地与梦、小说和幻想混杂在一起。有多少第四维的幻想家对科学作出过贡献还有待评估。[4]

他们的工作润物无声,慢慢影响了我们宇宙观的彻底变化。对风靡世界的虚构的第四维的深奥意义,没人比博尔赫斯(J.L.Borges)把握得更好。他在《特隆、乌克巴尔、奥比斯·特蒂乌斯》中精彩地叙述了这个平淡且微妙的象征性故事。[5]

在这个故事中,有一段关于一个从未听说过的国家——乌克巴尔——的报道,出现在冒名重印的《英美百科全书》第 46 卷中,1937 年 9 月,故事的讲述者,博尔赫斯,从一位工程师赫伯特·阿什(他因动脉瘤死在亚得罗圭[6]的一个小旅店中)那里得到一件非常重要的证据,《特隆第一百科全书》第 11 卷。故事中的阿什是个数学家,他的主要工作是把 12 进制的一些表转写成 60 进制。有趣的是他选的这两个对象有共同点:它们都不是深植传统的 10 进制的表。从 12 进制转写为 60 进制,意味着以这种方式用一种新传统破除旧传统,或者至少是揭示它们纯粹的传统特征。就是说,这戏剧性地改变了通常的意识。

　　这个故事的历史背景是 17 世纪第二个十年，安德烈(J.V. Andreae，1586—1654)带领一群来自法尔茨(Palatinate)的德国新教绅士，伪造了一个秘密社团——玫瑰十字兄弟会，意图引导人类取得难以置信的精神和技术成就。这一意图比什么都更具思想煽动性。几个学者真诚地相信，这促进(如果不是产生)了属于 17 世纪的认识论中的主要进步，建立了未来世纪科学努力的目标。[7]

　　回到博尔赫斯的故事，特隆—乌克巴尔计划(其名为奥比斯·特蒂乌斯)，由创造一个虚构的行星组成，这个星球具有自己的物理、地理、历史、人种和语言学科，由一个 300 人专职幻想家的团体构成。这个计划是由一位苦行的百万富翁埃兹拉·巴克利于 1824 年创立并支持的，1914 年完成。1914 年 3 月，讲述者在一本属于赫伯特·阿什的欣顿[8]写的一本书里发现了一封信，这封信揭开了上述秘密。但这还不是故事的结尾。1942 年，福西尼·吕桑热公主的公寓里出现了刻有特隆文字的东西；几个月后，一桩发生在巴西的滋扰事件中，从一位死者的腰带里掉出了一个金属圆锥体，这种金属密度极高，超过地球上任何一种稳定元素。最后，1944 年，全部 40 卷《特隆第一百科全书》在田纳西州孟菲斯市的一个图书馆被发现。之后，"现实在不止一处作出了让步，事实是现实渴望作出让步"。特隆无处不在，地球变成了特隆。[9]

　　博尔赫斯认为这个虚构的意识形态阴谋，具有人为的极权主义接管的特征，与人类对某些系统的消极性迷狂有关，这些系统给人有秩序的表象，比如反犹主义，或纳粹主义。我们也可以从不同的角度来看这个故事。这是真的,一种新的世界观——一种由相对论和量子力学物理学家、数学家、生物学家甚至历史学家提出的世界观——实际上已经实现了接管。这些人使用的语言具有高度思辨性和人为性。这世界观的意义,如果被理解,足以让最坚定的快乐主义绝望。这种世界观把宇宙看作一个幻觉论者的作品,把我们的心灵看作不过是在创造幻觉。

这两个阴谋(博尔赫斯虚构的一个和实际发生的一个)共有一个关键人物,在西方文明史上不太被提及:欣顿。欣顿生于1853年,有个很不一般的父亲,散文家 J.欣顿(J.Hinton),他是一个忠诚的慈善家,利他主义和女权主义者。这也许可以解释小欣顿(和他父亲一样具有强烈的复合性格)并不满足1877年仅与玛丽·布尔(著名逻辑学家布尔的女儿之一)结婚,又在1885年与莫德·威尔顿结婚,威尔顿还给他生了对双胞胎。他于是因重婚被捕,丢了亚平翰学院(Uppingham School)理科教师的工作。他开始流浪生活,到了日本和美国。他因发明棒球自动投球机而被普林斯顿大学解聘(投球机伤了不少人),此时他是该校的数学讲师。1907年,在华盛顿特区,他在"慈善询价协会"为"女哲学家"祝酒时突然去世,据《华盛顿邮报》(5月1日)的讣告,他实际上"当时就死了"[10]。

欣顿关于第四维的第一篇文章是1880年出版的;与这个主题相关的是他的《科学浪漫曲》(包含9个故事,1884—1886)、他的主要著作《思想的新时代》(1888),以及令人惊奇的《第四维》(1904)。相对来说第四种更加畅销,1906年出了第2版,1912年、1921年又重印。[11]出版商[伦敦的斯旺·索

16

南夏（Swann Sonnenschein）］在出售《思想的新时代》时随赠一个 81 色的立方体，以帮助人们想象第四维。博尔赫斯（生于 1899 年）孩提时代在他叔叔家里玩过这个东西。爱因斯坦（生于 1879 年）小时候很可能从他很博学的一个朋友塔木德（M.Talmud）那儿知道欣顿，塔木德 1889 年到 1894 年间曾到慕尼黑拜访爱因斯坦。[12] 爱因斯坦后来痛苦地意识到数学家的两难：并不是所有数学构造都能用物理术语来解释。他也并不讳言他自己在某种程度上是“一个柏拉图主义者或一个毕达哥拉斯主义者”[13]。

　　第四维，通过初等数学就很容易被接受，但其含义却很不寻常。如果 y 表示一维线段的长短，y^2 表示二维正方形的面，y^3 表示三维立方体，那么 y^4 代表什么呢？（就此而言，y 的任何超过 3 次方的乘方代表什么？）从数学上看，y^4 代表了一个四维对象，称作超立方体。而且，也完全能够构想四维对象及其数学属性，虽然并不容易。（在数学上，任何 n 维世界，在代数和几何上，完美自洽。）特别是，如果在我们三维空间任何一个房间的角落里，你无法设想超过三个的互相垂直的垂直面，在一个四维空间中则可以，尽管每个墙角有不是三个而是四个垂直面听起来自相矛盾。四维空间，或超空间，与三维空间有不同的属性，而且与三维空间的关系也十分神奇。为了理解这一点，我们需使用平面国的比喻。

　　平面国是另一个四维学家阿伯特（E.A.Abbott，1838—1926）发明的，他是个莎士比亚专家。《平面国》的第一版应该是 1883 年出版的。[14] 尽管欣顿后来设计了一个他自己的平面国版本，称作阿斯特里亚（Astria），可能与我们的世界更类似，但对于试图理解更高维度的可能性来讲,阿伯特的书仍是最流行的。

　　忽略阿伯特戏剧性的情节和这个独特的平面社会的细节及其反女权主义含义,我们关注他观念的本质。很容易想象一个平面的世界,其中住着二维居民。一堵墙在平面国是一条线,别人的皮肤也是一条线,后面是他们的内部器官。这听起来有些怪,因为平面国居民必定也用同样的孔洞吃饭和排泄,否则他们就崩溃了。他们可以在两个方向上移动(前后、左右)。[15]我们的房子是立方形,他们的房子是四方形。我们作为三维空间里的三维生物,很容易从一个平面国空间中没有的维度来查看平面国。尽管在他们邻居眼中他们的线性结构是被严密保护的,但平面国居民对我们无秘密可言:我们可以轻松看进他们上锁的房间和抽屉,我们随时都能看到他们的内脏,这在他们看来足够惊异。对他们来说,我们可以像神一样行动:我们可以让东西从最隐秘处(比如银行的保险箱)出现或消失,我们可以瞬间把他们从他们空间的一点带到另一点(他们可能得用神秘主义术语来解释的一种体验),我们甚至可以通过第三维把他们翻转过来,从而使他们的右变左而左变右。我们可以随意观察他们而不被发现。显然,这个故事的寓意是一个四维生物可以像我们在二维世界中行动那样在我们的三维世界中行动。这种生物可以在场而不被发现,可以在实心的物体中穿梭自如,可以进入抽屉或保险箱取物而不需要打开它们。

　　如果这个推理不难理解,两个问题需要进一步关注:我们怎样看一个四维生物,一个四维生物怎样看我们? 第一个问

题无法恰当回答,但可以想象一些类比让这个问题变得容易
理解;第二个问题可以回答,但去想象实际情况则异常复杂。
欣顿一生的努力就是为第二个问题提供一个满意的解答。而
他关于第一个问题的设想,虽然并无任何数学计算的支持,却
极具革命性。多年来,所有学者都拒绝他的设想,直到 20 世
纪 80 年代他的设想才最终被完全接受。

　　实际上,根据他的设想,生活在我要喝的一碗汤的表面的
平面生物,将体验到(痛苦地体验到,我想)汤匙作为一条长短
因时而变的线穿过他们的空间。这看起来可能令人震惊,平
面国居民体验三维空间的唯一途径是通过时间。我的优势在
于我能通过同时观察一把汤匙的所有部分来描画它;但对于
汤的生物,汤匙是一个奇异的无法预知变化的二维(2-D)存
在,从无形中出现和消失,形状在时间中怪异地变化。[16] 只有
一位二维(2-D)数学天才能够通过计算得出结论,此奇异之神
物乃三维(3-D)固体物,不过显然没有人能理解这位天才,因
为没有平面生物,包括这位天才自己,能够想象三维的汤匙到
底是什么样子。即使最开明的二维同事也将认为汤匙只是一
个数学构造。四维(4-D)诸力不仅仅是数学的——这在今天
已是被接受的事实;我们三维空间所谓电乃是四维中的引力。
类似的,我们所谓时间,可以被设想为时空复合体的第四维
(爱因斯坦如是观,尽管他澄清了:时间并不仅仅是空间的另
一个方向)。[17]

　　但一个四维生命怎样看我们? 正如平面生物实际上对我
们是开放的,但对他们的同类不是开放的;同样,从一个四维
生物的视角来看,我们是完全开放的,但我们却无法向一个人

类显示我们身体的内部情况，即使我们想这么做。四维视角的另一特点是，其对象的所有部分在同一时间都是可见的，就好像在观察者的眼中经久不变似的。

欣顿认为，三维生物在未知的四维方向上表现为某种"超厚度"，而我们心灵的空间是多维的。为了证明这一点，他设计了著名的立方体，记住这些立方体的每个面并给每个面以颜色和名称。这使他能够演示各种思维操作，在这种操作中他能够使用这些立方体来构建对象。这样，在训练自己能够想象所有构成这些对象的立方体之后，他就能够看到这些对象的内部情况。但这只是他意图的一部分。在《第四维》这本书（对未经训练的读者来说，此书怪异复杂）中，这些立方体不过是鲁比克立方体[18]的先驱，用来演示一系列的操作，可以显示一个三维物体如何通过四维空间被转换。显然，以右面变左面左面变右面的方式翻转一个物体是通过空间的更高维度来转变它的唯一途径。因而，证明一个立方体已经被通过第四维转变过了，只要把它转变为它的镜像就够了。欣顿通过制做一个由 64 个小立方体（他通过给小立方体的各个面以颜色和名字来记住它们）构成的大立方体来实现这一点，他设计了一个——通过旋转所有小立方体——用第四维来旋转大立方体的复杂模式（把魔方转成它的镜像，我们也得到了类似的操作效果，但其中并无四维景象，因为我们看不到里面的小立方体）。尽管我很清楚欣顿立方体可以让人得到某种类似第四维或分解一个超立方体的东西，但空间旋转（他写了一本书来解释这一点）的数学意义对我来说仍是不清楚的，因为人们无法把小立方体转变为它们的镜像。

　　当第四维在 19 世纪被第一次提出来时,它是一个新鲜的假设,第一次为许多通常与宗教和魔法相关的神秘主义现象提供了一种简单、有吸引力、甚至也许是极具说服力的解释。这并不一定能证实这种可能,即神在理论上存在只是对我们完全不可见,因为非常明显,即使我们没有体验第四维本身的感官,我们也能看到只有从更高视角才能解释清楚的三维事物。时间显然就是这类事物之一,尽管努力感知时空统一体可能是个挑战性的体验。不过,伴随意识的剧烈改变而来的突然的神秘旅程或意象,可能被解释为对更高实在的精神上的一瞥,因为第四维迫使人们接受可能存在多种层次的更高实在。问题不在于从何处开始而在于从何处结束计算这些假设的高一级维度,每一种面对它前一种的表现,就如第三维面对第二维。物理学家现在确定这个数目是十维或十一维,足够来解释我们宇宙中的各种力;当然,从数学上讲,维度数可以是任何数目。

　　欣顿确信,第四维是对神秘主义的决定性解释,因而他也相信,神秘主义学说是对的,而神秘状态与体会是真实的。但不知出于何种原因,他也相信(与身体)分离的灵魂可以体验第四维,相信四维生物的根本善良。不过,如果平面生物从我们在与平面世界的关系中表现出的超常能力推测我们在道德上是完美的,我觉得这显然不对。

　　欣顿的《科学浪漫曲》在很多方面都饶有趣味,其一是体裁独特。事实上,它们并非纯粹的科幻小说,比如埃德加·爱伦·坡[19]或儒勒·凡尔纳(J.Verne)的作品,它们大多是神秘主义—科学幻想,其中的女性人物,通常命运不幸,扮演关键角色。欣顿的写作才能可能并不被看好,但他的一些思想似乎预见了本世纪最热切的问题之一:如何通达幽冥? 显然,欣顿的优势在于,他知道幽冥是什么(是空间的第四维),但从哪个方向去寻找,他的解答并不确切。他的推测是我们的心灵空间具有超厚度的属性,因而能潜在地向四维景象敞开。妨碍把我们的心灵培养成四维的,是数不清的我们心灵认为理所当然的规范。只有破除这些常规我们才能认识到我们隐藏的潜能。"未完成的交流"中的那个戒除者(Unlearner)[20]的形象就是这种思潮的典型。他破除传统,解放心灵。显然,在近来的意识改变状态(ASC)观念背后,可以隐约看到欣顿的身影。

在不止是比喻的意义上,欣顿是广义相对论中阐发的爱因斯坦宇宙论的前导。[21]他坚持把电解释为一种来自第四维的力;还强调——高维空间能被包裹进微粒中——这一令人震惊的观念,(不仅他的同代人,而且几十年中即便不是全部也是多数的物理学家对这一观点予以轻蔑的否定。)这预见了20世纪80年代的物理学。今天,把电磁解释作四维中的引力被所有关于宇宙的大统一理论(GUT)普遍接受,多数大统一理论认为基本粒子中包裹着不少于宇宙十一维中的七维。[22]

另一位牧师兼数学家C.L.道奇森[23](1832—1889)似乎既未受欣顿对第四维的思辨的影响,也未受阿伯特《平面国》的影响。道奇森是牛津基督堂学院一位很挑剔的讲师,喜欢年轻俊俏的女孩的陪伴和新的摄影技术。对女孩儿的欣赏使他以刘易斯·卡罗尔(L.Carroll)的笔名闻名,当然这出乎意料也并非有意,对道奇森牧师来说,唯一的抱负是以基督教道德鸣世。《爱丽丝漫游奇境》初版于 1865 年,是受爱丽斯·普莱曾斯·利德尔(Alice Pleasance Liddell)启发并送给她的,爱丽丝是 H.G.利德尔三个女儿中的一个。H.G.利德尔 1855 年被任命为基督堂学院主任,他是利德尔-斯科特希腊语词典的主编,为所有学习古典的学生所知。1928 年,爱丽丝 78 岁时在苏富比拍卖行以 15 400 英镑拍卖了《爱丽丝漫游奇境记》的手稿,此书的作者也许会对这个价格感到震惊。《爱丽丝镜中奇遇记》是《爱丽丝漫游奇境记》的续篇,定于 1871 年圣诞节前出版,早于阿伯特《平面国》和欣顿《科学浪漫曲》十年以上。[24]其中并无多少可以就四维体验作解释的例子,但转变为自己镜像这个基本比喻本身,暗示了通达——这种现象唯一可能的空间——四维空间的通道。

欣顿的思想,正如《平面国》所表现的,轻易就找到热心的支持者。不过这些想法只是在与唯灵论运动[25]结盟后才变得流行,这是一个最终损害了这些思想名声的结盟。这些思想只在小圈子的数学方面继续取得进步,成为现代物理学不经讨论的基础之一。

唯灵论运动与对第四维的最初思辨同属一个时代,两个运动的某些阶段恰相一致。灵媒被用来通达第四维并制造可以证明四维性的超自然现象。反过来,第四维为更高空间中隐藏的强大存在提供了一种理想的解释。这种一致性部分解释了为什么一些非常卓越的物理学家支持唯灵论运动。

据露丝·布兰登(R.Brandon),唯灵论开始于 1850 年左右的"罗切斯特敲击"——据说是来自鬼魂的离奇敲击声,而这些敲击声实际上是两个十来岁的女孩凯瑟琳·福克斯和玛格丽特·福克斯熟练地制造出来的。[26]这一现象迅速从纽约州北部地区传遍全世界。维多利亚时代英格兰典型的大众降神会包含一个身材魁梧的男性观众和一个充当灵媒的年轻女子。女子退于幕后，被绑在一个扶手椅上。她的技巧在于迅速脱绑，站起来并且换衣服，之后，一个"显形的"的鬼魂，衣服紧身，离开小房，通过那位观众走入朦胧的光线中。表演是色情的，给人机会去碰这个所谓的鬼魂，摸起来十分肉感。尽管灵媒不断被揭露为骗局，但观众仍然渴望参与他们的表演。

其他灵媒也会制造超常现象。他们当中水平最高的是霍姆（D.D.Home，1833—1886），他的观众是选好的因而从不会被揭露为骗局。他能改变物体的重量，演奏离他有一段距离的关在笼子里的手风琴；悬浮在地板以上约 6 英尺，制造发光现象，隔着桌子敲铃，让不与胳膊相连的手显形等。[27]在关于通灵现象的争论中，知名物理学家如克鲁克斯（W.Crookes，1832—1919）及策尔纳（J.Zöllner，1834—1882）决定支持这些现象的存在。所有这些之所以对我们的主题有直接意义，只是因为策尔纳试图通过制造一些只有在四维条件下才能存在的现象，用实验来证明第四维的存在。他是莱比锡大学的物理学和天文学教授，以对彗星的研究著名。不幸的是，1877—1878 年间与策尔纳一起工作的美国灵媒斯莱德（H.Slade）名声不是很好。他的特异功能是获取写在石板上的灵魂信息。1876 年 9 月在伦敦，两位科学家明确注意到斯莱德正在主动地帮助灵魂——他有时拿事先准备好的石板换掉正在使用的石板，或者用他所谓被捆着的手甚至脚在石板上写字。[28]策尔纳没有这两位科学家敏锐，他相信斯莱德的超自然能力并写

25　了一本《超验物理学》(1878)，两年后一位律师马赛(C.C.Massey，1838—1905)把它译成了英语，马赛是英国国家唯灵论者协会的成员，也是 1882 年心灵研究会的创建者之一。[29]

　　斯莱德的特异功能之一是"在封闭的绳圈上打结"，一种除非使用诈术否则只能在第四维中才可能的现象。[30]但在策尔纳设计的其他几个测试中他没有成功。特别是他能使贝壳穿过桌面，虽然不是把贝壳转变为其镜像(这也是只有在四维条件下才可能)。策尔纳和另一位见证者发现这东西"摸起来很热"。[31]无论如何，《超验物理学》的含义是：灵魂是四维中的存在。

　　这一论点与邬斯宾斯基(P.D.Ouspensky，1878—1947)的比起来，只占次要地位，邬斯宾斯基是位俄罗斯记者，受过一些科学训练，他为人类在第四维中找到了一种新宗教。邬斯宾斯基无疑了解这一问题的数学方面。他在两本书(《第四维》，1909；《第三工具》，1912)中，试图解释神秘主义者由于第四维的直接体验而被报道的异象与出窍，因而继承和发展了欣顿关于第四维是所有灵性(spirituality)来源的观点。对于神智学和唯灵论运动，他受前者的影响甚于后者，他不太喜欢对四维鬼魂的幻想。[32]

　　1915 年，邬斯宾斯基在莫斯科遇到葛吉夫(Gurdjieff)，这是一位很特别的灵修大师，1917 年邬斯宾斯基跟随葛吉夫到了高加索。某种意义上，葛吉夫是欣顿写过的"戒除者"：他

26　认为人必须摆脱机械论确信——这种确信妨碍意识的觉醒和人的自我控制。葛吉夫的性格，作为一个戒除者要比他作为一个教师有趣：他的世界体系复杂而难以置信。不过，据邬斯

宾斯基说,葛吉夫有心灵力量,能够不用语言隔着一段距离与他的学生交流。他读过邬斯宾斯基关于第四维的书,而且他敏锐地认为这些书明显地比它们的作者聪明。[33]

1920 年,师徒二人落脚君士坦丁堡。由于《第三工具》英译本的成功,1921 年邬斯宾斯基应邀在伦敦作报告,他因而帮助葛吉夫定居巴黎并开办了他的枫丹白露研究所,参加者多为巴黎富人。一直到 1941 年,邬斯宾斯基都在伦敦作讲演,其间他在听众中认识了奥尔德斯·赫胥黎[34]。之后他到了美国。

邬斯宾斯基的《宇宙的新模型》1931 年译成英文,实际上是一部秘传事物的大集成。此书中有一章显示出他接受了物理学中高维观念(其中的七维),这表明邬斯宾斯基走在了时代的前面。像《第三工具》《宇宙的新模型》的科学部分,显示了他对物理学问题的真正理解。不过,高维度的物理应用与神秘事物间的关系,这是邬斯宾斯基慷慨提供给我们的,远未弄清楚。[35]特别是对邬斯宾斯基来讲,他认为在达到"宇宙意识"(尽管不是他发明的)这种状态下,他相信所有真正的神秘主义者。他对此的解释可以肯定是就第四维做出的。

事实上,对神秘状态的描述与人们从四维视野所做的推测极少一致。有两个一致的例子,见尤迦南达(1893—1952)《一个瑜伽行者的自传》。[36]尤迦南达说,在加尔各答,当一位有名的圣师玛哈塞(Bhaduri Mahasaya)轻拍他的胸膛,他获得了以下意象,"我好像有了一双全能的眼睛,我看到后面、旁边的景色,就像看前面的一样容易"[37]。他体验到了——他称之为"宇宙意识"。第二次,他的上师尤地斯瓦尔(Sri Yukteswar

27

Giri)轻敲他心脏上方的前胸,"如常的景观而今无远弗届,从头的后面看到远方隆加巷闲逛的人们……"[38]显然,在解释尤迦南达的这些描述中,不能预先排除文本的交互影响(互文),尤迦南达可能受过邬斯宾斯基思想的影响——这是一个合理的假设。

对四维景象最清楚最有名的描述也许属于小说领域,需要再一次提起这位作者:博尔赫斯,他童年时曾玩过欣顿的立方体。"阿莱夫"(Aleph)是"所有的场面在同一地点",是在一个朋友家地下室楼梯的某级台阶上看到的,向他揭示了万物内部与外表:"我看到自己暗红的血的循环;……我看到阿莱夫,从各个角度在阿莱夫之中看到世界,在世界中再一次看到阿莱夫,在阿莱夫中看到世界,我看到我的脸和脏腑,看到你的脸。"[39]

很显然,关于第四维,我们唯一有把握说的是,它能以某种方式把对象集中到这个对象的中心,能够从这个对象的所有方面同时凝视这个对象,能够穿透这个对象就好像这个对象是透明的。但这些既不能证明也不能否定就第四维对神秘经验所作的解释。

另一个与第四维联系在一起而且背后有着悠久历史的现象是所谓脱体体验(OBE)。尽管苏格拉底之前的希腊出窍者就已经实施过身外旅程,但近来对这些旅程的一些兴趣则与门罗(R.A.Monroe)的案例有关,门罗是弗吉尼亚一位成功商人,1958年,他发现自己能够把自己和自己的身体分开。[40]他的"第二身体"能够远距离拜访朋友并报告那里的事情。他还能探入肉身之外的其他两个王国,他称之为现场II和现场

III。现场 II 是一个居间世界，住着变化莫测的鬼魂，这是一个我们梦中经常造访的世界。最类似的是电影《甲壳虫汁》[41]里的地狱边缘（limbo）[42]世界，或电影《谁陷害了兔子罗杰》[43]中的卡通城。现场 III，据作者自己的解释，是一个与我们的世界平行的世界，是一个某种意义上与我们大家共存的这个世界相似的世界，但在这个世界中，技术不发达。这个世界中也有一个门罗先生，有不同的名字，做着其他事，纠缠在别的故事而不是人世间他的原版故事中。

对于那些需要给门罗的空间旅行一个超维度解释的人来说，这么说应该就够了：根据门罗的说法，他自己的"第二身体"随着一个 180 度的翻转将变得自由，使他可以俯瞰他下面的肉身。在某次这种状况，他发现他的肉身变成了它自己的镜像：右变左而左变右。显然，门罗此处表明，与爱丽丝不同，他已经通过镜子进入了一个相反的世界。实际上，如果我们寻找一些合理线索，就会发现，如果门罗不是在多维空间中，他的"第二身体"，通过第四维，翻转为自身的镜像，他自然就不会实现翻转。

心理学家塔特（C.Tart）测试了门罗脱体时对事情的报告能力，没有得出决定性的结论。但是塔特发现对其他人的实验似乎表明这些人拥有门罗所说的超感官的感知能力。结论是，即使门罗自己关于他造访的三个世界的推论被证明是完全错误的，他的这些"旅行"本身看来也是真实的，而他的报道（1971 年出版），尽管不可避免地被歪曲——他努力把它们"翻译"为日常语言——看来也是可信的。

蔻特瓦（F.Courtois）主张一种唤醒体验，禅宗大师把这种体验解释为与"释迦牟尼获得的开悟"相同的东西。她报道过一例脱体经验。[44]它突然发生:"一天,不知道为什么也不知道怎么了,我彻底转变了",在她面前的是"隧道……一个长的、敞开的窗口,直接向激动人心的远景敞开。"[45]

然而,在70年代早期脱体体验最具挑战性的表演者普遍被认为是伪人类学家卡斯塔尼达(C.Castaneda)[46]。后来发现他是一个小说家,不是一个人类学家。目前,对脱体体验所从属的这一群体现象的兴趣,是新时代[47]意识形态的一个共同特征。其他的一些成就,比如跨界沟通(channeling)、前世回归(past-lives regression)以及濒死体验,现在似乎更流行。然而,所有这些都建立在意识改变状态(ASC)上。显然,意识改变状态并非它们的一个目标,据欣顿所说,它们是任何四维经验的先决条件。不过,推进这一理论是合理的,因为对意识改变状态最初的认知兴趣很快蜕变为纯粹的快乐论以及对它的反认知应用。正如L.莱温[48]大夫20年代初就注意到的,多数动物似乎也享受醉酒或药物引起的意识改变状态。

另一方面,意识改变状态有许多范畴,其中很多和外部兴奋剂毫无关系。C.塔特主编的关于意识改变状态的论文提到以下范畴:神秘主义经验、梦境与催眠意象、各类冥想、催眠。[49]显然,精神药物、致幻剂受到了许多关注。除了所有这些,有泰勒(T.J.Tyler)导论和以意识改变状态为重点的那期《科学美国读本》还加上了有色眼镜的试验使用(带厚镜片眼镜的人都知道眼镜在多大程度上改变了知觉)以及大脑左右半球活动的协调。[50]在19世纪的医学领域,剧烈的改变状态被通称为幻觉,是精神错乱的征兆。19世纪中期的几个大夫已经推荐使用电休克疗法以及冷水浴。[51]还有在历史的早期，意识改变状态与魔鬼附体是联系在一起。[52]

濒死体验（NDE）时尚的风头最近才过去。它发端于1975年穆迪（R.moody）的名著《生命之后的生命》，[53]这本书被许多搜集濒死体验报告（通常是医院里的）的作者追随和效仿。[54]濒死体验报告的主要模式因搜集者而有很大变化，主要包括滋滋声、快速通过一个隧道、与死去的亲人和朋友相遇以及某种发光的存在给予的评判，这个发光的存在向濒死者显示他生命的全景回放。[55]不过，声音与隧道在穆迪的报告中非常关键，但在甘尼斯·林（K.Ring）搜集的多数案例中没有出现。[56]瑞勒斯吉（C.Zaleski）新近的著作比较了中世纪的幽冥之旅与濒死体验文献。濒死体验的当代经历表现出与唯灵论（spiritualist）世界观特别相似之处。[57]

如果不简略讨论20世纪六七十年代致幻剂革命的前提，以上我们对四维革命的后果的概览将缺乏说服力。精神类药物，只要能够导致意识改变状态（ASC），首先就被看作某种伟大的"戒除者"（用欣顿的术语），可以颠覆知觉习惯，通达更深实在，这似乎是没有疑问的。这肯定是哈佛大学实验心理学副教授阿尔珀特（R.Alpert）及其同事莱雷（T.Leary）在1963年5月27日所想，当时哈佛大学校长普西（Pusey）[58]决定解雇R.阿尔珀特，因为他向本科生分发药物。1962年，阿尔珀特和莱雷以仙人球毒碱[59]和LSD[60]的使用为基础发起了一个本土的意识扩张运动，这年10月他们成立了内在自由国际联盟（IFIF）。正如这两位预料的，"对……心灵自由的探索……的约束"实际上"在下一个十年"将成为"主要的市民自由问题"。[61]

对知觉、认知、训练等的常规形态的戒除（unlearning），欣顿看来是最系统的倡导者之一，远早于赫胥黎和其他人。他肯定倾向于把意识改变状态既看作戒除技巧，又看作获得四维景象的结果。欣顿目光如炬，已经查验了现代理论物理学领域最富成果的问题。在这个意义上，我们实际上可以认为人类只有其他的为数不多几个伟大理论的影响可与第四维相提并论，而且其中再没有比第四维本身在时间上离我们更近的了。

最近对不可见维度的探索不可避免地把我们导向过去。正如四维思想家提供的几个对乌托邦的描述所指出的，我们是三维空间里的三维生物，但我们实际上不能在两个以上的维度活动。实际上，我们只是通过躺（或坐）与站之间极小的区别来认识上下方向。我们只在死后才刺穿人世的坚硬外壳，而且我们不会飞，除了在梦里。

考虑到所有这些，就可以理解，在航空时代与空间探索来临之前，人类面对的第一个未知的因而神秘的维度实际上是第三维。天上世界与阴间不只属于前科学人类的被欺骗的幻想。经验与科学从第三维中移除了这些地方，但并不能取代它们。在某种意义上，总会有一个导向未知的维度，不管是第四维还是第 n 维。正如大废品旧货站中有过去的技术产品在其中等待处理，博物馆中有过去的最好技术还在其中展示，大学、研究所和工厂中有新产品被设计，我们同样可以说：坟墓展示了这样一种象征，这种象征证明了无数人的信仰——死后通往幽冥；对异象的无数描绘仍受到一群群学者的珍视和评论；新的经验与理论力图使未知领域适应科学的急迫需求，用爱因斯坦的话说,为"上帝的微妙……"提供证据。未知领域的地平线随着科学的地平线一起移动,却从未被科学驱散。

幽冥异象——尽管社会上对这些经验的怀疑主义态度占主导地位——似乎仍是许多现代人生命中的倾向。在评估了这种倾向的范围后,我们现在将开始对过去文明的既定旅行,在这些过去的文明中,存在属灵魂的平行世界是一个被普遍接受的现实。

注　释

[1]　硬科学,指物理学、化学、生物学、地质学等自然科学。——译者注

[2]　Albert Einstein, *Relativity：The Special and General Theory*, trans. R.W.Lawson,（New York：Peter Smith, 1920）, 3：30,见 Milton K.Munitz, *Theories of the Uiverse：From Babylonian Myth to Modern Science*,（New York：Macmillan, 1965）, p.276。参见《狭义与广义相对论浅说》第 31 节,杨润殷中译本,译文稍有改动。——译者注

[3]　关于爱因斯坦的生活与活动,参见 Abraham Pais 的力作"*Subtle is the Lord ...*"：*The Science and the Life of Albert Einstein*,（Oxford：Oxford University Press, 1982）。

[4]　关于他们提供的"对高等宇宙的导游",我特别感谢 Rudy Rucker 的 *Geometry, Relativity and the Fourth Dimension*（New York：Dover, 1977）,及 *The Fourth Dimension：Guided Tour of the Higher Universes*（Boston：Houghton Mifflin, 1984）。令人振奋的讨论,我要特别感谢 H.S.以及参加我在芝加哥大学"第四维"讨论班的学生：Michael Allocca, Margaret Arndt-Caddigan, Beatrice Briggs,

Nathaneil Deutsch，Julia Dulocq，Jennifer Jesse，Shannon Robinson，Stephanie Stamm，Leslie Steinfeld 及 Greg Spinner。

[5]　见 *A Reader：A Selection from Writings of Jorge Luis Borges*，ed. Emir Rodriguez and Monegal Alastair Reid（New York：Dutton，1981），pp.111ff.

[6]　亚得罗圭（Adrogué），阿根廷城市，在布宜诺斯艾利斯以南，是个商业中心。——译者注

[7]　相关文献，参见我的 *Eros and Magic*。

[8]　欣顿（C.H.Hinton），1853—1907，以对第四维的研究闻名，见下文。——译者注

[9]　这是博尔赫斯的一个著名故事。对这个故事最好的概述，我以为是张洪浩的《精神宇宙或心灵世界——读〈特隆、乌克巴尔、奥比斯·特蒂乌斯〉》（参见他的博客）。哈罗德·布鲁姆的《如何读，为什么读》（黄灿然译，译林出版社 2011 年版，第 46—50 页）中的概述也很好。——译者注

[10]　这些生平细节取自 Rudy Rucker 为他编的 *Speculations on the Fourth Dimension：Selected Writings of Ch. H.Hinton*，（New York：Dover，1980）所写的导论，以及他的 *The Fourth Dimension*，pp.64—68。

[11]　Hindon 著作的残篇是 Rudy Rucker 出版的（见前页注 1）。奇怪的是，尽管 Hindon 并不承认自己是一个神秘学者，除了他对立方体的挑战性操作特别难，他的主要错误毋宁在于他超前于时代有一百年，他的 *Scintific Romances* 和 *The Fourth Dimension*（Allen & Unwin 的 1912 年版）是在纽约的 Arno 出版社出的"The Occult"集子中再版的。

[12]　见 Pais，Science and Life of Einstein，p.520。

[13]　同上书，p.13。

[14]　见 Edwin Abbott，*Flatland*，有阿西莫夫（Isaac Asimov）的序（New

York：Harper & Row，1983）。

[15]　Astrians 实际上只能在一个方向上运动，与几乎不能在超过一个方向上运动的人类类似。

[16]　关于平面生物对时间（作为三维感知）的体会，特别参看 Hinton《第四维》，第 23 页以下。

[17]　爱因斯坦世界观的后果是，时空被设想为一个坚实的四维连续体，暂时看这是一个纯粹的幻想。完全不清楚时间为什么只能以一种方式流动。也没有确凿的理由说明一个人为什么不能在这个连续体上前往任何他想去的时空点。换句话说，没法解释的是我们受到的许多限制而不是我们拥有的自由。

[18]　鲁比克立方体（Rubik's cube）即我们所说的魔方，也有称幻方的，是匈牙利雕刻家、数学教授鲁比克（Ernö Rubik）1974 年发明的一种益智玩具。——译者注

[19]　埃德加·爱伦·坡（Edgar Allan Poe），1809—1849，19 世纪美国诗人、小说家和文学评论家。——译者注

[20]　戒除者（unlearner），unlearn，抛掉以前的想法习惯等，设法忘记已学到的知识。——译者注

[21]　见 Rucker，*Geometry* 一书。

[22]　对这些问题有个很好的概览，见 Paul Davies，*Superforce：The Search for a Grand Unified Theory of Nature*（New York：Simon & Schuster，1984）。

[23]　C.L.道奇森（Charles Lutwidge Dodgson），1832—1889，以刘易斯·卡罗尔（Lewis Carroll）这个笔名闻名，英国数学家和儿童文学家，他的《爱丽丝漫游奇境记》（1865 年）及其续集《爱丽丝镜中奇遇记》（1872 年），为老老少少几代人带来了无穷乐趣。——译者注

[24]　见 *Lewis Carroll：The Complete Works*，Alexander Woolcott 导论，Modern Library Giants，未注明日期；关于年表，参见 Sidney Herbert

Williams, *A Handbook of the Literature of the Rev. C.L.Dodgson (Lewis Carroll)* (London: Oxford University Press, 1931)。Anne Clark 的 *Lewis Carroll: A Biography* (New York: Schocken Books, 1979)一书把 Dodgson 的日记充分利用并作评释。

[25] 唯灵论运动(spiritualist movement),也有译巫师运动的。——译者注

[26] Ruth Brandon, *The Spiritualists: The Passion for the Occult in the Nineteenth and Twentieth Centuries* (New York: Alfred A.Knopt, 1983).

[27] 见这方面很有争议的一本书,Stephen E.Braude, *The Limits of Influence: Psychokinesis and the Philosophy of Science* (New York and London: Routledge & Kegan Paul, 1986)。Braude 在方济各会修士 Saint Giuseppe Desa da Copertino(1603—1663)身上看到了这种超自然现象的翘楚,后者通常漂浮起来,他有时也带其他人一起漂浮。[按:Giuseppe Desa of Coppertino,康帕提诺的朱塞佩·德萨,通常也称作康帕提诺的圣约瑟夫(St. Joseph of Cupertino),天主教的译法是圣若瑟·古白定。17 世纪的漂浮圣人,天主教奉他为航空祖师。]

[28] 见 Janet Oppenheim 那本目光敏锐的 *The Other World: Spiritualism and Psychical Research in England*, 1850—1914(Cambridge: Cambridge University Press, 1985), p.23。

[29] Oppenheim, *The Other World*, pp.23—24.

[30] Braude, *The Limits of Influence*, p.160.

[31] Ibid., p.160.

[32] 特别参看 P.D.Ouspensky, *Tertium Organum: The Third Canon of Thought; A Key to the Enigmas of the World*, N.Bessaraboff 与 C. Bragdon 译(New York: Vintage Books,1970)。

[33] Ouspensky 追随 Gurdjieff 的这段生涯，参见 Ouspensky(*In Search of Miraculous*：*Fragments of an Unknown Teaching*（New York：Harcourt & Brace，1949)。[按：有黄承晃中译本，新疆人民出版社，2004]

[34] 奥尔德斯·赫胥黎(Aldous Huxley)，1894—1963，英格兰作家，赫胥黎家族著名成员之一。不是那个有"达尔文斗犬"之称的托马斯·赫胥黎(Thomas Henry Huxley，1825—1895)。——译者注

[35] P.D.Ouspensky，*A New Model of Universe*：*Principles of the Psychological Method in Its Applications to Problems of Science*，*Religion*，*and Art*(1931；New York：Vintage Books，1971 年重印)。

[36] Bombay：Jaico Publishing House，1975。这本书 1946 年初版，1951 年修订。[按：此书有王嘉达中译本(陕西师范大学出版社，2006)和台湾的一个中译本。]

[37] Yogananda，Autobiography，p.79.

[38] Ibid.，pp.141—142.[按：这是台湾译本的译法，很好。直译也可参照：往常的景观变成了一个巨大的球形景象，同时都可感知，从脑后看到远方隆加巷闲逛的人们……]

[39] "The Aleph"，见 Borges，*A Reader*，p.161，trans. N.T. diGiovanni。[按：参见《博尔赫斯全集(小说卷)》，王永年、陈泉译，浙江文艺出版社，第 307 页]

[40] 见 Robert A.Monroe，*Journeys Out of the Body*，Charles Tart 序(Garden City，N.Y.：Doubleday，1971)。

[41] 《甲壳虫汁》(*Beetlejuice*)，蒂姆·波顿(Tim Burton)导演的一部电影。——译者注

[42] 地狱边缘，已见前注。类似电影《盗梦空间》里的迷失域。——译者注

［43］ 《谁陷害了兔子罗杰》(*Who Framed Roger Rabbit?*)，罗伯特·泽米吉斯(Robert Zemeckis)导演的一部电影。此人也是《阿甘正传》的导演。——译者注

［44］ Flora Courtois, *An Experience of Enlightenment*，(Madras and London：Theosophical Publishing House，1986)，p.11。

［45］ Ibid.，pp.34—35。

［46］ 著有"唐望"(一位印第安巫师的名字)系列作品，有些有中译本，见本书下一章。——译者注

［47］ 指 20 世纪六七十年发生于欧美的"新时代运动"(New Age Movement)。——译者注

［48］ L.莱温(Louis Lewin)，1850—1929，德国药理学家，威廉斯仙人球(Anhalonium lewinii)的命名就是为了纪念他，1886 年他首先从仙人掌植物中鉴定出了这种生物碱。——译者注

［49］ 见 Charles C.Tart, ed., *Altered States of Consciousness*：*A Book of Readings*(New York：John Wiley & Sons，1969)。

［50］ 见 *Readings from Scientific American*，ed. Timothy J.Tyler "Altered States of Awareness"(San Francisco：W.H.Freeman，日期不详，但在 1972 年之后)。

［51］ 见 A.Brierre de Boismont, *Hallucinations*：*The Rational History of Apparitions*，*Visions*，*Dreams*，*Ecstasy*，*Magnetism*，*and Somnambulism*(Phildelphia：Lindsay & Blakiston，1853)，ch.19。现代研究保留了"幻觉"(hallucination)概念：见 Ronald K.Siegel，"Hallucinations"，载 *Readings from Scientific American*：*The Mind's Eye*，Jeremy M. Wolfe 导论(New York：W. H. Freeman，1986)，pp.108ff。

［52］ 见 Traugott Konstantin Oesterreich, *Possession*：*Demoniacal and Other*(Secaucus, N.J.：Citadel Press，1974)。

[53] Raymond Moody，*Life after Life*(Atlanta：Bantam，1975)。

[54] Kenneth Ring，*Life after Death*：*A Scientific Investigation of the Near-Death Experience*（New York：Coward，McCann，and Geoghehan，1980)似乎是其中最著名的。还可参见一个很好的更新的概述：Carol Zaleski，*Otherworld Journeys*：*Accounts of Near-Death Experience in Medieval and Modern Times*(New York and Oxford：Oxford University Press，1987)。

[55] Moody，*Life after Life*，pp.21—22；Zaleski，*Other World Journeys*，pp.102—103.

[56] Zaleski，*Other World Journeys*，pp.107—108.

[57] 同上书，第 189 页。

[58] Nathan Marsh Pusey,哈佛大学第 24 任校长。——译者注

[59] 仙人球毒碱,mescaline,或音译作墨斯卡灵。——译者注

[60] LSD(Lysergic acid diethylamide),麦角酸二乙胺,也称为"麦角二乙酰胺",常简称作"LSD",在香港俗称"弗得"。1943 年 A.霍夫曼分离出麦角酸,人工合成 LSD,导致 20 世纪 60 年代美国的致幻剂革命,影响波及许多领域,70 年代初被禁。——译者注

[61] 见 Weston La Barre，*The Peyote Cult*(Hamden：Shoe String Press，1964)，p.232.[按:佩奥特掌(peyote)是一种产于墨西哥的仙人掌,也指用佩奥特掌提取的致幻剂佩奥特碱。佩奥特教(peyotism)是美国土著基督教的教派。]

第二章 自由灵魂寻找自由灵魂：
萨满教概论

普通人的民族心理学

按最近的学术潮流,对宗教的大量解释可以归纳为两个基本流派:英国人类学家泰勒(E.B.Tylor, 1832—1917)的学派和法国社会学家杜尔克姆(E.Durkheim, 1858—1917)的学派。[1]杜尔克姆学派不把宗教看作一种独立现象,而是把它看作其他东西的象征,看作社会关系的代码。泰勒学派把宗教看作人类思想的独立产品,尽管这一观点在泰勒及其后继者的早期著作中只是部分地采用。不过,这在一定意义上准确描绘了宗教现象学者的观点。泰勒自己的理论建立在宗教形式从原始(或泛灵论)到复杂的进化上。泰勒学派寻求对宗教的心理学解释,对民族心理学多有关注。

泰勒学派中最著名的当属弗雷泽(J.G.Frazer, 1854—1941),1911—1912年间弗雷泽就一个话题作讲座,这个题目泰勒也感兴趣,实际上,泰勒已经把他对宗教起源的解释建立在这个主题上面。这些讲座的题目是《对死亡的恐惧与崇

拜》,重点集中在澳大利亚土著、托雷斯海峡岛民、新几内亚人
和美拉尼西亚人。这些讲座的内容 1913 年出版,计划构成三
卷本《对永生的信仰与对死者的崇拜》的第一卷。[2]今天我们
已有对大洋洲宗教更准确的概览。[3]弗雷泽搜集的材料尽管
已经过时,但依然令人敬佩,即使不看他的解释,他提供的全
部图片也极其丰富。瑞士—德国的民族心理学派后来就北
美、亚洲、大洋洲土著的灵魂概念撰写了大量著作,弗雷泽与
他们不同,他通过全面描述对永生的本土信仰来证实他的报
道。这些描述,尽管与当前人类学的严格参数并不一致,但仍
然能给我们一个对整体相当全面的认识。它表明,大洋洲(亚
洲和北美也一样)居民在"自由"或"独立"的魂或灵(它们在睡
着或恍惚时会离开身体)与"身体"灵魂(有时则称之为低级灵
魂)之间作出区别,以确保生命的首要功能。这个结果已经得
到新近文献的重新确认。[4]

　　大洋洲的幽冥观念以及死者在来世的命运,因他们位置
与叙述的不同而有很大差别。鬼域(通常不同类型的亡灵有
不同的领地)可能远也可能近;隐藏在自然屏障(比如水、石、
烟、或雾)或超自然屏障(比如愤怒的巨人)中;可能在天上(天
国和高山)也可能在地下;可能在陆地也可能在海中;可能在
我们的世界中也可能在一个平行世界中——这个世界有时被
赋予奇特的属性。汤加群岛族长的灵魂据说要航行到东北一
块乐土上,一个叫不老土(Bulotu)的大岛,那里有植物、动物,
壮丽而不朽。不老土一定存在于一个特殊维度中,因为登上
这岛的人可以径直穿过树和房子。神有幽灵似的身体,不需
要一叶扁舟就能在世间任意旅行。[5]

35

　　鬼域可能是令人乐而忘忧的也可能是令人沮丧的,根据
死者的地位和生前的所作所为(这要求一个死后的报应),死
后生活可能很享受也可能很无奈,在很多地方这两种情况同
时存在。鬼域有时是反着来的,事物的意义在那里正好相反:
这里的白天是那里的黑夜,反之亦然。有时死者讲另一种话,
吃难以下咽的活物。无忧之地可能是这样一个快乐所在,只
有像睡觉、抽烟、跳舞、嚼槟榔等享受的事儿存在。当然也有
人认为鬼域没有夜晚也没有睡眠,因为没有疲倦;那儿没有不
愉快的事,甚至没有厌倦。它可能是平等和平的,也可能相
反,是贵族的居所,平民灵魂奄奄待毙。不过有时贵族升入天
堂,平民下到阴间。死者的这两种地带,可以通过气味分辨出
来:一个芬芳,一个恶臭。在别的一些情况中,乡村生活被永
久地移入死后世界,人们继续他们的生活,一无变化。

　　在大洋洲,死后的命运是不确定的。灵魂可能重生,也可
能不。他们并非全部都能到达鬼域,并非都受得了两界之间
行程中数不清的磨难。一个人死的方式会对他死后的命运或
吉或凶发生影响。暴力死亡要么不好要么很好;自杀者和幼
年死去的女人有时有优先成为战士的命运。有时人的幸运系
于细枝末节:如果你舞跳得好你就可以通过某种很难对付的
桥,否则你就下地狱吧。还有比死更糟糕的,比如第二次死甚
至第三次死。你的灵魂可能不幸被毁,这种情况下或者烟消
云散,或者重生为动物甚或昆虫,也可能变为某种淘气的林中
精灵、蚂蚁或蠕虫。

　　如果死后果报是一个普遍原则,那么对与错的定义,分歧
可就大了。在斐济群岛,只有杀死很多敌人并以他们为食的

36

战士才有资格进入天堂乐土。一个人如果运气不好,一生中从未杀死过任何人,就会和其他丢了灵魂的人一起下到水下的冥府——穆里穆里亚(Murimuria)。其他重罪,比如女人没有纹身,男人没扎耳朵眼儿,要受到虐待和嘲笑。[6]男人,如果妻子没跟着死(被勒死),会强烈抱怨,但他的命运还要好过单身汉,单身汉可能连穆里穆里亚可疑的壮观都看不到。实际上,好多怪物都想攫取单身汉的灵魂,而且往往都能成功。这些怪物包括大母兽特别是南迦南迦(Nangganangga)———种凶残的小妖怪,能在一块黑色岩石上粉碎灵魂。有个巨人,很恰当地被称为灵魂杀手,埋伏在南姆巴纳加太(Nambanaggatai)城外,攻击已婚者和未婚者,不过倒也有办法逃过他。只是如果他抓到你的灵魂,会烘烤吃掉它。[7]由于灵魂的命运普遍地不确定,密克罗尼西亚某岛上的居民用抓阄来决定灵魂是否会在两块石头间被挤坏而从生者和死者中消失,或者灵魂是否会继续在一个富饶之地生存。各种可怕的看守者毫无理由地阻止、恐吓、折磨灵魂;也可能因为某些理由,比如寻求对罪恶的同情。[8]

　　并非一定要死后才能造访鬼域。在东美拉尼西亚,生者也可以下到阴间帕诺伊(Panoi),无论是在身体中还是精神中,也无论在梦中还是某种濒死状态中。鬼告诫他们不要吃死者的东西,否则他们就没法活着回去了。[9]雅浦岛[10]土著相信,以前生者升入天堂相对容易,现在情况变了,因为升天的秘密丢了。能够把人载入天堂的常用工具是云和鸟。[11]人死时灵魂自己也可能变成鸟。灵魂如果没有罪恶,神会导他入天堂,他在那儿也被神化,实际上就是意味着他不再需要干活儿了。[12]

如果想了解大洋洲人民灵魂问题有多复杂,读读费舍尔(H.Fischer)就可以了,他的概览足够详明。[13]新近,利尔托维尔(L.Leertouwer)撰写了一篇论文,他在其中回顾了1798年迄今西方人类学对灵魂观念的研究,不过其中只有三个民族来自印尼的苏门答腊岛,特别是巴塔克人(Batak)。[14]他的结论是,在苏门答腊,带给身体活力的"生命灵魂"与在人死时变得自由的"死亡灵魂"之间存在对立。[15]保尔森(I.Paulson)[16]对欧亚北部民族、豪特克朗茨(Å.Hultkrantz)[17]对北美土著民族,做了与费舍尔类似的研究。而且,尽管对非洲或南美没有类似的概述(除了沙利文的《印坎楚的鼓:南美宗教中的意义取向》,其中包含启发性的论述[18]),瑞士学派(保尔森、豪特克朗茨)建立的诸范畴,足以为我们提供一个理论框架来理解萨满教。

38   ## 萨 满 教 导 论

伊利亚德(M.Eliade)不把萨满教定义为严格意义上的宗教,而是把它定义为一种"出窍术",一套出窍和疗愈方法,目的是获得与神灵的平行世界的联系,以便在处理团体或个体事务时赢得它们的帮助。伊利亚德界定萨满教的意义为的是排除那些可以被更恰当地定义为巫术的现象。按照这个定义,非洲大陆上是没有萨满教的。然而,萨满教事实上可以在所有大陆的宗教中和各种层次的文化中找到,其中心是中亚和北亚。

通古斯语"萨满"意思是"男巫"。一般土耳其语把萨满称作 *kam*，雅库特人、[19]吉尔吉斯人、乌兹别克人、哈萨克人以及蒙古人则使用其他词汇。在蒙古入侵期间，大萨满被称作 *beki*，古土耳其语 *beg*（神）来源于它，在现代土耳其语中变为 *bey*。据穆斯林历史学家记载，成吉思汗本人具有伟大的萨满能力。

土耳其语、蒙古语以及通古斯—满族语属于阿尔泰语系，阿尔泰语系是从更古老的乌拉尔-阿尔泰语系分出来的，芬兰人、匈牙利人、爱沙尼亚人以及其他几个亚洲民族也属于乌拉尔-阿尔泰语系。这些民族的多数后来都皈依了一种或几种普世宗教，比如佛教、基督教、伊斯兰教、犹太教、摩尼教或者琐罗亚斯德教。尽管萨满教的机制通常不被承认，但它实际上直到目前一直存在。后来在赫鲁晓夫统治下短暂的"自由化阶段"中，匈牙利学者迪奥塞吉（V.Dioszegi）认为，甚至在斯大林迫害时期，它也存在。[20]

民族符号学把萨满教的起源上溯到古代的西伯利亚岩画（约公元前 1000 年），因为在岩画服装和萨满教仪式中发现了共同特征。民族符号学研究在公元前 6 世纪的希腊资料中发现了证据，这些资料表明，某类地方萨满能进入休眠状态，能同时旅行到阴间和北方乐园，并且化作鸟形，这类萨满在希腊一直存在到 5 世纪。这类萨满的存在还能从其他古代宗教（伊朗、中国等）的文字记载中推定。人类学研究也在那些相对隔绝没有文字记载的民族（比如澳大利亚土著）中证明了他们的存在。萨满教研究的新视角正在出现；特别是，文化史与认知心理学的综合，正朝着对萨满教的新理解稳步推进。

在中亚和北亚,萨满教盛行于土耳其、蒙古、喜马拉雅、芬兰—乌格尔和北极民族中,在朝鲜、日本、印支、北美南美也得到证实。传流论可以把美洲萨满教解释为亚洲萨满教的早期派生物,却无法解释澳大利亚萨满教现象的存在。

现在的学者把亚洲萨满教区分为两个系统:土耳其系统或"养牛员"系统和塔吉克系统或"农业"系统。[21]对于北西伯利亚的猎人和渔民来说,萨满有几个功能:氏族的(尤卡基尔、鄂温克)、邻里的(加纳撒尼)、全社会的(楚克其、考利亚克)。[22]养牛员系统是通过以下主要特征定义的:这一职业几乎无一例外的是男性;萨满召唤人形或兽形的神灵;进入催眠状态后,他对自我强加的疼痛和身体伤害漠不关心;在一场疗愈降神会中他又跳舞又模仿,升入天堂(通过爬上蒙古包屋顶)。塔吉克系统或农业系统则相反,萨满通常是女性;她们召唤人形神灵;她们的能力主要通过她们与被取悦神灵的性关系来阐释;在降神会上她们也不跳舞。

这两个系统也有共同因素,比如,萨满的个人能力,决定他的地位。萨满职业可以被神灵直接赋予某人,也可以是家庭继承。即使是继承,西伯利亚萨满据说也要接受一个个人的入行仪式,以便获得知识和得到超自然的帮助。萨满被神灵造访,起初要通过一段很深的抑郁和病态;在穿过死亡的荒漠后,抑郁和病态才消退,他复苏过来并试着控制个人的精神以便实施出窍旅程,其目的通常也是通过符咒来疗愈。在实施过程中,萨满通常使用几样象征超常能力的东西,据说能为到达神灵之所提供帮助。这些东西包括:一面鼓(由象征宇宙之树的树木做成),(把穿戴者与神灵联系起来的)一顶帽子和一套衣服,同时回忆一具骨架——象征入行时的死亡与复活。
降神会开始于萨满召唤他的辅助神灵,之后,在一种催眠状态
中(有时需要通过使用致幻剂或致醉剂),萨满到达神灵之所。
在中、东西伯利亚的尤卡基尔、鄂温克、雅库特、满族、那乃[23]
以及奥洛契[24]诸族中,萨满常被神灵附体,神灵通过他的嘴
说话。

　　萨满教系统广泛分布于所有北极区民族中,无论他们属
于哪个语族:乌拉尔(萨米人或拉普人,科米人或诸利安人,萨
摩耶人或芬兰—乌格尔人,汉特人或奥斯恰克人,曼西人或沃
古尔人)[25],通古斯(鄂温克,埃文尼人)[26],突厥(雅库特人,
多尔干人)[27],尤卡基尔(尤卡基尔人,与芬兰—乌格尔人有血
缘关系),古西伯利亚(楚克其人、伊捷尔缅人[28]),因纽特(阿
留申人)[29]。北极区萨满降神会比南西伯利亚的要简单,但更
热烈更壮观。有时,这些萨满和他们的北美阿尔冈昆[30]同僚
一样,在摇晃帐篷的仪式中被捆绑在一个关闭的帐篷里:帐篷
剧烈摇晃,据说是神灵所为,是他们在为萨满松绑。

　　多数因纽特人居住在格陵兰、加拿大、阿拉斯加。在获得
萨满能力之前他们要经历强烈的抑郁与令人震惊的濒死体验。
在获得萨满能力期间,因纽特人实践骨架显形(*quamaneq*),目的
是漠视死亡并发展出确定已进入病人身体的病症的能力。

　　萨满的疗愈降神会是天堂之旅或阴间之旅(对因纽特人
来说,是降到海底)的戏剧性表演,它的步骤可能被观众效仿。
这场表演至少要以两个层次的理解为前提:一是观众,一是表
演者。从表演者的观点来看,疾病是由病人丢失他灵魂中的
一个引起的,因而,萨满的灵魂之一必须去寻找这个丢失的灵

41

魂,复苏它,把它带回主人的身体中。根据 I.保尔森,灵魂追踪有四种可能的情况,由人类拥有的两种魂或灵——自由灵魂与身体灵魂——的不同结合构成。可以把一场典型的萨满疗愈定义为自由灵魂寻找自由灵魂,即,萨满的自由灵魂去寻找病人的自由的、丢失的灵魂。其他三种情况分别是:自由魂寻找身体灵魂,身体灵魂寻找自由灵魂,身体灵魂寻找身体灵魂。[31]

42　　　朝鲜与日本萨满教的演示者通常是女人,其中许多是盲人,盲人被认为是职业性强的标志。在朝鲜,萨满是神灵选出来的;但在韩国,她的职业是从她父母那儿继承的。她经历了一段时间的抑郁与病态,其间有一个神灵经常造访她,这个神灵就成了她永久的热爱者。有了这种经历之后,婚姻生活通常就变得不可容忍了。

　　萨满教也存在于中国、印度边缘地区的民族(苗族、纳西族、那加族、卢谢—库基族、卡西人等)[32]中,也存在于印支(赫蒙族、高棉人、老挝人等)[33]、印度尼西亚以及大洋洲的民族中。

　　北美萨满教与北极区的萨满教有几个共同特征,比如,开始就不使用致幻剂,比如都通过隐居与受苦来获得萨满能力。不过在某些地区,萨满教形成了职业协会,这就把他们与多数了解萨满教的人区别开来。这样的协会之一是大湖区的大医药协会(Midewiwin),协会接受候选者入会的方式是:"杀死"候选者,向他投掷宝贝[34]贝壳、石英或其他象征性的东西,假定刺穿他的身体,之后再在医务室中使他复活。

　　萨满作为神灵专家,据说知道灵魂的样子。自由的灵魂通常有影儿，无光彩，灰色，不过也可能有颜色。在内华达州东南部的派尤特人[35]以及北美许多土著民族中，灵魂是红色的或者具有火的色彩光亮。有时以闪电、火花、火焰、火球的形式离开人体。灵魂通常是一种微型存在，形状上像人或有翅膀的生物——鸟、苍蝇或蝴蝶，尽管具体而微，但大小尺寸可能根据环境而变化。自由的灵魂还可能变为其他动物，比如老鼠、爬行动物、螨、蠕虫、或蚂蚱；也可能看起来像一个物体，通常圆形：鹰的羽绒球、冰雹块或一块骨头。[36]

　　萨满的深度催眠近乎死亡。豪特克朗茨说："巫医沉入出窍催眠，像死了一样，不活动，近乎窒息。"[37]

　　南美萨满教在信仰和实践上都很丰富，这些信仰和实践在其他地区也发现过，比如入会时的病态、骨架显形、与神灵结婚、吸入疗法等。不过，南美萨满教十分特殊的是对致幻剂的使用（比如死藤，或致醉物如烟草）[38]以及入会时的集体仪式。用沙利文的话说，"南美文化，对触发缤纷幻觉的植物的宗教使用，也许多于世界上其他地区。对致幻植物的知识控制着与光明形象的相遇。这些神圣的致幻植物重排了萨满全部的知觉存在，把他（她）升到别的层面——超尘世的光明世界"[39]。召唤神灵更多使用拨浪鼓而非大鼓，这些神灵通常是鸟形。萨满宣称的最常见法力之一是把自己变成一只美洲豹。

　　南美萨满是游魂复苏的专家。在一场降神会中，希比伯族[40]的疗愈萨满"伴着浅色的鸟，旅行往太阳之国。当萨满沿着'伟大的光明之路'旅行前往太阳，一大群蜂鸟环绕着他"[41]。希比伯族的"好萨满"使用 nishi，这是藤本植物卡皮木的提纯物。

　　阿皮纳耶族[42]萨满还干这个活儿：从亡灵之域复苏病人
44　的灵魂；他化作黑蛇，以毒蛇为食，造访亡灵之域。推动萨满
　　灵魂寻找遗失灵魂的媒介是烟草。[43]

萨满教之外的萨满教

　　试图从学术上把中亚和北亚萨满教定义为原始萨满教，
而把世界上其他地区萨满教的存在解释为传流现象，遇到了
极大困难。比如，澳洲土著，完全熟悉萨满教，但他们不把萨
满教与巫术作区别，这让事情变得复杂。换句话说，一个巫
医，既可以在某种环境中充当疗愈者，也可以在别的环境中充
当巫师。

　　"高级澳洲土著"——埃尔金（A.P.Elkin）这样称呼他的特
异之士。他们拥有魔法力量，特别是拥有当身体处于睡眠或
催眠中时，以身体形式或者（更普遍地）以神灵形式，通过空间
飞行的能力。[44]旅程的载具是火焰或魔绳，得自萨满入会仪
式，来自萨满的身体。"魔绳成了展示高超技艺的手段，比如
从巫医体内发火，像电线一样。不过更有意思的是利用魔绳
升上天空或树梢以及在空中旅行。"[45]也许埃尔金和伯恩特
（R.M.Berndt）对澳洲萨满从体内发射这种魔绳并用它"攀爬"
的描述，激发了秘鲁小说家卡斯塔尼达（C.Castaneda）发明了
雅基族[46]"知识人"唐望（Don Juan）和唐哲那罗（Don Genaro）
的故事，他们能像蜘蛛侠一样利用腹部吐出的丝在空中飞行。
澳洲萨满的其他"技巧"包括从某地到某地的突然消失和重

现,在树上行走,在地面飞奔,在两地同时出现。[47]

尽管学者们不断贬低非洲萨满教的存在,不过普遍认为
非洲男巫能施他们澳洲萨满同行的多数非凡技艺。而且,非
洲神话中还提到了某些萨满入会模式。如我们在其他地方论
述过的[48],澳洲和非洲都熟悉水蛇的神话,水蛇是井的守护
者,通常被称作彩虹蛇。[49]彩虹蛇看护着与天堂及世界起源相
关的珍贵的东西:珍珠、石英、色彩简单的宝石。这些东西具
有魔力。拥有它们就可以变得富有、美丽甚至永生。

在澳大利亚,这个神话和一个入会仪式有关。在这个入
会仪式中,彩虹蛇用有魔力的东西"杀死"并复活候选萨满。
在仪式上使用石英或岩石晶体、珍珠、宝石、宝贝贝壳、或者大
米,这种类型的仪式,至少在北美、南美和日本都非常普遍。[50]

萨满教是巫术吗？

在最典型的萨满教地区,存在"白"萨满(萨满充当疗愈
者)和"黑"萨满(萨满充当巫师)的分别。而且,同一个萨满可
能在他自己的族群里充当疗愈者而在面对外人时充当巫师。
类似地,在巫师活跃的地区,他们既可能"好""坏"两种类型都
代表,也可能专门从事疗愈或巫术。

在20世纪70年代早期,苏格兰功能主义人类学家刘易
斯(I.M.Lewis)试图以神灵操作者与神灵的关系为基础,在
"萨满教""巫术"和"附身着魔"之间确立固定的区别。[51]在刘
易斯看来,所有这三种现象都基于神灵世界的存在,但区别在
于神灵对人类参与者的态度。在像北非 *zar*、[52]古代狄奥尼

45

46

索斯崇拜或非裔加勒比人和非裔苏里南人的崇拜这样的附身着魔中,参与者是不情愿地被神灵附身的。而萨满在被附身后,疗愈自身,成为神灵的主人:萨满就像艾略特(T.S.Eliot)所谓"受伤的医生"。[53]男巫或女巫是神灵的主人,并且把神灵的行动指向一个未知的主题,于是就被附体了。

　　显然,这些区别都不对。附身着魔通常与巫术行为有关,而且专业灵媒可以按意愿附身催眠,因而与萨满并无多少区别,而且,"不情愿"的附身十分可疑,因为催眠的获得依靠某种前定的模式。这些模式分成两大类,人类学家称之为"感觉剥夺"或"低唤起状态"和"感觉轰炸"或"超唤起状态"。[54]在附身发起之前,萨满避免与人接触,寻求独居和安静。相反,操作中的萨满则求助于感觉轰炸,这些感觉轰炸一般通过有力的击鼓、嘎嘎做声、出窍催眠以及致幻剂或致醉物而获得。附身着魔也使用相似的技巧,在附身着魔中有集体仪式举行,但催眠是发生在个人身上的。另一方面,南美的萨满入会通常是集体的,由低唤起状态紧接着超唤起状态的仪式构成。所以,尽管刘易斯构想的这三种主要类型可能有某些启发性,但它们很少以单独形态存在。与神灵世界的紧密联系能以所有这些外在形式表现在单个人身上,他可以成功地充当一个被附身者、一个女巫或一个萨满。

47　**巫术是萨满教吗?**

　　意大利历史学家金兹伯格(C.Ginzburg)最近提出了一个更有意思的问题,他从事 15、16 世纪弗留利[55]地区巫术现象的研究。他已经确定弗留利的本南丹蒂（benandanti）是一群行善的巫师,他们的魂灵发起夜间战役,对抗邪恶的女巫,其结果决定庄稼收成的好坏。[56]金兹伯格搜集欧洲巫术材料25年,最近对这一现象给出了一个革命性的评断。[57]

像多数历史学家一样,金兹伯格认为14世纪初的西欧社会迫害像麻风病患者、犹太人以及女巫这样的少数派。[58]不过,金兹伯格不像他的很多同行,他相信巫术远远超过一个"迫害社会"的单纯捏造。他描绘的现象基本上是两种文化的碰撞:大众文化和——将其解释系统强加于所有实在的"高级"文化。既然高级文化的代表——主流天主教神学家——的知识分类是不完备的,结果就是糟糕的人类学。不过起初天主教当局并未担心大众巫术,他们把这看作纯迷信,感到尴尬而已。从11世纪开始,这种报道就越来越多:女人与仙女一起,或由狄安娜、霍尔达、珀赫塔、多米娜·阿邦迪亚、希罗底这些女神带领[59],成群结队,飞行前往参加夜间聚会。这发生在莱茵河以西。在莱茵河以东,参加夜间聚会的则男女都有,他们投入决定庄稼收成的战役。邪恶的女巫受到好的女巫（在弗留利地区被称作本南丹蒂）和东欧斯拉夫地区狼人的打击。在东南欧,这种战役不发生在晕厥或睡梦中,而是由一群年轻人在仪式上扮演。金兹伯格以绝对的确定性证明了本南丹蒂、"狼人"、年轻舞者和战士的存在,他们相信死者魂灵的有害回归,这些死者的鬼魂能危害生者的幸福。金兹伯格提出这一观点,并论证欧洲人有他们自己的文化,其起源古老而显赫,这样他就与他的多数同行脱离开来。这位博雅之士解释古代文化是根据其可怖、迷狂的方面,根据其对地狱烈火

48

和邪恶渊薮异象的限制。

当然，这并非金兹伯格此书的结论，这还只是开始。他大胆地认为，对这种古代大众遗产的流俗解释非常模糊。谈论这些信仰和实践的"旧石器时代的起源"并未提供更多的解释。不过，金兹伯格同样不愿接受我们这里使用人类心灵的不变结构来处理问题的结构主义解释。他回到了历史的、传流论的假设。

亚洲萨满如果前往出窍式的群体聚会，他们也就变成了巫术表演。虽然他们在公开或者非私人场合像狼人和本南丹蒂，他们也会捍卫他们团体的利益。除了这个区别，萨满教与古代欧洲巫术完全同态。

这样，根据金兹伯格的研究，欧洲巫术不过就是萨满教。还不止是在类型学上如此。金兹伯格认为萨满教通过斯基泰人[60]和印欧诸部落而在欧洲传播，他们借助大麻以及也许像蛤蟆菌（或称毒蝇伞）这样的蘑菇实践萨满出窍。巫师们可能已经使用的另一种致幻剂是麦角菌，一种黑麦上的寄生菌类，约30年前霍夫曼（A.Hoffmann）从中提取出了麦角酸，麦角菌在18世纪就以推动了荷兰宗教时尚的盛行而闻名。[61]应该说这些巫师继承了更久远的萨满教传统，只是这些传统被我们这些研究者和清教徒误认为是有关魔鬼作祟的知识。

金兹伯格的革命性探讨为研究萨满教与其他宗教现象间的关系打开了一个全新的视角。在对幽冥之旅每个特殊传统的研究中，我们需牢记萨满教于其下穿越不同时代的多个方面，以及人类最古老宗教遗产的坚韧。

注 释

[1] 参见我在"Mircea Eliade at the Crossroads of Anthropology"(载
Neue Zeitschrift Für Systematische Theologie,1985)中引用的 H.G.
Kippenberg 的研究。

[2] J.G.Frazer,*The Belief in Immortality and the Worship of the Dead*,
vol.1:*The Belief among the Aborigines of Australia*,*The Torres
Straits Islanders*,*New Guinea*,*and Melanesia*;vol.2:*The Belief
among the Polynesians*;vol.3:*The Belief among the Micronesians*
(London:Macmillan,1913,1922,1924).

[3] Hans Fischer,*Studien über Seelenvorstellungen in Ozeanien*(Munich:
Klaus Renner,1965).

[4] 这两种灵魂通常混在一起,"身体灵魂"也能做幽冥旅行,但一般
说来保持着这种区别。

[5] Frazer,*Belief in Immortality*,vol.2,p.85.

[6] Ibid.,vol.1,p.466.

[7] Ibid.,vol.1,pp.464—465.

[8] Ibid.,vol.3,p.49.

[9] Ibid.,vol.1,pp.464—465.

[10] 雅浦岛(Yap)旧称瓜浦(Guap),是太平洋西部密克罗尼西亚加罗
林群岛中的一个岛(雅浦群岛中最大的一个)。——译者注

[11] Frazer,*Belief in Immortality*,vol.3,p.167.

[12] Ibid.,vol.3,p.118.

[13] Fischer,Studien.

[14] L.Leertouwer,*Het beeld van de ziel bij drie sumatraanse volken*(Gron-
ingen:Drukkerijen bv,1977)。(按:巴塔克人是印度尼西亚主
要的民族之一。中国史籍称"拔沓人"、"花面人"。主要分布在
苏门答腊岛中部和北部山地,大多聚居在多巴湖周围地区。属

蒙古人种马来类型,系原始马来人的后裔。)

[15]　同上书,第 222 页。

[16]　Ivar Paulson, *Die primitiven Seelenvorstellungen der nordeurasischen völker : Eine religionsethnographische und religionsphänomenologische Untersuchung*（Stockholm: Ethnographical Museum of Sweden, 1958）。

[17]　Åke Hultkrantz, *Conceptions of the Soul among North American Indians : A Study in Religious Ethnology*（Stockholm: Ethnographical Museum of Sweden, 1953）.

[18]　Lawrence E.Sullivan, *Icanchu's Drum : An Orientation to Meaning in South American Religions*（New York: Macmillan, 1988）.［按：印坎楚（Icanchu）是南美马塔科印第安人（MatacoIndinas）创世故事中的神话人物。]

[19]　雅库特人（Yakut）自称萨哈人。萨哈（雅库特）共和国是俄罗斯联邦境内最大的行政区,首府雅库茨克。——译者注

[20]　Vilmos Dioszegi, *Tracing Shamans in Siberia : The Story of an Ethnogrphical Research Expedition*（Oosterhout: Anthropological Publication, 1968）.

[21]　V.Basilov, "Shamanism in Central Asia",载 Agehananda Bharati, ed., *The Realm of the Extra-Human : Agents and Audiences*（The Hague and Paris: Mouton, 1976）, pp.150—153.

[22]　尤卡基尔人（Yukagir）在西伯利亚东部,加纳撒尼人（Nganasani）在西伯利亚中部,楚克其人（Chukchee）在西伯利亚东北部,考利亚克人（Koriak）在西伯利亚最东端,皆为西伯利亚土著民族;鄂温克族（Evenki）则在我国、俄罗斯和蒙古都有分布。——译者注。

[23]　那乃（Nanay）,我国称之为赫哲族。——译者注

[24]　奥洛契(Orochi),俄罗斯小镇(属赤塔州),隔额尔古纳河与中国
　　　室韦镇(在内蒙古自治区最北端,属额尔古纳市)相望。2001 年 9
　　　月中俄建成室韦—奥洛契口岸大桥。——译者注

[25]　萨米人(Saami)也称"拉普人"(Lapps),是北欧地区的原住民,欧
　　　洲最大的原住民族群之一,也是欧洲目前仅存的游牧民族,现在
　　　分居在芬兰、挪威、瑞典和俄罗斯;科米人(Komi)或齐良人(Zyri-
　　　ans),位于东欧平原的东北边区、乌拉尔山脉的西部,现在是俄罗
　　　斯的科米共和国;萨摩耶人(Samoyeds)或芬兰—乌格尔(Finno-
　　　Ugrians)人,分布在东欧和中欧,萨摩耶语和芬兰—乌格尔语是
　　　乌格尔语的两个分支;俄罗斯现在的汉特(Khanty)—曼西
　　　(Mansi)斯克民族自治区位于西西伯利亚平原中部,1940 年前称
　　　奥斯恰克(Ostiak)—沃古尔(Vogul)斯克,位于秋明州境
　　　内。——译者注

[26]　埃文尼人(Eveny)或埃文人(Even),以前称"拉姆特人"(Lamut),
　　　在起源和文化上与鄂温克接近。俄罗斯 2002 年人口统计显示埃
　　　文人近 2 万人。——译者注

[27]　多尔干人(Dolgan),俄罗斯突厥语民族,分布在克拉斯诺亚尔斯
　　　克,2002 年人口统计约 7 000 人,多尔干语是雅库特语方言,他们
　　　生活形态更像通古斯人。——译者注

[28]　伊捷尔缅人(Itelmen),也称堪察加人,居住在俄罗斯堪察加半岛
　　　南部,2002 年人口统计约 3 000 人,与相邻的楚克其人、考利亚克
　　　人在语言宗教上都有关系,人类学研究认为伊捷尔缅人与北美
　　　印第安人在基因上最接近。——译者注

[29]　爱斯基摩人(Eskimo)自称因纽特人(Inuit),阿留申人(Aleut)指
　　　居住在阿留申群岛和阿拉斯加半岛上的爱斯基摩人。——译
　　　者注

[30]　阿尔冈昆人(Algonquin),居住在加拿大渥太华河河谷地区属阿

尔贡金语族(Algonquian)的印第安人。——译者注

[31]　Paulson，*Pie Primitiven*，pp.331ff.

[32]　那加族(Naga)分布在印度东北部和缅甸西北部;卢谢(Lushei)—库基(Kuki)族,即米佐人(Mizo),住在印度米佐拉姆邦靠近印—缅边界的米佐(旧称卢谢)丘陵地带,米佐人与库基人有姻亲关系;卡西人(Khasi),印度少数民族,分布在印度梅加拉亚邦和阿萨姆邦。——译者注

[33]　赫蒙族(Hmong),是一个发源于中国的国际性的民族,在中国称苗族,在越南称为赫蒙族;高棉人(Khmer),东南亚中南半岛民族,又称吉蔑人,主要分布在柬埔寨。

[34]　宝贝(cowrie),一种腹足动物,壳光滑明亮,生长于暖海中。——译者注

[35]　派尤特人(Paiute),居住在美国犹他、亚利桑那、内华达和加利福尼亚等州的北美印第安人。——译者注

[36]　Hultkrantz，*Conceptions of the Soul*，pp.259ff.

[37]　Ibid.，p.280。

[38]　死藤(*Banisteriopsis caapi* 或 *yagé*),又称卡皮木。——译者注

[39]　Sullivan，*Icarchu's Drum*，p.425.

[40]　希比伯族(Shipibo),生活在亚马逊河流域,主要沿乌卡亚利河。——译者注

[41]　Sullivan，*Icarchu's Drum*，p.451.

[42]　阿皮纳耶族(Apinayé),巴西土著,居住在托坎廷斯州(To-cantins)。——译者注

[43]　Sullivan，*Icarchu's Drum*.

[44]　A.P.Elkin，*Aboriginal Men of High-Degree*(New York：St. Mattin's Press，1978)，p.47.

[45]　Ibid.，p.53.

[46] 雅基族(Yaqui),居住在美国亚利桑那州南部和墨西哥北部的印第安人。——译者注

[47] 同上书,第53—57页。

[48] 见我的 *Iter in Silvis*,vol.1(Messina:EDAS,1981),pp.97—108。

[49] 彩虹蛇是澳大利亚所有土著民族都信仰、尊重的一种动物,就好像中国人的龙。他们认为彩虹蛇创造了澳大利亚的土地和人民。散落在澳大利亚的橘红色巨型火山岩,是彩虹蛇所产的蛋。——译者注

[50] 同上书,第107页。

[51] Ioan M.Lewis, *Ecstatic Religion : An Anthropological Study of Spirit Possession and Shamamism*(Harmondsworth:Penguin Books,1971).

[52] 北非和中东地区把鬼附身称为"zar",表现为高声喊叫、大笑、以头撞墙、唱歌或流泪。患者可能会变得情感淡漠或退缩,可能会拒绝进食或进行日常活动。——译者注

[53] "受伤的医生",出自艾略特《四个四重奏》中的《东库克》。《四个四重奏》是艾略特晚年代表作,《东库克》是其中第二个四重奏。东库克是艾略特祖先在英国居住时的村庄名。——译者注

[54] 见Felicitas D. Goodman, *Speaking in Tongues : A Cross-cultural Study of Glossolalia*(Chicago:Chicago University Press,1972),p.60; Barbara W.Lex, "Altered States of Consciousness in Northern Iroquoian Ritual",载 Bharati 编 *The Realm of the Extra-Human : Agents and Audiences*, pp.277—300;以及 Vincent Crapanzano 和 Vivian Garrison 合编的 *Case Studies in Spirit Possession*(New York:John Wiley & Sons,1977)。

[55] 弗留利(Friuli),弗留利—威尼斯朱利亚大区为意大利20个行政区之一,是意大利使用特殊法律的5大自治区之一。——译者注

[56] Carlo Ginzburg, *I benandanti*(Torino:Einaudi,1966)。[按:意大

利原书全名《本南丹蒂：16、17 世纪的巫术和农业崇拜》(*I benan-danti：ricerche sulla stregoneria e sui culti agrari tra Cinquecento e Seicento*)。有朱歌姝据英译本 *The Night Battles：Witchcraft and Agrarian Cults in the Sixteenth and Seventeenth Century* 翻译的中文译本《夜间的战斗：16、17 世纪的巫术和农业崇拜》,上海人民出版社 2005 年版。]

[57] Carlo Ginzburg, *Storia notturna：Una decifrazione del Sabba* (Torino：Einaudi, 1989).[按：英译本名《出窍：解码女巫的安息日》(*Ecstasies：Deciphering the Witches' Sabbath*), New York, 1991];我写的书评见 *Times Literacy Supplement*, December 15—21, 1989, p.14。

[58] 其他历史学家的例子,参见 Robert I. Moore 的新书 *The Formation of a Persecuting Society*(Oxford：Blackwell, 1987)。

[59] 狄安娜(Diana),罗马神话中的月亮和狩猎女神,即希腊神话中的阿尔忒弥斯;霍尔达(Holda),北欧女神;珀赫塔(Perchta)的意思是"光明",这是一个日耳曼女神;多米娜·阿邦迪亚(Domina Abundia),是个法国女神,由罗马的丰饶女神 Abundantia 演化而来;希罗底(Herodias)是《圣经》人物,原是希律安提帕的弟媳,后来改嫁希律安提帕。施洗约翰因指责他们而送命。——译者注

[60] 斯基泰人(Scythians),——译者注

[61] 见我的 *Eros and Magic*, p.245。

第三章　隐藏的珍宝:美索不达米亚宗教中的幽冥之旅

　　苏美尔可考的文字记载从公元前 3500 年开始,这会让已在黑暗中埋藏了几千年的珍宝更容易理解吗? 如果我们相信著名亚述学家奥本海姆(A.L.Oppenheim),那回答就是否定的。"为什么没有一种'美索不达米亚宗教'被记载下来"? 他为这个问题提供了不止一个原因。[1]如果我们依据雅各布森(T.Jacobsen)令人钦佩的重构作品《隐藏的珍宝》,那回答就是肯定的。[2]对于我们的概览来说,回答当然是肯定的:苏美尔产生了关于幽冥之旅最古老的文字记录,而且,即使我们可能错过一些情节或误解了人物的心理,一般也不妨碍一个现代读者读懂它。从这个方面看,我们下一章要碰到的大量埃及墓葬铭文要远为费解,因为它们没有编织为连贯的叙事。

　　公元前 4000 年前后,围绕乌尔、乌鲁克、基什这些城市,苏美尔人建立了发达的文明和他们神秘的塔庙。他们的闪族征服者阿卡德人,高度尊重苏美尔文化,把许多记载翻译成自己的语言。公元前 2100 年到前 1600 年,一个亚摩利人王朝在巴比伦兴起;公元前 1600 年左右,另一个闪语民族亚述人在美索不达米亚北部建立了他们的帝国。公元前 18 世纪亚述征服巴比伦,似乎终结了亚述和巴比伦间的千年争斗。不过,公元前 7 世纪末,巴比伦人帮助他们的新盟友东方的米堤亚人夺取了亚述首都尼尼微。前 539 年,巴比伦向新兴的地区力量波斯人敞开了大门。这样,多层次的苏美尔—阿卡德—亚述—巴比伦文明及其多种语言和方言,就被另一个世界强权吞没了,她的遗迹被踩在脚下,成为有暇研究历史的现代学者的研究对象。

然而,尽管多种多样的美索不达米亚文化已经存在了三千年,它的神话却显示出突出的连贯性。关于幽冥之旅的第一个故事来自苏美尔:"吉尔伽美什(Gilgamesh)与生命之地""吉尔伽美什之死""伊南娜降入地狱"。[3] 阿卡德人的《吉尔伽美什》史诗是在公元前 1600 年左右从古代的苏美尔传说(公元前 2100 年左右)演化而来。

长生不老的代价

人类生命可以被复制,甚至长生也能达到——这些耸人听闻的传言是目前生物学革命的事实。长生需要代价,而代价可能太过高昂(至少就社会保险来说)。吉尔伽美什是有记载以来试图解决长生问题的第一人(无数萨满必定已在他之前做过这件事,但他们没有留下痕迹)。由于一些不可控制的原因,他的诉求没有成功。和浮士德一样,吉尔伽美什通过在他的城市乌鲁克建造坚固的建筑来安慰自己。学者们大致认为这位野蛮的非凡人物是公元前 2600 年左右乌鲁克的王,实

52

有其人。他的功业必定不同凡响，当然和五百年后流行的故事
应该还是大有出入。后来的《吉尔伽美什》史诗的结构在公元前
1600 年左右已经成型，不过我们看到的形式是一个叫辛利奇乌
尼尼(Sin-liqi-unninni)的人的作品(公元前第二个千年末期)，是
从公元前 600 年左右尼尼微的阿淑尔巴尼拔(Ashurbanipal)图
书馆拷贝来的。[4] 现存的史诗写在 12 块泥板上，最后一块译自
苏美尔语，包含这个故事的一个变体，与前边 11 块泥板有冲突。

　　没有证据表明这部史诗是宗教教派的一部分。它和《奥
德赛》相似，但述说更清晰，是对一个天赋很高的人一次幽冥
之旅的报道。它的主题是"宗教的"，但它的应用不是。它传
达了官方教派范围之外一种真正的宗教诉求，它必定已经迎
合了广大民众，并激起了许多人的想象——世俗目标无法满
足这些人的进取心。不过，它的结论却是谨慎的：吉尔伽美
什——诗的标题说他是"见过万物的人"[5]——获得了经验，
但探求却失败了。人们可能揣测，在美索不达米亚存在某种
陌生的东西：吉尔伽美什，尽管是发达文明的一个典型的英
雄，却不是一个成功的萨满，而是一个不成功的萨满。他的事
迹在因纽特人、通古斯人或阿尔冈昆人中是不会留下记载的，
但非常符合西方文明中的浮士德精神，而且我们能更深刻地
理解吉尔伽美什，超过理解一个获得了永生的萨满。我们将
依据尼尼微泥板展开他前往冥府的旅程，必要时也用到苏美
尔版本。

　　一块赫梯残板告诉我们，是诸神自己帮着造出了巨型的
吉尔伽美什，因而他三分之二是神，三分之一是人。他的性欲
与他的力量一样强，在他成为乌鲁克之主后，愤怒的人民开始

53

抱怨他无休止的诱奸和狂欢(显然他在实施初夜权,在合法新郎之前与新娘同房)。众神决定创造一个勇敢的巨人恩启杜(Enkidu)去挑战他。但吉尔伽美什送了一个神妓给他,在共处六天七夜后,这个野人丧失了他的野性,原来对他友好的动物现在都躲着他。这个女人"迎接他的激情,并不羞怯"[6],她发现他被带到城市后成熟了,在那里他遇到了强大的吉尔伽美什。他们像公牛一样厮打,吉尔伽美什看来要放弃了,但恩启杜欣赏他的力量,他们俩成了形影不离的伙伴。恩启杜的陪伴激发了吉尔伽美什更高的抱负,这抱负超过了去驯化乌鲁克的少女。吉尔伽美什和他的朋友战胜了住在雪松林中的怪兽胡巴巴。苏美尔版诗歌《吉尔伽美什与生命之地》把这一幕变成赢得长生的一部分:胡巴巴是吉尔伽美什在穿过乌鲁克与生命之地之间七座山之后面对的最后一难。阿卡德版把这变成更高功业的一个序幕:在杀死胡巴巴和女神伊斯塔尔(Ishtar)派来的天牛并拒绝了伊斯塔尔的勾引之后,吉尔伽美什遇到了神秘的死亡,死亡归神恩利尔(Enlil)管,他已经带走了吉尔伽美什勇猛的朋友恩启杜。在扶尸痛苦之后,吉尔伽美什偶遇一个始料不及的发现,他也要死:"当我死之时,会和恩启杜不同吗?"[7]

这一发现要求马上行动。吉尔伽美什向他祖先乌特纳皮施提姆(Utnapishtim,他已获得长生)遥远的假想之地进发。他伏击群狮,来到令人生畏的大山——玛什(Mashu),"山顶上达天穹,山底下至地府"[8]。可怕的蝎形人守卫着太阳的门户,但他们因为吉尔伽美什有神性的缘故让他通过了。他穿过了十二大段无尽的黑暗,最终到达环绕陆地的深海。他与酒吧女西杜丽（Siduri）攀谈，西杜丽劝他不要试图穿越巨海的无尽之水，这巨海对谁都是致命的，除了太阳神沙玛什（Sha-mash）。"填饱肚子，让你日夜快乐"是她的哲学[9]，因为他无论如何也得不到长生。不过她还是把他引见给船夫乌尔沙纳比。后面的故事比较晦涩：为了穿过死亡之水，显然需要石人以及水手喜欢的乌拉努蛇（urnu）。不过吉尔伽美什粉碎了石人，铲除了乌拉努，这样他不得不使用蛮力来行船。最终，他们见到了乌特纳皮施提姆·阿特拉哈西斯（Utnapishtim Atra-hasis，"超级智者"），他是巴比伦版的诺亚，乘坐按神示建造的方舟逃过了恩利尔发向舒鲁帕克城（Shuruppak）的大洪水。诸神已经使他和他的妻子长生不老，如果吉尔伽美什能坚持六天七夜不睡，他也许还能在诸神的集会上为吉尔伽美什说上话，但在第七天到来前吉尔伽美什睡着了。尽管吉尔伽美什没有获得长生，他还是从乌特纳皮施提姆那里得到了一种长在海洋深处可使人返老还童的荆棘草的秘密，吉尔伽美什采到了这种草，留待将来他在乌鲁克城变老时用。不过这也没成，当他在泉水中洗澡时，一条蛇闻到了这草的味道并偷走了它，因而蛇蜕掉老皮以返老还童。吉尔伽美什伤心痛哭，他只在乌鲁克坚固的城墙内，他引以为豪的精美建筑中才能得到安慰。他对挫折的逃避听起来像歌德笔下浮士德的一个古代版，浮士德生前为了逃避靡菲斯特变成了一个慈善家。

55

伊南娜—伊斯塔尔下冥府

伊南娜（Inanna）是苏美尔人的维纳斯（金星），是阿卡德人的伊斯塔尔（Ishtar）的前身，我们不知道她为什么要在冥府寻觅，这是她姐姐艾里什基伽尔（Ereshkigal）的王国，她希望废黜姐姐，这想法足够傻。这样，伊南娜从天国下降，穿戴了七件象征她权力的东西，这些东西在苏美尔和阿卡德版本中有区别：王冠，测量棒（或耳环），（青金石）项链，（宝石）胸饰，金戒指（或腰部紧身裙），护胸甲（或手镯），斗篷。她很聪明地把她的女仆宁舒布尔（Ninshubur）留在冥府门口，指示她如果自己回不来就去找众神求救，伊南娜于是踏上不归路。守门人把她通报给艾里什基伽尔，艾里什基伽尔显然对她这次拜访很不痛快，但她还是放她妹妹进来。通过冥府七道门时伊南娜被依次脱去她那七件象征物。当她到达艾里什基伽尔面前并试图把她推下王位时，伊南娜实际上已经没有任何神力了。冥府的七位判官，可怕的安努那基（Anunnaki）[10]，冷漠地判她死刑。伊南娜"变成了挂在墙上的一片肉；已不新鲜，只是尚未腌制，已经腐败"[11]。

　　三天三夜以后，宁舒布尔找诸神报警，但她的哀求遭到恩利尔（Enlil）和南纳（Nanna）拒绝。只有恩基（Enki）支持并提供了一个计划：他用污泥制作了两个无性人（zombie，中性人）——库尔伽鲁（kurgarru）和卡拉图鲁（kalaturru），都是哭丧的能手，把生命草和生命水委托给他俩，告诉他们往那片肉上洒 60 次，则伊南娜将复活。这个计划依托艾里什基伽尔的主业（就是哀悼死者，特别是儿童），采取的是一位悲痛的母亲的态度。当这两个专家加入艾里什基伽尔的哀悼中，她自然欣慰并有赏赐。两位哭丧者索要那片挂着的发霉的肉，他们用生命草和生命水洒 60 次，伊南娜于是活了过来。但是，安努那基并不想放她走，除非一个替代者能顶替她在冥府的位置，而且冥府的一大群代表必须确保完成此事。伊南娜不忍用她死去时为她服丧的人来代替自己，但她发现她的丈夫牧师杜姆兹（Dumuzi）自得其乐，于是恼怒。她给他"死亡的一瞥"，向那些死亡信使们喊道："把这位带走吧！"[12]另一个文本有这个故事的结局：杜姆兹的姐姐格什廷安娜（Geshtinanna）想替杜姆兹去死，伊南娜让她每年在冥府替杜姆兹半年。

　　苏美尔—阿卡德文本中还有其他下冥府的故事。比如公元前三千年末期乌尔的王乌尔那穆（Ur-Nammu）与安努那基的相遇，这故事令人费解，后者许诺他一个死后的居所。这些故事中有两个特别有趣。[13]

　　一个是吉尔伽美什史诗的第12块泥板，直接译自苏美尔语。这是一个萨满教故事。故事的第一部分，按克莱默（S.N.Kramer）的揭示，是从一棵树的命运展开的。这棵树是宇宙创始时伊斯塔尔在她乌鲁克的花园里种下的，用来做她的床（这是爱神的一件重要物品）和椅子。树受到敌人的威胁，而吉尔伽美什把它复活。为了答谢这位英雄，伊南娜用树的基部做鼓（*pukku*），用树冠做鼓槌（*mikkû*），送给吉尔伽美什。可是有一天这套东西掉到了冥府，吉尔伽美什对它们的丢失异常悲痛[14]——任何萨满都会这样。恩启杜自告奋勇到冥府把它们找回来。吉尔伽美什提供了宝贵的建议，让他偷偷地溜进去，脱去所有虚饰，不过恩启杜不听忠告，被羁留冥府。吉尔伽美什向恩利尔（Enlis）和辛（Sin）求救但没成功。只有埃利都（Eridu）的伊亚（Ea）[15]命令涅伽尔（Nergal，天神，已经是艾里什基伽尔的丈夫）在地上开个口。"当恩启杜的灵魂，像一阵阵风从冥府（排出）"[16]，恩启杜几乎无法打开这个开口。故事没说萨满教的鼓和鼓槌是否也出来了。而且，这一意在告诉我们冥府中谁是谁的苏美尔《神曲》，文本残缺得厉害。

亚述王子库玛（Kummâ）在梦里对冥府的描述更为详尽，他傲慢专横地要求这一异象。他不相信自己的眼睛：总管家纳姆塔尔（Namtar）的情人纳姆塔鲁（Namtaru）狮身人面，而其他怪兽则蛇首、鸟足、狮首、鸟首鸟翼、牛头、羊头、两种不同的头或三足，不一而足。涅迦尔阴沉庄重，安努那基面目狰狞，环伺左右。涅迦尔挥舞权杖如蝰蛇，击杀闯入者。多亏好心的伊什木（Ishum）的干预，王子在这个地狱般的梦中才得以生还，伊什木是涅迦尔的助手。库玛一梦醒来，满嘴都是幽冥的污垢。

上 升 天 界

美索不达米亚诸神住在天界。人类能加入他们行列的，现在只知道两例。

一是智慧的阿达帕（Adapa），他是第一个没有过失的人类，埃利都的祭司。他每天为城市的保护神提供面包、水和鱼。有一天他正在捕鱼，南风吹翻了他的渔船。阿达帕大怒，诅咒南风并折断它的翅膀。安努（Anu）神暴怒，命他的维齐尔（vizier）[17]伊阿布拉特（Iabrat）把阿达帕拘来。伊亚指示他的仆人也就是阿达帕身穿丧服，告诉天界门口的两位神他正在为坦姆兹（Tammuz）和吉济达（Gizida）服丧[18]，不要吃喝安努送给他的致命的东西。阿达帕依计行事。门口的两神，也就是坦姆兹和吉济达，发现有人依然在尘世为他们服丧，甚感欣慰，于是在安努面前为阿达帕说好话。安努听了他的故事，觉得不好意思：阿达帕举止得体，迫使安努赠他生命粮与生命水，这能让他长生。对众神来说幸运的是阿达帕拒绝领受，正如狡猾的伊亚建议他的。因为伊亚和安努一样不想把长生赋予这个人。

另一个上升天界的例子归于埃坦纳（Etana），他是大洪水后基什城（Kish）的王。他上天是希望带回生育草解决他没孩子的问题。他的这次上天比阿达帕壮观，因为埃坦纳得到了一只鹰的帮助。埃坦纳从陷阱中救过这只鹰，这只鹰中了它以前的朋友蛇的圈套。当然鹰也并非无辜；它吃掉了它朋友的幼崽，背叛了朋友的信任，因而既冒犯了太阳神沙玛什，也违犯了阴沉的安努那基，以及他们的客观公正。……我们随着埃坦纳越升越高，下面的土地变得越来越小，"宽阔的大海就像个澡盆"[19]。这个文本，残缺得很厉害，似乎最终以坠落结束，因为对鹰来说埃坦纳太重了。不过看来他俩最终拿到了生育草（显然属于女神伊斯塔尔），因为在基什诸王中有埃坦纳儿子和继承人的记载。

尽管美索不达米亚古代居民在他们的占卜记录中可能十分讲究，不过他们显然并非和他们的埃及邻居一样是幽冥之旅的专家。他们让我们关注的只是一些神话的断片，带着听起来熟悉的训令：人类注定总有一死，因而也没有被赋予一窥幽冥的能力。

注　释

［1］　A.Leo Oppenheim, *Ancient Mesopotamia: Portrait of a Dead Civilization* (Chicago and London: The University of Chicago Press, 1964)。

［2］　Thorkild Jacobsen, *The Treasures of Darkness: A History of Mesopotamian Religion* (New Haven and London: Yale University Press, 1976)。［按："隐藏的珍宝"语出圣经以赛亚书 45:3］

［3］　苏美尔和阿卡德文本取自 James B.Pritchard 编 *Ancient Near Eastern Texts Relating to the Old Testament* (Princeton: Princeton University Press, 1955)，vol.1；苏美尔语翻译 S.N.Kramer，阿卡德语翻译 E.A.Speiser(以下略作 ANET)。这是个极为珍贵的集子，其中有些材料包含在以下更易找到的书中：*The Ancient Near East*, vol.1: *An Anthology of Texts and Picture*, J.B.Pritchard ed. (Princeton: Princeton University Press, 1958)，以及其他选集比如 Walter Beyerlin ed., *Near Eastern Religion Texts Relating to the Old Testament*, London: SCM Press, 1978)。便利的摘要见 S.H.Hooke, *Middle Eastern Mythology* (Harmondsworth: Penguin Books, 1963)。普遍接受的吉尔伽美什史诗译文见 N.K.Sandars, *The Epic of Gilgamesh* (Harmondsworth: Penguin Books, 1972)。Jacobsen 的 *Treasures* 对所有这些文本都有启人神智的评释。

［4］　见 Jacobsen, *Treasures*, p.195.

［5］　这是诗的第一句,曾被用作整部史诗的题目。——译者注

［6］　Speiser 译,见 Pritchard, *ANET*, p.75。

［7］　同上书,泥板 9:1,p.88。

［8］　同上书,泥板 9:2,第 4—5 行,p.88。

［9］　同上书,泥板 10:3, p.90。

［10］ 安努那基（Anunnaki），苏美尔神话中主要神灵之外一般神灵的一个泛称。——译者注

［11］ Jacobsen, *Treasures*, p.57.

［12］ Ibid., p.60.

［13］ J.-M.Aynard, "Le jugement des morts chez les Assyro-Babyloniens", 载 *Sources orientales：le jugement des morts*（Paris：Seuil, 1961），pp.90—91。

［14］ E.A.Speiser, 见 Pritchard, *ANET*, p.97。

［15］ 埃利都（Eridu）是古代美索不达米亚地区的名城, 旧约和很多古籍对它都有记载。伊亚（Ea）是安努与阿图姆之子, 恩利尔的兄弟, 在美索不达米亚众神之中位列第三, 在大洪水时向曾向乌塔-纳普西丁姆（Uta-Napishtim）提出洪水将至的忠告。——译者注

［16］ 见 Pritchard, *ANET*, 泥板 12：84—85, p.98。

［17］ 维齐尔（vizier）, 大臣的意思。——译者注

［18］ 坦姆兹（Tammuz）就是前文中的杜姆兹（Dumuzi）, 苏美尔的农业和春天之神, 后来改称坦姆兹。——译者注

［19］ 见 Pritchard, *ANET*, p.118。

第四章　木偶、剧场和诸神：
古埃及的幽冥之旅

夜晚，闭馆之后，当参观者离开开罗的埃及博物馆，那些雕像、浮雕、画像在不被看到时做什么？他们会活过来吗？一些去吃而另一些被吃？一些享受仆人的服务而另一些提供服务？显然，对我们来说，答案是否定的。在博物馆的黑暗中，雕像画像依然静止不动。不过，古埃及的居民可不会和我们一样具有这种怀疑，不久前搞残了许多雕像的埃及农民也不会，至少要弄碎它们的拇指——这是出于这种信念：雕像未破损时能作祟。苏伊达斯（Suidas）[1]希腊语辞典告诉我们，专家分辨一个雕像是否"被激活"了，就是看这个雕像是否接受过"开口"仪式。这个仪式由其他专家施行。他们也能激活小的埃及坟墓雕像，方法是对它们朗诵《亡灵书》第六章中魔力强大的诗句，这些小雕像代表了各种劳动者。在坟墓的静寂中这些雕像被认为活过来了，并按创造他们的目的做工。坟墓是一个完整的世界，只要没有观察者打扰就是活跃的，一个未受训练的观察者的目光会让这种疯狂的活性停顿，化入虚无。

所以，只有很少几个专家被允许与神庙的神或女神有亲密关系。对近东神庙最准确的描绘是（也适用于美索不达米亚）：一个与诸神演出的剧场。这些神对那些未受训练的观察者才不过是雕像；对那一群群剃度过的祭司也是如此，他们看管、维持、洗刷这些雕像，把它们弄出去闲逛。

诸神的首要功能是神谕。男女众神频繁地被鱼贯抬出，置于船上，船的尺寸依众多标准而变。专职脚夫是出席的，人群中的普通民众也极力想挤进来，因为抬神像、藏在神像的木屋中是件合算的事。这种情况下，人们可以向神问是与否的问题。有些询问者需要确证他们对某项罪行的无辜。通常原告也出席，希望确证他的怀疑。由于存在利益的冲突，同一个问题不止要问一遍，也会向不同的神询问，直到每个人都得到满意的答复。神通过抬他的人说话：肯定的回答会造成船头分量加重，因而前面的脚夫会趔趄、跪下，或前冲；否定的回答则会表现为脚夫的后退运动。人类学家普里查德（E.Pritchard）对东非阿赞德族（Azande）[2]的神谕作了研究，他发现，在三个预卜的可行方法中，人们认为只有一个真正可靠，而这一个是平常买不起的那一个，原因一目了然。埃及神谕同样很不可靠；所以后来就写好两个答案供神选择。

祭祀并不仅仅靠神像来传递神谕。在卢克索（Luxor）代尔拜赫里（Deir el-Bahari）[3]的圣所，地方神在夜晚向患病的朝圣者说话并给他们每个人开药，他的声音实际上是一个祭祀从拱顶上一个罩住的开口发出来的。法尤姆（Fayyum）的卡兰尼斯（Karanis）[4]使用更精巧的装置，神像是空的，祭祀可以通过一根管子让他们说话。

在古代世界，埃及人以此闻名：他们能够通过魔咒"激活"

无生命的东西并役使它们。希腊讽刺作家路吉阿诺斯(Lu-cian)[5]在他的《爱说诳的人》(*Philopseudes*,这题目的意思是"爱说诳的人",字面的意思是信誉不好)中,描述了一种埃及家用机器人,某种现在我们在迪士尼卡通片中很熟悉的东西:魔法师潘克剌忒斯(Pancrates,"万能的")使用强大的咒语,能激活扫帚柄、木杵、门闩,使它们从事沉闷的劳动。讲述这个故事的欧克剌忒斯(Eucrates),也能做到这一点:他找了根木杵来打水,但不知道让它停下来的咒语。当所有努力都没效果,他把木杵劈成两半儿,但两半儿木杵继续打水,直到整个房子被淹。[6]

　　激活物体或画像是一个很普遍的魔法操作,全世界都有记录。生活在商朝(公元前 12 世纪)的中国巫师葛由以卖木头羊闻名。但这不是普通的羊,它们能活过来。[7]另一位中国巫师则相反:他卖真马,不过顾客一旦带回家后就会变成粘土。[8]这种例子还有很多。比利时埃及学家朗戴伊(W. Ronday)1926 年出版了一本书,受当时已显陈旧(现在就更过时)的泰勒学派泛灵论影响,列举了来自中国、西非、芬兰等地的许多这类例子。[9]

　　埃及人所作所为的大半都不是为了今生,而是为了来生。来生被认为是一个人职业模式的延续。当肉身离去,卡(*ka*,偶体)[10]就解放了。为了不丧失身体吃喝这样的基本功能,有大量被专家通过开口仪式激活的雕像提供给卡。我们将看到,大量的努力专门用来保证偶体的替身有一个肉身的继续存在,这在世界宗教中独一无二。中国人把男性死者的鬼魂安置在牌位上,供在家里,保护家庭。在更古的时代,牌位的功能由木制雕像来履行，对这个雕像的伺候和喂养，和对一个近东的神或一个死去的埃及国王的伺候和喂养类似。雕像和牌位被认为应该永久保存下去，因为是对它们代表的人的纪念。其他社会中对死者的纪念要少：在圣克鲁斯（Santa Cruz）[11]，首先用木棍代表死者，在一段时间内享受奉献。不过最后这个家庭会忘记木棍所代表的是谁，他们会吃掉供奉，扔掉木棍。

不过，除了对尘世生活的死后反映，埃及人还有独特而精微的幽冥概念。这是我们本章所关注的。

从金字塔到棺材

在旧王国诸朝，对永生（来世）的所有希望都集中在国王身上，他将在天堂度过他的来生。那些的巨大的丧葬集合体——金字塔——的建造者也通过国王间接享受永生。金字塔是"国王升天的梯子"[12]，而国王进一步的冒险经历是由刻在从第五王朝到第六王朝的金字塔墙壁上的铭文暗示的。这些铭文被称作金字塔文。[13]

死后在天堂生活是国王的特权，贵族则建造坟墓以便死后继续他们的尘世生活，他们通常要借一些君王的不朽之气。在第一过渡期和中王国时期（前2100—前约1700），许多贵族希望在亡灵的国度被宣布为"公正的"并获得神圣的荣耀。出于这个目的，他们在他们棺材的内壁也使用铭文和咒语。一部含有1185条这种"咒语"的文集被恰当地称作棺材文。[14]

在中王国时期，丧葬信仰逐渐平民化：甚至穷人也能在芦苇地（Field of Reeds）[15]中享受死后的生存，在芦苇地分到一块地耕种。得到芦苇地的狂喜是丧葬莎草纸[16]文集的主题,这种文集通常以棺材文甚至更早的金字塔文为基础,而最终被称作《亡灵书》。[17]构成《亡灵书》的现存最早的莎草纸,被确定在公元前 15 世纪,不过它们反映的信仰则古老得多。

金字塔文,棺材文,亡灵书——这是埃及幽冥观念的三个阶段。每个阶段需作单独研究。

金 字 塔 文

在金字塔文中,法老在天堂变化为奥西里斯(Osiris):"奥西里斯王",努特(Nut)之子,伊西斯(Isis)之兄。他的儿子荷鲁斯(Horus)将"给他行开口仪式",就是说,在死后生活中迎接他。法老有时把自己认作荷鲁斯或太阳神。他加冕、登基,成为幽冥的统治者和至尊之神。

对我们来说,这些咒语似乎包含关于升天和重生的数不清的隐喻,实际上,它们是国王将来死后生活环境的精确指引。人们可以专门把升天咒语从那些把天堂背景咒语中区别出来。两者都很突出。

特许的升天之路有两条:一是通过太阳神瑞(Re)做的梯子,一是通过变化成一只鸟——或者是荷鲁斯的猎鹰或者是一只半猎鹰半鸭的复合体。[18]有时这种变化似乎只是比喻。国王宣称,"我像一只鹭在天空翱翔,我像一只猎鹰拂过天空,我像一只蝗虫碰触了天空。"[19]升天常常发生在"一场火灾"或一次地震中;法老被认为变成了幽冥中的"一道闪电"。有个文本把几个主题豪华地结合在一起:"天空惊雷,大地震动,盖布（Geb，地神）颤抖，两界神灵在咆哮，大地翻起……我上升高天，划过似铁的（苍穹）……我上升高天，我的羽翼是一只巨鸟的翅膀。"[20]在他的升天中，死去的法老化为一种宇宙存在，他的头是一只兀鹫，他的庙宇是星光闪耀的天空，他的脸、眼、鼻、牙等是众神。[21]

通常，天堂的大门会在法老面前打开，不过有时他会发现门是锁着的，门用巴比（Babi）神的阴茎闩着。当门以某种方式被打开，法老就达到天堂，变成鳄鱼神索布克（Sobk）。[22]在天堂中完成的几个行为具有神奇的目的。国王从一只兀鹫或大野牛重生。他在奥西里斯有味的汗里或在芦苇地（按即死后乐园）里洗澡。他变得不朽，骨头变成铁的。他变成一个神灵或星辰。为了尽可能多地欣赏自己的魔力，他追逐众神并吃掉他们。"他吃掉他们的魔力、吞噬他们的灵魂"，他"吞掉每个人的智力"。[23]

文本的整个范围（其中一部分被称作摆渡人文本[24]），描述的是法老渡过死亡之河，渡往天空，乘天上的芦苇船前往瑞（Re）神处，或成为瑞的摆渡人。"我俯身就位，持我桨，划向瑞神，穿过天空（甚至我）似金色的星……"[25]

棺 材 文

中王国时期的文本表明，贵族感到有权分享皇家的永生，并把咒语刻在他们的棺材里面。棺材代表了宇宙：顶是天，底是地，四壁是太空的四个方向。[26]在棺材中，死者成了奥西里斯，就像金字塔文中法老所经历的。画在外面的魔眼（*oudjat*）与死者的眼睛平齐，使他能够看到生者的世界。

棺材文中的幽冥景象远比金字塔文中的要复杂。被有较多限制的金字塔文所禁止的大众信仰在关于来生的新概念中找到出路。这些信仰与本书第二章中简要考察过的大洋洲的材料惊人相似。

在这些文本中，亡灵只有逃过大量的折磨和伏击，才能到达天堂。天地之间张着一张渔网，目的是截住所有上升的灵魂。只有显示出决心，并能认识灵魂渔夫的网和船的一些部件，亡灵才有望逃脱。"哦，你这亡灵的渔夫；哦，你这捕获亡灵的父的孩子，你能抓住所有地上的[亡灵]，但是不会用你捕获亡灵的网捕获我；(只)抓那些地上的[亡灵]，因为我知道你的那些名字……"[27]

伴随逃脱的是变成鳄鱼神索布克(Sobk)或一只鸟。

> 看我，你这众神的渔夫；看着我，你这人类的渔夫。你不会捉住我，你不会抓到我，你在我面前将不能如愿，因为我已经从它的中心升起，我像一只背阔7肘尺的猎鹰，已经逃脱它的控制，我用我的嘴吃，我用我的肛拉。那些在的看我，那些不在的羡慕我，那些远处的赞美我……我已作为北方的神索布克和荷鲁斯逃脱了他的控制……我已作为大鹭(逮鱼的荷水雄)逃脱了它的控制。[28]

其他的危险在于以动物或恶魔形式发起的伏击，这些恶魔比如黑鸟盖布嘎(Gebga)或杀卡(Ka,偶体)瑞力克(Re-rek)。[29]"瑞神(Re)的两个高贵的伙伴"特布特(Tbtt)和伊斯特('Isttt)，享受快乐，威胁要从肉体上耗尽死者，死者不得不抛弃所有肮脏的想法并宣布："我已带走我的灵魂，我已挽救我的魔力，我不会再损失我的力量，因为我是一个抛弃了身体的纯粹者,我是赤子,无思无虑。"[30]死者持刀,准备刺伤"把她们的爱置于众灵中心的这对如姐妹般的伙伴。"[31]

上升天堂的是鸟形的巴(ba,灵魂)。变成一只鸟(猎鹰、鹭、鹮、兀鹫等)是棺材文中最常见的主题之一。死者也可能变成一簇火焰或一个神。

通过诸神的法庭审判死者,是埃及丧葬信仰后来的发展。不过,即使当死者已被天堂接受,并变得和奥西里斯一般无二,他的命运可能仍处险境,这是因为奥西里斯弟弟赛特的阴谋,赛特企图杀死奥西里斯。如果赛特成功,死者将再死一次,这次是最终的死亡。[32]

棺材底部常常写有《两路书》(*The Book of the Two Ways*)。描述了死者通往长者荷鲁斯光辉国度的两条道路:水路和陆路。这两条道路被不可逾越的火圈围住,灵魂只有知道合适的咒语才能通过。亡灵面前,危险尚多:火湖、挑衅的持刀者,呐喊者、破坏者、巨大的狗脸守门者;还有许多其他守门者,比如,两张脸在粪堆中的被驱赶者、风中怪物、有惊人力量的神、吐出尼罗河的人、砍倒他们的人、吃自己粪便者、怒视者、脸倒置者、靠蛆维持生命者,等等。[33]

可以把《两路书》恰当地描述为通往幽冥的不同门径的向导,它介绍了可怕的守门者的名字,提供确保亡灵无害通过的咒语。

当地平线上的双门因众神的缘故而关闭时进行引导。这是书面形式的守门者的名字,是他们的全部特征。一个人如果对他们说什么一无所知,就会落入那些张网者的网中……那些知道他们说什么的人将得以过关,他

将坐在大神的旁边,无论大神在什么地方,大神会向他致
敬,因为他获得了完全的资格并被完全灵化。作为一个
人他知道,他再无朽坏之时,他们已经给他打上印记,就
像所有众神对他们中的任何一个曾做过的那样。[34]

69　　　死者在每一步都受到被烧尽的威胁:"他的这条道路乃是
香火之宫,你不应在上面走。我的肉在燃烧。他不应再回到
这上面去。他的这个名字叫侵略者。他和他的力量已经衰
弱,他的这个名字叫可怕的火。"[35]

亡　灵　书

中王国时期,埃及人的天堂向所有人敞开了大门,无论贫
富。这个阶段的丧葬信仰是由《亡灵书》表达的,这实际上是
新王国时期汇编的古代丧葬主题的缩写。

芦苇地和供奉地是埃及天堂的两个概念,和金字塔文一
样古老。[36]西供奉地由瑞神的天牛守卫,韦伊(R.Weil)认为就
是猎户座。[37]芦苇地位于天堂的东区。最初是沐浴、斋戒、重
生之地,允许亡灵随太阳西行到达天堂,也就是供奉地。不过
有时芦苇地和供奉地的功能会融合,两地都被描绘成亡灵的
奥西里斯式住所,亡灵在此快乐生活,耕种属于他们的那块土
地。《亡灵书》描绘了这一信仰的进一步发展。现在亡灵不想
在死后生活中再干任何粗活儿,于是就随葬一些工人的小雕
像(*shabti*),它们会在第6条咒语的力量下复活,"让土地可
耕,……洪水淹没堤岸或……运送沙土,从东到西"。

《亡灵书》所载埃及人来生信仰中主要的两点革新,是咒

语 30b 和 125b 中对亡灵足迹的描述——其中包括著名的"心灵的称重",也就是在平衡维持者的天平上称灵魂的重量,以及同样有名的咒语 125a 中对死者"不认罪"的描述。尽管通常埃及人期望扬善避恶,但他们列举的错误行为仍让我们感到奇怪,特别是额外的工作,被认为是最坏的罪过之一:"我从不作恶,每天也不做分外的多余劳动……奴隶主不知道我的名字,我从未剥夺孤儿的财产……我从未杀死……"

类似的错误行为还包括:偷走众神灵的贡品、欺骗,以及任何生态灾难比如在流水上非法设坝、改变水道方向、或在鱼产卵的沼泽地抓鱼。第一次"不认罪"后还有更复杂的"不认罪",死者叫出每位审判员的名字,并否认犯有任何——各审判员所管的——罪行。(比如,吃内脏者惩罚伪证罪,脸朝后者惩罚猥亵儿童罪。)

然后死者在陪审团面前发表一个演讲,之后是众神的面试,问题和答案神秘莫测。进一步,死者必须能够准确地识别他面前每个门的某部件(所代表的神)的名字(比如,门柱的名字是真理的重压物,门闩的名字是母亲的脚趾),以及识别每位守门者。

埃及丧葬信仰深刻影响了希腊化时期的宗教,特别是信仰伊西斯的神秘主义教派以及 19 世纪出现的某些晚期科普特语灵知派文献。

注　释

[1]　苏伊达斯(Suidas),10 世纪希腊语作家。——译者注

[2]　阿赞德人(Azande),又称桑德人(Asande)或赞德人(Zande),也称

尼安-尼安人(Niam-Niam)。非洲中部的民族,主要分布在扎伊
尔东北部、苏丹西南部和中非东南部。——译者注

[3]　上埃及的底比斯是古埃及中王国(约前2040—前1786)和新王国
(前1567—前1085)时期的都城,规模宏大,荷马称为"百门之
都",遗址即现在的卡纳克(Karnak)、卢克索(Luxor)、代尔拜赫里
(Dier-el-Bahari)等地。卢克索神庙、卡纳克神庙以及第十八王朝
哈采普苏特女王壮观的陵庙都是今天著名的旅游胜地。——译
者注

[4]　法尤姆(Fayyum)位于埃及中北部,开罗西南方,是埃及以及非洲
最古老的城市,现在是法尤姆省的首会。卡兰尼斯(Karanis)是法
尤姆的镇。——译者注

[5]　路吉阿诺斯(Lucian, 即 Lukianos),罗念生译"琉善",周作人译路
吉阿诺斯,也有用卢奇安的。——译者注

[6]　参看周作人译《路吉阿诺斯对话集》,中国对外翻译出版公司
2003年版,"爱说谎的人"见下卷649—684,木杵汲水一段,参看
671—672。——译者注

[7]　当作周朝。《列仙传·葛由》:"葛由者,羌人也。周成王时,好刻
木羊卖之。一旦骑羊而入西蜀,蜀中王侯贵人追之上绥山。绥山
在峨眉山西南,高无极也,随之者不复还,皆得仙道。故里谚曰:
'得绥山一桃,虽不得仙,亦足以豪。'山下立祠数十处云。木可为
羊,羊亦可灵。灵在葛由,一致无经。爱陟崇绥,舒翼扬声。知术
者仙,得桃者荣。"又见《神仙传》《搜神记》等书。——译者注

[8]　《神仙传·玉子》:"每与诸弟子行,各丸泥为马与之,皆令闭目,须
臾,皆乘大马,乘之一日千里。"与作者所述稍异。——译者注

[9]　Marie Weynants-Ronday,《活的雕像》(*Les Statues Vivantes*), Brus-
sels: Fondation Egyptologique, 1926。

[10]　卡(*ka*),卡是人的偶体,与人同貌同形同性,人饮食时,卡亦饮

食，人爱恋时，卡在爱恋。——译者注

[11]　圣克鲁斯(Santa Cruz)，有两个，一是玻利维亚圣克鲁斯省省会；一是美国加利福尼亚州西部城市；这里指玻利维亚城市。——译者注

[12]　A.Rosalie David, *The Ancient Egyptians：Religious Beliefs and Practices*(London and New York：Routledge & Kegan Paul, 1982), p.59.

[13]　Raymond O.Faulkner, trans., *The Ancient Egyptian Pyramid Texts* (Oxford：Clarendon Press, 1969).

[14]　Raymond O.Faulkner, trans., *The Ancient Egyptian Coffin Texts*, 3 vols. (Warminster：Aris & Philips, 1973—1978)；Paul Barguet, *Les textes des sarcophages égyptiens du Moyen Empire*(Paris；Éditions du Cerf, 1986).

[15]　如果你的心脏脱离了罪恶，你就会进入芦苇地(Field of Reeds)，一个和现实埃及看起来别无二致的天堂，在那里死者可以做他生前所做的任何事情，而且没有伤病和痛苦。——译者注

[16]　纸莎草是一种古老的水生植物，古埃及人很早就用来制作莎草纸，这是最古老的纸质书写介质。莎草纸在英语中写作 papyrus，是英文中"纸"(paper)的词源。前 8 世纪前后，莎草纸从地中海东岸腓尼基古城 Byblos(比布鲁斯，圣经中的迦巴肋，现在黎巴嫩的朱拜勒[Jubayi])传入希腊罗马世界。希罗多德即以该城的名字 byblos 来称呼莎草纸，这是 bible(圣经)的词源。莎草纸一直使用到 8 世纪左右，由于造纸术的传播而退出历史舞台。——译者注

[17]　Raymond O.Faulkner, trans., *The Ancient Egyptian Book of the Dead*, ed. Carol Andrews(New York：Macmillan), 1985.

[18]　Faulkner, *Pyramid Texts*, utterance 302.

[19]　Ibid., utterance 467.

[20]　Ibid., utterance 509.

[21]　Ibid., utterance 539.

[22]　Ibid., utterance 317.

[23]　Ibid., utterances 273—274.

[24]　Ibid., utterances 515—522.

[25]　Ibid., utterance 467.

[26]　Barguet，*Textes des sarcophages*，p.13.

[27]　Faulkner，*Coffin Texts*，Spell 473，这是一套关于渔网的咒语（473—481）的一部分。

[28]　同上书，Spell 479。

[29]　Barguet，*Textes des sarcophages*，p.28.

[30]　Faulkner，*Coffin Texts*，Spell 441.

[31]　Ibid.，Spell 443.

[32]　Barguet，*Textes des sarcophages*，p.27.

[33]　Faulkner，*Coffin Texts*，Spells 1029ff.

[34]　Ibid.，Spell 1131.

[35]　Ibid.，Spell 1156.

[36]　Raymond Weill 的书也证明了这一点，见他的 *Le Champ des Roseaux et le Champ des Offrandes dans la religion funéraire et la religion générale*（Paris：Paul Geuthner，1936）。

[37]　同上书，p.19。

第五章 道教中国的驾鹤、招魂和冥婚

服 气 辟 谷

和长生一样,失重是道教的特征之一。从最古时代,两者
就紧密相关。无论是通过秘传手段还是通过特殊装置,一个
人的身体只有不断变轻,他才能上升到长生者居住的天上。
葛洪在公元 317 年之前写作的《抱朴子》,把道教的神仙(仙)
描绘为这样一种存在:他可以在火、水、和气上行走得一样好,
"乘云车御风而行"。[1]他是"行尸",而且尽管他隐藏了他的本
性,但他眼睛的瞳孔是方形的,耳朵顶端高达头顶,身披羽毛,
因而还是能被认出来。道教宗师是能够失重的:"他将身被羽
毛、骑光柱、跨星辰、浮于太虚……他的骨闪光如玉、满面红
光、头有光环、全身放射神异光芒、灿烂如日月。"[2]他精通"光
天化日飞升天界的技艺",可以七种不同的方式变化,变为光
或云,也可以隐于日、月、星辰。[3]

安期生[4],东海仙岛居民,在广东罗浮山住过些日子,只
吃一种挺水秸秆,之后获得了隐身能力并升天。[5]这种俭省的
道教饮食被称作"服气辟谷"。练的人很多,不能分心。张良

（卒于公元前 187 年）因为吃了皇后给他的一些米饭而没有成功。[6]李泌（722—789）[7]，只吃野果和浆果，瘦骨嶙峋，之后获得长生，他修行的浑名称作"锁子骨"，很恰当的名字。[8]

如果这类饮食因某些原因不能发挥作用，还可求助于医家陶弘景（452—536）制作的丹药。丹药由金、朱砂、石青、硫磺制成，色如"霜雪"，味苦。皇帝服用后一定是觉得飘飘然，因为他奖赏了丹药的制作者。[9]汉武帝（141—187）时的炼丹家李少君，也有类似的丹药，他吹嘘说："控飞龙而八遐已遍，驾白鸿而九陔立周。"[10]公元前 2 世纪的炼丹家刘安，以配制不老丹药闻名，这丹药不止让他升天，而且让他家的鸡狗也升了天——它们舐食了他突然飞升时丢弃在院里的小药瓶。[11]

某些植物，比如黄精[12]，据说能导致长生，让人飞升。关于神仙的传说认为，菊能在某些罕见情况下产生具有神奇功效的红色种子。一位 16 岁的年轻女士吃了一粒，"忽乘风飞去"，之后，她"自首及足渐没于青天之中"。[13]

不过，道教升天通常更喜欢飞行工具。最重要的是鹤（或白或黑），不过有时是野鸭或虎，甚至像孙膑用鱼皮制作的腾云鞋这样特殊的鞋子也被认为是灵验的。[14]著名的黄帝通过乘一匹有翅膀的马上达仙界[15]，另一版本是乘一条能同时载 70 个人的长胡须的龙。不能在龙背上找到地方的帝国低级官吏紧抓龙的须发，很不幸这些须发被拔掉不少。在这个过程中，皇帝的弓还掉了。弓和须发还被地面上的人们恭敬地收集起来。[16]

有一种被很恰当地称作羽民或"鸟人"的，人形、有羽、红眼、白头、长下巴、卵生，据说住在靠近东南海滨一个岛屿的山峰上。他们有鸟嘴，能作短途飞行。[17]

在古代，龙被认为是最好的飞行工具。传说生活在公元前23世纪的舜帝，从尧帝的两个女儿女英和娥皇学习怎样飞行和怎样像龙一样爬行。[18]屈原（公元前332—公元前295）写过一首寓言诗，在一辆龙拉的战车里翱翔于昆仑山之上，驾车的是望舒，他是月亮的御手。[19]

使用机械装置飞行，也是古老的传统。在帝成汤（前18世纪）统治时期，据说某个奇肱人发明了一种飞车。根据另一个资料，这种飞车是由奇肱部落建造的，我们从别的证据知道，这个部落由骑文马、独臂、三眼的人组成。[20]公输子（鲁班）是孔子的同代人，以制作飞行木鸢的技艺闻名。但从关于他的相互矛盾的材料中不清楚他是可以在其中的一个木鸢上飞行3天，还是他花了3年功夫制作以后木鸢在第一次试飞中坠毁。直到近代公输还被作为中国木匠的祖师祭拜。这颇像17世纪的漂浮圣人康帕提诺的朱塞佩·德萨[21]被天主教奉作航空祖师。据古代记载，鲁班太过聪明，自愿让他父母测试他的发明，致使他的父母丢了性命。[22]

这些关于飞行的身体体验似乎把中国从现代航空史前史中突出出来，不过，灵魂到幽冥的旅行在道教和大众信仰中同样极其丰富。

中国的两种灵魂

1901—1910年间，汉学家高延（J.J.M. de Groot）出版了一本书（在时间跨度、方法和进路上与弗雷泽出版的《永生的信仰和对死者的崇拜》不相上下），认为古代和现代中国人信仰一种可分离的灵魂。[23]按现代标准，关于"泛灵论"与宗教，高延的演进概念总的看来可能显得简陋，不过他收集的材料却非常宝贵。

高延指出，在古代和现代中国，一个普遍的信仰是两种灵魂的存在。在儒家，它们是神和鬼。神是阳魂或气魂，死后变成一个光辉的灵（明）；鬼是阴魂，在活的身体里作为魄起作用，死后回归大地。神的意思，并不限于动物的元气，也包括像风、河流、雷电的"呼吸"这样的自然运动。鬼是与过去生命的纽带：在庙里向其献祭的祖先是鬼。所有要素都有神和鬼，"住在黑暗世界中无形的东西"和人们制作的雕像也同样。[24]

神与鬼之间的关系很复杂。可以表述为一系列的对立：阳与阴、膨胀与收缩、展开与收缩、日与月、昼与夜、晨与昏、月的圆与缺、潮涨与潮落、春与冬等。正如我们所估计的，对中国心理学研究越多，就会发现它越复杂。像精（活的灵）和灵（精的明显活动）这样的不同概念占有重要地位。它们是广大而多变的分类系统的一部分，这个分类系统是以宏观宇宙与小宇宙的类似为基础的。宋朝晚期（10—12 世纪）的学者们，和他们更早的希腊同行毕达哥拉斯派（参见本书第八章）一样，看到的是天地之间漂浮着不计其数的神和鬼。

道教的术语更加复杂。两种灵魂都分成多个部分：魂有三部分，魄有七部分。此外，有五个神存在于身体的五种主要的脏腑器官（肝肺心脾肾）中。它们被描绘为五种灵性动物：龙、虎、朱鸟（朱雀）、凤凰、牡鹿。还有第六个——一种龟蛇复合体[25]，代表胆囊。有时，这五神被外化为五君。不过，体内的神的数目可以被随意倍增：11 世纪的一篇道教文章列举了

75

36个神,医学文章通常为每个人配"百神"(在汉语中,"百"的意思可以是"很多"),而且他们的位置随年龄而变化。在古代,心被认为是神的主位。

神或魂作为灵魂通常被认为是分离的。某些葬礼中它被置于灵牌、死者的雕像或坟墓上的灵幡中。在葬礼中,魂寄存在一个永久的牌位中,之后作为一个有力的庇护物被家庭保存。有时,和尚会把死者的魂度往阿弥陀佛的西方极乐世界。

当然,死并非自由灵魂脱离身体的唯一时机。干宝《搜神记》搜集了许多这类事例,干宝的哥哥经历过几天短暂的死亡,其间他"云见天地间鬼神事,如梦觉,不自知死"[26]。《搜神后记》托名陶潜(365—427),但所述之事发生在几个世纪以后,通过把一个人的自由灵魂描写为其完美的副本,讲解了一种同时发生在两地的情况。据说熟练的巫师能从他人的身体中摄取灵魂。他们通常摄取漂亮女人的灵魂,这些女人对此没有记忆,就好像发生在梦中。[27]人们可以"有目的地从自身发送他们的灵魂,特别是为了去查看隐藏的事物"[28]。12世纪的一个故事说,一个叫范纯佑的年轻人,"能够发出自己的神"以便获得发生在其他地方事情的信息。有一天他遭到他人的恐吓,结果丧失了这一天赋,不久就死掉了。[29]

出体的技艺也为和尚所知,他们甚至在去阿弥陀佛的西方极乐世界享受死后生活之前探查这个极乐世界。这似乎是就幽冥之旅对佛家禅定的萨满教解释。18世纪的一个故事介绍了一个臭名昭著的罪犯,他能在被监禁或处死前把自己的灵魂藏进一个坛子里。他多次死而复生,显然让吏卒感到神奇和绝望。但他不孝顺,他母亲盛怒之下把这个坛子交给了官府,于是这个人就死了。[30]一般说来，入定自古就被用来参观天堂。秦穆公（公元前 658—公元前 620 在位）和赵简子（卒于公元前498）据说参观过天国，简子的游历是司马迁记载下来的。[31]

　　强直性昏厥，或表面上的死亡，被称作痴，由几种原因引起，其中一个是丢了魂。不同的符咒和药物据说能把魂招回来，魂完全可以转移，甚至可以进入动物（就像阿普列尤斯《变形记》中的卢齐奥斯最后变身为驴）身体中。[32]张读是 9 世纪的一个官员，他在《宣室志》中记载了一个灵魂转生的例子，用别人的灵魂复活了一个死者的身体。元或明代《异闻总录》中的一篇说到，鬼潜入刚死的人的尸体以便复活。《聊斋志异》，收集了 430 个鬼故事，是清代山东人蒲松龄的作品，写到一个死去的和尚占据了一个乡绅的魂，这个乡绅到庙中和和尚的弟子生活在一起。[33]对转世化身特别是变兽妄想（化身为动物、兽人或树精）的信仰十分普遍。

　　当人们相信精灵以各种方式与生者纠缠在一起，就会找到一个能够对付它们的强大的专家团体。在中国，这就是巫，是最古老的官方祭祀。最初，巫主要是女人，不过儒家学说成为国家宗教后，女人在帝国的献祭仪式中就被排除了。在古代，他们是如此有名，以至于楚昭王（公元前 515—公元前488）要求他的大夫观射父对巫的技艺作出解释。观射父说，巫并非身体升天，升天的只是他们的精（按："民之精爽不携贰者"），那些"光亮闪耀的"（按："其圣能光远宣朗，其明能光照之"者），能够"升天和下降"（按："则明神降之［在男曰觋，在女曰巫］"），这样就能预见未来通晓过去。巫也能被别人的神附体，这反过来也解释了他们不同凡响的特征。[34]

下面我们来看看萨满巫师如何在现代起作用。

新加坡的招魂

埃利奥特(A.J.A.Elliott)20 世纪 40 年代后期研究了新加坡华人宗教(Shenism)中的萨满附体。[35]那个阶段,新加坡的中国人依然把自己称作拜神——神的崇拜者,而中国心理学建立在三魂七魄的基础上。神是魂的积极影响,神的对立面是鬼,鬼是魄的消极影响。神和鬼都被认为在死后继续存在,只是神以一种更加和谐的方式存在。

新加坡的灵魂专家,无论男女,也不管其实际年龄,被通称为乩童[36](神性青年)。多数乩童住在庙里,需要全套装备,特别是武器,以显示面对疼痛和自我施加的身体伤害时入定的力量。最常见的用具是剑、扦、刀床以及能划破肌肉的"刺球"。

人们认为乩童是被神附体的。神有一堆,但两个最重要。第一个是男性,齐天大圣,猴神,小说《西游记》的主人公,下一章我们还会遇到;另一个是女性,佛教女神观音。

在新加坡,女性乩童专于为"招魂"(牵亡)或招魂问卜而实施的幽冥之旅。招魂者借观音帮助来引导她们通过神灵世界。每场降神会中她们都重演一出新的《神曲》,与神灵在地府中交谈,模仿他们的声音,描述他们凶残的肢解与酷刑,一直持续到找到她们要寻找的鬼。"一切就绪,颂歌响起,观音出现在地府门口。招魂者双手交叉并坐回到她身后的椅子上。助手上前向她领取圣水。几秒钟后她恢复知觉并准备离开这间屋子。"[37]

中国台湾的冥婚

1966 年至 1968 年间,乔丹(D.K.Jordan)在中国台湾的台南(位于讲闽南话的台湾西南部)城北的一个村子做田野调查。他所报道的信仰只是高延所述或埃利奥特在新加坡报道的一个变体。福建裔台湾人承认两种灵魂。魄与地相关,阴柔、黑暗、属阴,魄对生命来说是必须的,但却短暂,因为魄在棺材中和坟墓周围逗留些时候后,最终就消散了。魂或灵,也许称作灵魂,是不朽的,属阳,魂可能被送往地府,转世,或住在鬼的世界中,或者变成一个游荡的鬼——鬼。如果魂是善的,死后就可能变成神——天上的神灵或神。数不清的神灵的意志被称作乩童的专家揭示(唤醒)——乩童用五种工具伤害自己的身体:刺球、剑、锯、狼牙棒和斧。

此世与神灵的不可见世界间固定的相互作用,体现在"冥婚"(阴婚或阴亲)现象中。冥婚始终是鬼新娘和人新郎间的婚姻。一个专门的女性乩童负责佳里镇[38]小神(Little God)的神谕。她"在这种魂灵婚姻中专门化了,有演出用的一应装备,这些装备可以按天出租"。[39]将要成为新娘的某年少夭折的小女孩儿的鬼,或者是由于她出现在家人的梦中,或者是由于她给家人带来了疾病或厄运,都需要一场婚礼。确定神灵的意志并在婚礼中协助这个家庭,这是灵媒的工作。以前新郎的选择是随机的,是那个最先捡到放在选定街道上红信封的人。不过,据乔丹的研究,现在越来越多地是用她的一位姐夫和她在家里完成婚礼。乔丹对此提供了一种解释,某乡村社区的待嫁鬼新娘可能耗尽了本地的新郎资源。不过经济因素也不能忽视,因为鬼新娘有相当数量的嫁妆,把这笔嫁妆留下来必定皆大欢喜。整个婚礼过程和真的一样,只是当她下轿时,是一个两英尺半高的傀儡,穿戴像一个穿三层衣服的死者,脸色不像真实新娘那样苍白和心事重重,而是面露日本挂历人物那样完美微笑。

鬼新娘对她的丈夫是一个威胁。而且,她不会被愚弄:如果丈夫试图回避这个他世幽灵并且不尊重这个婚约,她可以通过像从前那样滋扰生者来报复。她生活在两个世界中,同意和她结婚的那个男人也一样。

81

驾 鹤 的 法 师

在道教圈子里,直到不久前,长生仍是被追求的古老目标。[40]道士依然在不同世界之间表演最激动人心的旅程。萨梭(M.Saso)在他的《庄法师的教义》中,描述了台湾新竹庄陈登云法师(死于 1976 年)兼容并蓄的技巧。[41]与 16 世纪初德国魔法家阿格里帕(C.Agrippa of Nettesheim,1486—1535)相似,庄法师能够召唤众星之灵,他知道他们的名字和样子。这一行为是道教关于诸星的标准操作之一,包括:召唤、在人的身体中安置诸星,以及在诸星上行走。最后一项特别有趣,按相对古老的文献中的描述:北斗七星带这位道士穿过九天的三道门,他向每位守门者显示一件符信并说出守门者的名字,守门者于是放他进去。道士来到金阙,这是天堂之门,在这儿北极四圣检查他的符信,他们向金阙天王请示后放他通过。到达玉清天(此处没有空间方向)后,他最终进入天堂,天堂中央生长着一棵众龙环绕的金枝玉树。[42]与这一实践最相近的西方类似物是所谓"密特拉礼仪",一个神奇的希腊化文本,其中众星帮助术士上升天界。(见本书第十章)

与萨梭一样,劳格文(J.Lagerwey)也有一位不平凡的本地向导,现在中国台湾台东的道士陈荣盛。劳格文比萨梭更加进取,他从对巫的祭祀这个1910年被高延(de Groot)放弃的起点展开研究,取得引人注目的成绩。[43]

道教礼仪看起来像天堂旅程的展现,让人强烈联想萨满教表演。劳格文详细描述了一次对台东一座庙宇的献祭仪式,时间在1980年11月,陈荣盛为高功。[44]仪式持续3天(总共25小时),包括极其复杂的19个步骤。第一天前夜,所有备用物品用火来洁净(焚油逐秽),之后是一通短暂而有力的鼓乐(启鼓)、发表、扬旗、午供、分灯;第二天主要是"道场"[45];第三天是正醮和普度,这是整个程序的结束。[46]这与其他步骤一样,都具有强烈的沟通两界的象征意义。

庙的墙外张贴告示,介绍仪式主旨。根据这个介绍,当击鼓开始,恶就被点着的火驱逐了。公文被送往天、水、地三界,邀请著名神灵参加"法筵"。这些与三界诸神的通信,被草拟成非常讲究的儒家官样文章,发送给天界诸王和显贵的秘书:天上的玉京金阙、三界四府之门、天界事务最高君主的公事房、上清天枢院、东岳泰山等。天堂和地府中的所有神以及高级执事都不会遗漏。高级祭司依靠报信诸神来发邀请。

让骑马诸神按它们各自的方向纵马驰往应去的官署报送(公文),往上直达玉京金阙,往下直达明水暗土……

上面的发往负责传达的三天玉女、穿过九天之云的驿道信使、正一功德仙官、流金火铃大将、值日受事功曹、飞龙骑吏——所有负责传达的诸神。[47]

之后的发表科仪是 10 世纪被称作天心正法的道教运动设计的。到 12 世纪末，发表实践已形成规范[48]，以简化了的形式流传至今。仪式开始于一个很长的一连串的洁净仪式，道士变成一种超凡的存在，头似乌云，发似繁星，鼻似山脉，牙如剑丛。这个巨人藏在北斗七星之后，召唤天地两界灵魂，之后开始在北斗七星之上行走，以便到达金阙，觐见天帝。同时他被"涤荡污秽的九凤"净化，并从众星吸收能量。[49]

在祭坛前，道士向六师四圣上香，六师四圣离开身后的金阙，乘一辆云车下降人间，云车由一队鹤牵引。[50]而当这些贵宾在无形中各就其位，献酒。伴随着猛烈的敲击声，道士以花蘸水洒于祭坛，责令恶鬼离开。这时再次上香，香味上升天界，以天界印信的形式，把坐在彩云上的神仙（"所有上界的将军和元帅"[51]）召到祭坛上来。对天上贵宾的召唤还在继续，道士宣布"如果不是乘凤或驾鹤，前往那里"是何其困难，"除非腾云驾雾"。不过看来道士是成功了，邀请被送至"三清、玉帝、九品高真、日、月、北斗……五岳十洞、三洲九岛的神仙，九泉六洞的鬼神，从九天的统治者到最下级的地上神灵……"[52]用红墨写的两道符确保天堂之门打开和"罡风"的吉利。道士准备"禹步"，宣布他的助手已经打开了天堂之门，铺好路，他可以会见天上的君主。之后，他念叨北斗七星的名字，在"它们"上面行走。这个仪式的神秘意义是这个道士把"赤子"送往上天——一股能量，起自他的下腹部，通过北斗诸星，达到

"默朝(奏)上帝"[53]。不过,究其本质,道教礼仪的这些演示姿态,乃是对升天的一种模仿,因而是对萨满教降神会的一种强烈回忆。在其他几个步骤之后,应召众神解散了,他们登上云车,群鹤启程。[54]

幽冥之旅公之于众的那一部分在所谓的道场仪式中被更加精心地重演。道场是一场献祭仪式的核心项目。六师四圣乘云车再次赴邀。消息以"五彩"烟的形式送给天帝,锣鼓喧天,通过"舞剑"招来四风之王,上酒和香,道士屈膝跪拜向玉清(元始天尊)献茶,最后的献茶重复两遍以上,在音乐中结束。

至少可以从三个角度来理解这一表演:第一,观众可以效仿天堂旅程的主要环节;第二,道士进行复杂的想象;第三,道士就身体的微妙能量来描绘"真正"发生了什么以及在我们可以称之为他的"天人系统"中"真正"发生了什么。事实上,对空间旅行的双重解释是可能的:一种是外部的、演戏似的、宏观宇宙的;一种是小宇宙的,与在身体内部宫殿中的实际"升""降"有关,这个身体的内部宫殿是根据古代的道教程序在心灵中仔细构建出来的。看看13世纪一个文本中介绍的道士对升天的想象,颇具启发意义:

> 存朱砚、水盂为日月,纸为金版,笔为青龙,香烟为白云,符吏在其上,符法中官将童女,并分列左右。讫,手结斗印,存五斗缠身,步豁落斗,掐上帝诀,存身入三台北斗中。[55]

附劳格文的英文翻译:把红砚台和水碟分别想象为日和月,把纸当作金版,把毛笔当作青龙,把袅袅之香当作白云。这些象征物的掌管者在云端之上,这一象征序列的少男少女、官员、将军分列左右。这个完成后,你在手上结北斗诀,想象五斗缠身,步豁落罡,掐"上帝"诀,想象步入三台北斗中。

与萨满一样,道士也伴着密集的击鼓前往下界寻找死者灵魂,以驾鹤的方式升天,为灵魂斡旋,以便灵魂可以被天界接受。[56]在另一个仪式中,一纸赦免诏书从天而降,颁自东极青玄上帝,也被称作救苦天尊,由一个参与者模拟骑马送来。升天的象征大量存在:比如,圣歌,唱时音调渐高[57];道士着云履等。下阴间为的是解救死去的灵魂(仪式的一部分称作破狱),特别具有戏剧性。当震耳欲聋的锣鼓声显示舞台时间已是夜半,司仪(通常是灵媒)来到阴间门口,召唤守门者(由鼓手或其他演员扮演)让他进去面见阴森的阎王。在一个精心设计的情节中,守门者索要金钱,真的铜钱而非纸币。司仪没钱,他在吟唱一些经典后被允许进入。他继续唱歌,但他的歌是关于阴曹地府的,述说了他在阎王门外的所见。在阴曹地府的中心,他演示一种有力的驱魔,以解救死者的灵魂,并且召唤"五营兵马",他捣毁了死者的居所(用一个纸糊的堡垒来象征)。死者的家人也帮着捣毁。[58]

对道教礼仪所有步骤不同层次的理解表明,外部的萨满教的表演已经被改写为内部的道教解释。

注　释

[1]　Isabelle Robinet, *Méditation taoïste* (Paris: Dervy Livres, 1979), p.68.[按:《抱朴子·论仙》:"蹈炎飙而不灼,蹑玄波而轻步,鼓翻

清尘,风驷云轩"。贺碧来是当代法国女汉学家。]

[2] Ibid., p.69.[按:《抱朴子·论仙》:"行尸之人,安得见之?"则作者误把"行尸"解作神仙特征了。]

[3] Ibid., pp.249—250.

[4] 安期生,琅琊人,修仙之地在今日照市天台山,是秦皇汉武顶礼膜拜的仙人。安期生从学河上公,河上公是黄老哲学、道家思想的集大成者。安期生与河上公将黄老哲学与燕齐之地神仙学说相结合,开创了方仙道文化,也为道教的诞生在思想体系上奠定了基础。——译者注

[5] 指菖蒲。菖蒲是道教仙草。广州白云山中有菖蒲涧,菖蒲茂盛,传说为安期生隐居之所。民间传说九节以上菖蒲有长生不老功效,安期生因服食九节菖蒲成仙升天。郑安期(安期生)的传说在岭南地区有特殊影响,白云山的"郑仙诞"("鳌头会")节日曾持续上千年。——译者注

[6] "乃学辟谷,道引轻身。会高帝崩,吕后德留侯,乃强食之,曰:'人生一世间,如白驹过隙,何至自苦如此乎!'留侯不得已,强听而食。"(《史记·留侯世家》)——译者注

[7] 李泌(722—789),字长源,生活在唐玄宗、肃宗、代宗、德宗四朝。德宗时,官至宰相,封邺县侯,世人因称李邺侯。他与肃宗、代宗、德宗维持着一种亦师亦友的关系,是这三朝实际上的宰相,在军事、政治、外交上多有建树。李泌早慧,不荤不娶,喜欢谈佛论道,最终"服饵过当,暴成狂躁之疾,以至弃代"(《旧唐书》)。其子李繁撰《邺侯家传》(亡佚于南宋末年),语多浮夸。司马光对李泌评价很高,《资治通鉴》多从《邺侯家传》录其事迹。五代时又有《邺侯外传》一书。——译者注

[8] "天宝八载在表兄郑叔则家,已绝粒多岁,身轻能行屏风上,引指使气,吹烛可灭。每导引,骨节皆輫然有声。时人谓之锁子骨。"

（《郰侯外传》）。——译者注

[9]　据 Berthold Laufer，*The Prehistory of Aviation*，Series 18：1，Publi-caton 253（Chicago：Field Museum of Natural History，1928），p.29.［按：《南史·隐逸传下·陶弘景》：“弘景既得神符秘诀，以为神丹可成，而苦无药物。帝给黄金、朱砂、曾青、雄黄等。后合飞丹，色如霜雪，服之体轻。及帝服飞丹有验，益敬重之。每得其书，烧香虔受。”］

[10]　同上书，p.26.［按：见葛洪《神仙传·李少君》］

[11]　同上书。［按：汉·王充《论衡·道虚》：“淮南王刘安坐反而死，天下并闻，当时并见，儒书尚有言其得道仙去，鸡犬升天者。”］

[12]　黄精，又名老虎姜、鸡头参，以根茎入药，有补气养阴，健脾，润肺，益肾功能。——译者注

[13]　报道见 J.J.M. de Groot，*The Religious System of China：Its Ancient Forms*，*Evolution*，*History and Present Aspect*；*Manners*，*Customs and Social Institutions Connected Therewith*，vols.4—6（Leiden：E.J.Brill，1901—1910），pp.320—323.［按：这个故事见伊世珍《琅嬛记》。高延，1854—1921，荷兰汉学家，以 6 卷本《中国宗教制度》闻名国际汉学界。］

[14]　Laufer，*Prehistory*，p.28.［按：孙膑是民间靴鞋业及其相近行业的祖师，尊称为孙祖、了己真人、孙膑真人等。］

[15]　此处的“飞黄腾达”和下面的“龙去鼎湖”，皆为黄帝事，非夏后启事，原文作“著名的皇帝启”，误。《逸周书·王会》“乘黄者，似骐，背有两角。”《淮南子·览冥》“青龙进驾，飞黄伏皂（槽）。”《汉书·礼乐志》：“訾黄其何不徕下！”，应劭曰：“訾黄一名乘黄，龙翼而马身，黄帝乘之而仙。”乘黄，或称訾黄、飞黄，有龙翼的飞马，即龙马。——译者注

[16]　Laufer，*Prehistory*，p.18.［按：《史记·封禅书》：“黄帝采首山铜，

铸鼎于荆山下,鼎既成,有龙垂胡须下迎黄帝。黄帝上骑,群臣后宫从上者七十余人,龙乃上去。余小臣不得上,乃悉持龙须,龙须拔,堕黄帝之弓。百姓仰望黄帝既上天,乃抱其弓与龙胡须号,故后世因名其处曰鼎湖,其弓曰乌号"。]

[17]　Ibid., p.15.[按:《山海经·海外南经》:"羽民国在其东南,其为人长头,身生羽。一曰在比翼鸟东南,其为人长颊",羽民国是《淮南子》所记海外三十六国之一。郭璞注:"能飞不能远,卵生",又说:"《启筮》曰:'羽民之状,鸟喙赤目而白首'"。]

[18]　史载舜父瞽叟两次害舜。第一次,让舜上房顶修补粮仓,然后撤掉梯子,在下面纵火;第二次让舜淘井,用土石把井填埋。《史记》的解释是"舜乃以两笠自扞而下,去,得不死。"(就是说舜用两顶斗笠自己护卫着身子,像鸟张开翅膀一样飘下,得以无损伤)"舜穿井为匿空旁出……舜从匿空出,去。"(就是说舜淘井时提前挖好通道,难时得脱)索隐曰:"《列女传》云:'二女教舜鸟工上廪'是也。'匿空',列女传所谓'龙工入井'是也。"(但刘向《列女传》今无此语)。鸟工、龙工就是这儿作者所说的舜向娥皇、女英学习的飞行、爬行术。梁孝元帝《金楼子》、今本《竹书纪年》、《山海经》郭璞注等对此都有引述。——译者注

[19]　Laufer, *Prehistory*, pp.14—17.[按:《楚辞·离骚》"驷玉虬以桀鹥兮,溘埃风余上征……前望舒使先驱兮,后飞廉使奔属"。王逸注:"望舒,月御也。"]

[20]　Ibid., p.19.[按:《山海经·海外西经》:"奇肱之国,在其北,其人一臂三目,有阴有阳,乘文马。"奇肱国也是《淮南子》所记海外 36 国之一,作奇股国。奇肱是独臂,奇股是独腿。郭璞注:"其人善为机巧,以取百禽,能作飞车,从风远行。汤时得之于豫州界中,即坏之,不以示人。后十年西风至,复作遣之。"]

[21]　康帕提诺的朱塞佩·德萨(Giuseppe Desa of Coppertino),1603—

1663,通常也称作康帕提诺的圣约瑟夫(St. Joseph of Cupertino),天主教的译法是圣若瑟·古白定。17 世纪的漂浮圣人,天主教奉他为航空祖师。已见前注。——译者注

[22] Laufer,*Prehistory*.[按:《墨子·鲁问》:"公输子削竹木以为鹊,成而飞之,三日不下。"王充《论衡·儒增》:"儒书称鲁般、墨子之巧,刻木为鸢,飞之三日而不集。夫言其以木为鸢飞之,可也;言其三日不集,增之也。"关于"鲁般巧,亡其母也",也见《论衡·儒增》、《朝野金载》等书的记载。]

[23] 见注[1]。

[24] De Groot,*Religious System*,pp.51—53.

[25] 即玄武。——译者注

[26] De Groot,*Religious System*,pp.126—127.(按:《晋书·干宝》)

[27] Ibid.,pp.100—102.(按:邵博《闻见后录》卷 28 汤保衡事。)

[28] Ibid.,p.103.

[29] Ibid.,pp.103—104.[按:原文作"一个叫监簿也叫纯佑的年轻人",误。范纯佑(字天成)是范仲淹长子,官至监簿。张邦基《墨庄漫录》:"范文正公长子监簿纯佑,自幼警悟,明敏过人。文正公所料事,必先知之,善能出神。公在西边,凡敌情几事,皆预遥知。盖出神之边廷得之。故公每制胜,料敌如神者,监簿之力也。因出神为人所惊,自此神观不足,未几而亡,时甚少也。公之族子闾彦之云。"]

[30] Ibid.,pp.105—106.(按:袁枚《子不语·藏魂坛》)

[31] 《史记·赵世家》:赵简子疾,五日不知人……扁鹊曰:"……在昔秦缪公尝如此,七日而寤。寤之日,告公孙支与子舆曰:'我之帝所甚乐。吾所以久者,适有学也。……'……"居二日半,简子寤。语大夫曰:"我之帝所甚乐,与百神游于钧天,广乐九奏万舞,不类三代之乐,其声动人心。……"——译者注

[32] 《金驴记》又名《变形记》全书 11 卷,取材于希腊民间传说,描写一个希腊青年卢齐奥斯(Lucius)误用巫婆的药物,由人变驴,历尽艰辛,经历不少世故,最后经埃及女神伊希斯挽救,复为人形,皈依伊希斯教门。阿普列尤斯(Lucius Apuleius),约 124—170 后,古罗马作家。生于北非马达乌拉城。《变形记》(《金驴记》)是他的主要作品。——译者注

[33] De Groot, *Religious System*, p. 134ff.(按:《聊斋·卷一·长清僧》)

[34] Ibid., pp.190—191.[按:原文见《国语·楚语》:"昭王问于观射父,曰:'《周书》所谓重、黎实使天地不通者,何也? 若无然,民将能登天乎?'对曰:……"。对"观射父论绝天地通"的解释,分歧不小。]

[35] Alan J.A.Elliott, *Chinese Spirit-Medium Cults in Singapore*(London:School of Economics, 1955).

[36] 童乩是一种职业。乩童类似西方的灵媒,是道教仪式中,神明跟人或鬼魂跟人之间的媒介。虽然被称为乩童,但实际上也有年纪很大的。特点是他们都必须是童身(处男)。神明上身则称为"起乩",而整个过程则被称为"扶乩"。——译者注

[37] 同上书,第 139 页。

[38] 佳里镇,台南镇名,旧称萧垄。——译者注

[39] David K.Jordan, *God, Ghosts and Ancestors:The Folk Religion of a Taiwanese Village*(Berkeley and Los Angeles:University of California Press, 1972), p.141.

[40] John Blofeld 说二战前他在中国待了 17 年,他参观了一些道观,其中最重要的人物努力于把他们的肌肉变为"闪闪发光的坚硬物,没有重量但坚硬如玉",尽管多数道士通常[练习内丹]以成就一种灵一身,在去世之前使之达到完美"(John Blofeld, *Taoist*

Mysteries and Magic，Boulder：Shambhala Publications，1982，pp.47—48）。

[41] Michael Saso，*The Teachings of Taoist Master Chuang*（New Haven and London：Yale University Press，1978）.［按：美国女学者萨梭（苏海涵）把台湾道士庄陈登云所传的主要是符箓科仪道经（全属藏外道书）编辑为《庄林续道藏》，1975 年在台湾出版，分 4 部，共 25 册，收道经 104 种，多为秘传抄本。因为这些道经多数是庄、林、陈、吴等家族守藏，故名。］

[42] Isabelle Robinet，*Méditation*，p.308.

[43] John Lagerwey，*Taoist Ritual in Chinese Society and History*（New York and London：Macmillan-Collier，1987）.

[44] Ibid.，p.53.（按：高功是道教行仪时的执事名称，唐、五代以开始在道教仪礼中广泛使用。）

[45] Ibid.，pp.53—55.

[46] Ibid.，pp.53—58：第 1 天：1.焚油逐秽；2.启鼓；3.发表；4.启白；5.扬旗；6.午供；7.分灯；第 2 天：8.道场；9.午供；10.放水灯；11.启师圣；12.禁坛；13.宿启；第 3 天：14.重白；15.念经；16.进表；17.午供；18.正醮；19.普度。——译者注

[47] Ibid.，p.66.［按：本段按劳格文英译文翻译，非中文原文。］

[48] Ibid.，p.69.

[49] Ibid.，pp.71—73.劳格文书中所引大渊忍尔《中国人的宗教仪礼》（东京，1983)注为"玄科妙诀"，未见中文原文，但从劳格文的英译文看，内容与南宋邓有功《上清天心正法》卷二开篇"炼化大变神法"（也就是"炼化变神大法"，把自己变成神的大法）的变神大咒基本相同："吾非凡身，头如黑云，发如乱星，左目如日，右目如月，鼻如火铃，耳如金钟，上唇雨师，下唇风伯，牙如剑树，十指如钩。功曹敕吾左胁，岷山君敕吾右胁。庐山君敕吾左足，左雷将军敕吾右足。右雷将军敕吾

脊骨，太山三十六禽二十八宿，并应吾身。急急如律令。"明代《道法会元》中又有北帝黑书大变神咒，内容类似。——译者注

[50]　Ibid., p.78.

[51]　Ibid., p.80.

[52]　Ibid., p.81.

[53]　Ibid., p.83.［按：邓有功《上清天心正法》"炼化大变神法"念变神大咒之前还有一番存想导引功夫："凡法官欲行持，须香上度手，过左卯右剑，念净天地咒三遍，吸东炁一吹身，令清净。次存本身如枯树。次左午文，右斗诀。叉腰将左午文，引心火，自心前烧至顶门。吸南炁同吹于左，存火烧身，光明莹洁。左手结印，右手子文，自肾官引黄河水，自下引上，浇灌一身。吸北方水炁一口，吹于右，存灰烬荡尽。只存一真之炁，莹若明珠，渐渐增长，两手斗印，念变神大咒：……"（咒的内容见前引）］

[54]　同上书，第88页。

[55]　《道藏》1221（上清灵宝大法），译文见 Lagerwey, p.156.［按：见南宋王契真《上清灵宝大法》第三十九卷卷首书符式。手诀和步罡是道教法术中最基础的两种肢体动作。法师假十尺之地，铺设罡单，做为九重天，脚穿云鞋，随悠扬道乐，深思九天，按斗宿之象，九宫八卦之图步之，可神飞九天，送达章表，禁制鬼神，破地招雷。这就是步罡，或称踏罡步斗；手诀（或手决）指在手掌和手指上掐一定的部位和手指之间结合成某种姿势，无声无息，运作虚无大道，以达成上游仙界，下达幽冥的作用。豁落罡，就是北斗七星加上辅弼二星为罡图。（竹林禅语）但"豁落"两字何意不知。三台，星宿名，每台2星共有6星，属太微垣。］

[56]　Lagerwey, *Taoist Ritual*, pp.191—192.

[57]　Ibid., p.197.

[58]　Ibid., pp.216—218.

第六章　心灵之旅：佛教与幽冥之旅

印度教中的自由灵魂

不管是对是错，吠陀时代的印度通常被认为是出窍的诞生地。吠陀僧一天三次饮用新榨的苏玛（soma）汁，苏玛是一种高山植物，它的汁能让人陶醉，可能具有致幻作用。这种植物的特性早已不为人知。因而婆罗门就使用几种替代物，不过这些替代物的属性与吠陀圣歌中的那些描绘确实不可同日而语。19世纪60年代，退休银行家华生（R.G.Wasson）和印度学学者唐尼格尔（W.Doniger）收集了大量材料，试图证明苏玛就是毒蝇伞（蛤蟆菌），一种在欧亚大陆广泛分布的蘑菇，过去西伯利亚萨满可能就是使用它来达到催眠状态。按照华生的理论，在一个时期内，印度—伊朗人在他们的亚洲故乡使用毒蝇伞（fly agaric），这个时期，他们与芬兰—乌戈尔人（Finno-Ugrians）之间有频繁的语言接触。[1]当他们相继征服伊朗和印度，他们失去了与毒蝇伞的接触，因为这些地区不生长毒蝇伞。于是不得不寻找替代物。[2]

《吠陀》的死后生活是在地下阎魔[3]的居所度过的，阎魔

是最先死去和前往阴间者。灵魂必须设法通过两条恶狗守卫
的入口,恶狗四目虎视眈眈(《梨俱吠陀》10.14.11),这是希腊
神刻尔柏洛斯[4]的一个不完全版。在阎魔平淡乏味的国度
里,灵魂不要期望任何刺激,它不过是先人的居所,pituh(来自
pitr,"父")。不过,其他吠陀圣歌讲述了对死者的天堂审判以
及生前行为的死后报应。在后吠陀时代,画面就清晰多了[5],
行善的进天堂得永生,作恶的罚入 21 层地狱,判然有别。《奥
义书》认为灵魂是从火葬的火中升起的,或者走众神之路(de-
vayana)不再回来,或者走祖先之路(pitriyana)通过重生回到
尘世。[6]

在《奥义书》(参见《唱赞奥义书》8.10.1)中,被称作 atma
(我)的自由做梦的灵魂是无拘无束的。做梦者被认为是去拜
见众神,因为在熟睡中人和神是一样的(《大林间奥义书》
4.3.20),而天堂已经在一个人自己的心中(《唱赞奥义书》8.3.
1—3)。不能突然叫醒一个人,因为灵魂可能因为找不到返回
身体的路而处于危险中(《大林间奥义书》4.3.14)[7]。《奥义
书》也提到了幽冥之旅。[8]

做梦灵魂的自由解释了苦修者与瑜伽信徒所获得的特殊
的神通——悉地(siddhi)。这些悉地中的一种是在空中飞行
的能力,这在《梨俱吠陀》(10.136.3—4)中已经提到过,这是失
重的结果,就像我们在古老的道教中所遇到的。据雪月[9]的
研究,耆那教苦修者能使他们的身体轻于空气[10],而帕坦伽利
的《瑜伽经》把 laghiman,即失重的获得,列为瑜伽信徒的八种
主要神通(mahasiddhi)之一。[11]

向幽冥的飞升或旅行的故事不胜枚举,它们是多面的印

度教传统的一部分。它们属于古老的萨满教信仰，深刻地影响了瑜伽神秘主义。关于神奇力量的传说大量与瑜伽信徒龙树（Nagarjuna，纳噶救纳）或戈拉克纳特相关。他生活在 9 至12 世纪之间，据传为了获得一种神奇的香拯救一个女人的生命而前往 Nagas（像蛇的生物，龙）的阴间。按另一个传统，他前往阴间，以破坏威胁阎魔，撼动了亡灵世界的基础。他还更改记录，为的是改变他的上师（古鲁）鱼王的命运，鱼王有太过明显的对性的倾向。[12]在研究了一些中国"招魂"例子后，我们很容易理解这些故事的萨满教背景。

如果不忽略幽冥之旅，印度教传统是在两条道路上演化的，这两条道路看似不同实际上也并非泾渭分明：出窍式狂喜（ecstatic rapture）与瑜伽神秘主义。两者的共同点在于瑜伽神秘主义在出窍中达到高潮，与出窍式狂喜相似。伊利亚德（M.Eliade）区分萨满式出窍（exstasy）与瑜伽式入定（enstasy），但这个区分是成问题的。瑜伽把出窍实践的内景化与存在（being）的纵向等级的内景化设为前提，这方面与西方神秘主义极其相似，无论是柏拉图神秘主义还是基督教神秘主义。我们把出窍称作灵魂与太一的普罗提诺式综合，或心灵与上帝的波拿文彻式综合[13]，在这个意义上，我们当然也可以把出窍这个词用到瑜伽的最高实现上。

精神分析学家穆萨耶夫（J.Moussaieff）[14]把弗洛伊德"海洋感"（*ozeanisches Gefühl* 或 *Einigkeitsgefühl*）这个术语重新用到弗洛伊德最初引出这个术语的印度文本上。弗洛伊德把这个术语建立在罗曼·罗兰（R.Rolland）的《罗摩克里希纳传》（*Life of Ramakrishna*），更准确地说建立在罗摩克里希纳[15]报

90　道的出窍体验（samadhi，三摩地、三昧、等持、定）上："在所有方向上我都看到巨大的灿烂的波浪在升起。"对孟加拉神秘主义者中"神性疯狂"的一个新近分析表明，bhava（出窍，ecstasy），尽管在内容上与"海洋感"相似并常常是基于"海洋感"，可以通过不同方法获得。方法的多样性与结果的单一性的最好例证，仍然是罗摩克里希纳自己，他"结合了瑜伽与密宗，既包括奉献给神的非凡的献身，也包括吠檀多的普适性。"[16]罗摩克里希纳还在孩提时代，就被众神附体。19岁时，他被任命为加尔各答附近卡利（Kali）女神的祭司。在那里他开始实践苦修与存想，有了火和光的异象，但直到他试图自杀才获得了神圣母亲（Mother，即卡利）的异象。正是在那一刻，这个女神把她自身向他启示为意识的海洋。[17]一段时期内，他摇摆于与神圣母亲极乐的出窍连结及痛苦的醒来中。在别人看来，他已陷入不可救药的疯狂中，直到一位造访过他的圣女宣布他并非是处于普通的疯狂状态，而是处于一种神性的疯狂中。他人也同样在他身上认出了毗湿奴的一个化身［毗湿奴的阿哇陀那（权化或称化身）］，而他依据更一般的方法开始实践毗湿奴派神秘主义，之后学习瑜伽的存想并进入三摩地（samadhi）状态长达六个月之久（这种出窍状态通常只能持续很短时间）。甚至当他练习瑜伽时，他也有十分独特的个人异象。比如，有一次他看到一个年轻人依次舔他的七轮（cakra，七个微妙的中心），看到头顶上有盛开的千瓣莲花（sahasrara，顶轮）。[18]

在这些印度教三摩地（samadhi，三昧）的例证中，瑜伽信徒和圣人体验的都不是幽冥之旅。另一方面，死后图景与对幽冥的造访越来越变成佛教的一个特色。

佛教中的自由灵魂及诸幽冥

至少在理论上，佛教中"自由灵魂"的存在是成问题的。实际上，佛陀（觉悟者）强烈反对婆罗门的理论。佛陀提出了自己著名的否定逻辑，他教诲说任何事物都不会永恒，因而也就没有那么一个稳固的灵魂[atman（我）]：巴利文《中阿含经》（*Majjhima Nikaya*）（1.230）说，"没有一种 atman（我）现象"。当瓦恰迦塔（Vacchagotta）问他如何看 atman（我），佛陀根本不作回答，因为他说的任何话都将被误释。[《相应部》（*Samyutta Nikaya*）400f.]

另一方面，原始佛教强烈承认做梦灵魂的自由，所有伟大的 *iddhi*（巴利文的悉地，*siddhi*）都以这种自由为基础。

> 他从一个人变成许多人，从许多人重又变回一个人。他出现又隐藏。他穿墙穿山如捣虚空了无滞碍。他出入深地如出入水中。他行于水面而不沉如履平地。他盘腿浮于空中如飞鸟。他把伟大的发光天体日与月放在手中把玩。他甚至在他的身体中达到了梵（即宇宙灵魂）的世界。[19]

根据巴利文文本，如来（佛陀）最主要的 *iddhi*（神通）是漂浮（《相应部》5.283）。佛陀觉悟后不久，就飞跃恒河："从恒河的一侧消失，与同道一起站在对岸。"[20]另一个材料说，舸公向佛陀要渡河的费用，佛陀回答说，"我的好兄弟，我没钱给你"，说着就飞跃到对岸去了。[21]不过，另一方面，我们知道，佛陀曾劝一位苦修者，如果可以乘船，就不要从水面上走过。正如斯

特朗(J.S.Strong)注意到的,在佛教中,对神通,特别是漂浮的
能力,是以一种矛盾方式处理的:一方面佛陀并不鼓励,另一
方面佛陀和他的门徒都积极地实践过。[22]

类似地,尽管人们可能在佛教中期待与诸佛、众神、魔鬼
以及死者所住诸平行世界的多样性相对立的东西,不过,这个
世界与涅槃(nirvana)中寂灭的中间状态对古代佛教却是本质
性的。这样,平行世界就在佛教圈子里增殖,包括诸佛以及光
辉的、无性的、易毁的诸神的天堂,以及祖先和恶魔充斥的
地狱。[23]

西藏藏传佛教,与适应某种新目的的真正的瑜伽实践结
合在一起,变成了诸幽冥之旅的一种范式。

藏传佛教的丧葬仪式

《中阴得度》(亡灵书或度亡经,读作"巴多脱卓"[24])是一
部伏藏,即一部年代不详、作者不详的著作,据说属于 18 世纪
西藏藏传佛教密宗的莲花生(Padmasambhava)大士,在他的生
年被秘藏,几个世纪后被发掘出来。莲花生的主要传记是他
的学生移喜措嘉(Yeshe Tssgyel)王妃写的,我们从中发现,这
位西藏的上师是阿弥陀佛的化身,直接从天堂获得他的瑜伽
指导,可以像鸟一样飞行。[25]

《中阴得度》是藏传佛教的丧葬仪典,目的是为亡灵提供
指导,因而起到一种萨满教"招魂者"手册的作用,以适应藏传
佛教复杂的教义与仪式的迫切需要。在死者旁边读《中阴得
度》49 天的目的,是"关闭"——准备抓住灵魂以便把它拘于

体内的——胎门，保证灵魂有一个好的死后命运。[26]

中阴实际上意味着任何"中间状态"，并不一定局限于死后的状态。这个文本因而说有 6 种中阴："处胎（生处或处生）中阴、梦境中阴、禅定中阴、命尽中阴、实相中阴、投生中阴"。[27]在死亡中，人只能体验到后面三种中阴。[28]

对死者颂读《中阴得度》只在这种情况下有必要，就是死者不熟悉那种能够带来直接解脱的瑜伽实践。[29]一般来说，《中阴得度》应在死者身旁读诵，而且因为中阴状态不会超过 49 天，因而这也是读诵的最长时间限制。这个文本并未解释读诵之士是否知道他已经成功地把这个游荡的灵魂安置在了天堂诸宫殿（解释见下文）的一宫中。理论上，读诵在中阴状态停止后也应停止。

第一阶段中阴境相，存在于死亡之前，是一个独一而短暂的阶段，可以顿入佛境。这个阶段的标志是明光。循此明光，立刻可得解脱。读诵之士对穿越死亡门槛的人急迫而反复地诵读。

第二阶段中阴境相，进入者是那些没能在第一阶段顿入明光的人，这时有一个进入佛境的新机会。清纯的意识之光在此人心灵前闪现。循此，可得解脱。如果没有，死者的意识则进入业力幻影（业幻、业影）的迷乱中阴，此时专业的指导者至为重要，因为死者的心灵处于一种惊愕状态。

在此期间，死者可见所穿衣服被剥，可见所睡之处被扫；此外，他还可以听到亲友悲泣哀号，然而，尽管他可以看到他们并听到他们在呼叫他，但他们却听不到他在呼叫他们，因此他感到怏怏不乐，颓然离开。当此之时，种

94

种声音,种种光线,种种烟焰——所有三者——悉皆经历。这使他感到可畏,可怕,可怖,且使他感到非常疲倦。值此时际,应即运用实相中阴观法。(徐进夫译文)[30]

中阴经验实际上是人自己的心灵实施的一种简单的劝说式技巧。如果一个人从开始就认识到它的空性(真空实相),就能通过证入无颜色的明光(根本明光、实相明光)而避免它。如果不能,新的非实相的幻觉就出现了,都拢在明光之中,有些好但太耀眼(按:智慧之光),有些不好却有诱惑力(按:六道之光)。因而这一中阴中的极度痛苦的意识被教导说,任何出现在它面前的东西都不过是心灵的纯粹幻觉,这是非常重要的。据此,在雷鸣怒吼中,演出开始,死者跳入了充满幻影的迷人而神秘的迪士尼乐园,这些幻影以五位禅定的佛(即,出于禅定目的创造出来的意识之佛)开始。他们占据了空间的中央和四方。这五位王国的每一个都分派了一个颜色、一位佛及一位特定的女性配偶(按:佛父佛母),两位菩萨及其配偶,一种元素以及一个死者必须避开的路迦(loka,次等世界)。

从灿烂的蓝色中央,首先出现的是坐在狮子座上的毗卢遮那佛世尊(大日如来),他的元素是苍穹(以太),他的次等世界是天道(devaloka,众神的乐园)。从这个中央还射出一道模糊的白光。如果死者错失了这道蓝光,中阴继续从东方升起灿烂的白光,相应的是金刚萨埵阿闪世尊(普贤菩萨)及其配偶玛嘛基佛母,以及两位菩萨及其配偶。与这个王国相关的元素是水,与之相关的次等世界是地狱,从中射出"烟雾色的暗光"。死者的意识,惧怕耀眼的白光,反而受地狱之光的吸引,他务必要离开地狱。

如果死者的意识在第二天还未证入佛土,中阴继续在第三天从南方升起一道黄光,对应的是宝生如来及其配偶以及两位菩萨及其配偶,相应的元素是土,以及从人道射出的模糊的带点蓝色的光。

类似的,如果死者在第四天中依然没有决断,从西方将出现从阿弥陀佛世尊及其配偶和随行菩萨射出的强烈红光。相应的元素是火,相应的路迦是饿鬼道(pretaloka),从中射出模糊的黄光。

这个文本并未给 pretas——被称作"饿鬼"(即等待转世之无主孤魂)——以太多关注。饿鬼的嘴小如针尖儿而且位于头部中间,吃东西很困难。这是印度传统最生动的怪物之一。它们是燃烧的、郁闷的、悲惨的魔鬼,相互之间争斗、残害不休。[31]

最终,如果死者错失了第四天提供的机会,第五天的灿烂绿光从北方出现,以不空成就如来世尊及其配偶和随行为特点。相应的元素是气,相应的路迦是好战的阿修罗道,从中射出模糊的红光。就像一场演出终了全体演员出场谢幕一样,如果死者依然错失,所有五方佛部在第六天与四十二圣尊一道布满天空。第七天,与另外那两个世界——天堂和畜生道——一起,加演继续。

第八到十四天的演出是前七天的重复,但是在一种怪异可怕的气氛中。五位禅定佛及其仆从,尽管实际上依然还是残留一些心理投射,表现为带来可怕与迷乱的愤怒饮血诸尊。亡者的入观认识,现在变得极其困难,因为这些嘿鲁嘎[32]及其配偶不一定是喜乐的。以下是骇人伪装下的毗卢遮那世尊(大日如来):"赤金色的头发直立倒竖,发出阵阵光焰;头上装

96

饰干了的人脑盖,以及太阳与月亮的表征;身上缠着串穿人头的黑蛇"(徐进夫译文)[33]。最后的重演令人难忘,所有尊神齐聚舞台:"他们来时咬牙切齿,目光灼灼,头发束于顶上,腰细而腹大,手持业行记录簿,口中不息发出'打! 杀!'之声,一面把人头从身上扯将下来,掏出心脏,一面以舌舐脑,以口饮血;他们就这样充天塞地地前来。"(徐进夫译文)[34]中阴士现在必须极力说服死者,这些梦魇不过是他自己的心灵活动,即完全是虚空和幻觉:"当有这样的意识形相出现时,你可不必害怕,无须惊慌;因为,你现在的身体,乃是一种业习的意生之身,就是杀了剁碎,也不会死亡……阎君之身变然,只是从你自己的智光映射而成,并非物质构成的东西;以空害空,事非可能。"(徐进夫译文)[35]

从第十天开始,死者可以了解关于中阴身的一些重要事项,中阴身实际上是一种自由灵魂或做梦灵魂,被赋予了他想得到的所有神通(siddhi,悉地)。对于死者了解最后的认证后他是否死了,对于终结可以以一千种方式折磨意识的可怕的业力幻影,这都特别重要。死者现在有机会看到他的朋友和亲人,虽然他们没有反应。于是就升起这样的想法,也许再有一个肉身要好一些。这时插进来令人不快的一幕,这就是对死者的审判。司善之神与司恶之神清点死者的善行与恶行的数目,阎罗法王通过全知的业镜来确证这些数目。阎罗法王于是对灵魂实施致命的惩罚,不过惩罚造成剧痛却不会死掉。"阎罗法王就(命凶狠的狱卒)用绳子套住你的脖子,将你拖开,砍下你的脑袋,掏出你的心脏,拉出你的胃肠,舐你的脑髓,饮你的血液,吃你的肌肉,啃你的骨头,而你却求死不得;

你的身体就是被刹碎了,不久也会活转过来。"(徐进夫译文)[36]此时,知道中阴身是一种意生之身,并没有什么能以任何方式影响它,疼痛不过是幻觉,这特别有益。读者在这儿知道,《中阴得度》的逻辑并非要替换掉死者世界的大众表象,而是把这些表象重释为产生强烈幻觉的纯粹的意识状态(意生状态)。最终为你自己的死亡书写剧本的是你自己,而且你是把这个剧本变成一部无休止的恐怖剧(一部神曲),还是什么也不是,这也完全靠你。这一认识带来对中阴状态(中阴境)的认证,而其认证带来即时的解脱。

不过,认证可能不来。在这种情况下,死者注定要准备接受在灵魂的六道中的某一道投胎。这六道是:天道、地狱道、人道、饿鬼道、阿修罗道、畜生道。它们都以有颜色的光的形式发射可见的信号,如前所述。此时,中阴士一定演示一种仪式,促使死者不投胎进低的痛苦的诸道(阿修罗道、畜生道、饿鬼道),他们同样阻止灵魂进入任何一道。为此他们诉诸一套"关闭胎门"的办法。实际上,此时,无数的交合配偶出现,各种子宫排开以接受灵魂。投胎的机制是对异性的欲望:如果喜爱父亲就进入子宫成为女儿,如果喜爱母亲则会变成儿子。每种情况,投胎者都体验到对父母中那个与自己喜爱者交合一方的强烈忌恨。

这个文本具有多重含义。首先,很容易看到,它给了俄狄浦斯情结一种超越的解释。很明显,这是俄狄浦斯神话的一个版本,已经包括了弗洛伊德的解读。第二,它表明,是孩子选择他们的父母,而这可能是一个令他们终生懊恼的决定。同时,这个解释给了孩子某种不同寻常的超越他们父母的优越性。

在此期间,中阴士使尽浑身解数,积极地试图说服死者的意识不要进入任何子宫。如果不能奏效,他们至少要尽可能为游荡的灵魂提供最合适的子宫,选择的标准是地理位置、健康状况及社会地位。选择不易,因为不好的子宫可能看起来很好,反之亦然。

这个文本提及,一个人应该在他的有生之年修习瑜伽技巧,以便完好地通过中阴阶段并作出正确选择。这些技巧在僧人们中间被极力宣传:我们读了多遍,无论一个人的宗教德行多么深厚,如果没有适当关注中阴阶段的瑜伽准备,他可能依然面临中阴阶段的所有令人不快的方面。伊文思·温兹(W.Y.Evans-Wentz)把《中阴得度》带给了欧洲,他也把疗法——迁识(意识转换,颇瓦法)的瑜伽——带给了欧洲。[37]

度 亡 瑜 伽

1935 年的西藏瑜伽文本是藏僧卡孜·达瓦桑珠(Lama Kazi Dawa-samdup)译成英文的,他的学生伊文思·温兹编辑并介绍。其中有两篇关涉到瑜伽修行,修行的目的是获得对中阴境的认证以及防止投胎。这两篇分别是《六种教义简说:心热、幻身、梦境、明光、死后、迁识》和《迁识》。

初级练习包括存想和想象,以显示所有现象都是虚幻的。信徒必须特别致力于梦与梦境,以求达到能够控制梦的内容这样一种状态,从而显示任何幻觉都是自己心灵创造的,可以被心灵自身安排为新的模式。

梦境的本性可以通过清晰度、呼吸或想象来把捉。清晰度指的是意识的连续性。如果在这种状态中睡眠与清醒之间并无断裂，则表明所有现象都是连续的和虚幻的，就像梦想的东西。这个方法表明"实相"（现实）的实性和梦一样不实。呼吸指的是一种特殊的技巧，能够强化梦的鲜活逼真，使梦像光天化日下的现实一样令人信服。这个方法因而和前一个方法正相反对。

这个文本描述了四种想象的方法，这些方法的目的是界划做梦这种行为并开启一种更深的认证状态，即对梦境及对梦的内容的控制。做梦者在梦中应采取一种积极的态度，对任何引起激动的东西作出强烈反应。比如，如果做梦者（梦里）面临被火烧死的危险，他就应该说："梦里的火有什么好担心？"这可以消除幻觉的力量。对操控梦境更加复杂精致的指导比如：梦中的火应被转变为水，小东西应被转变为大东西，单个事物变为多个事物，多个变成一个，等等。[38]

此文的其余部分是关于死亡的艺术，传授对中阴境的准备。虔信者被教授如何认证死亡中心里出现的明光，以及如何通过顿入这一涅槃之光从而避免中阴阶段的幻觉。即使对明光的认证失败，信徒也被教授去认证中阴阶段随后的步骤，以及如果投胎不可避免，如何选择合适的子宫。显然，在这种情况下，瑜伽师在抢夺中阴阶段先机的过程中经历了一场虚构的幽冥之旅。可以把学习的阶段概括如下：

1. 梦是"心灵的东西"；
2. 周围世界是梦，因而也是心灵的东西；

3. 中阴阶段也是梦,因而也是心灵的东西。

心灵的东西是幻觉。心灵自身可以放弃产生幻觉并退回自己的空性,这就是涅槃。

大 众 佛 教

大众佛教提供的幽冥之旅故事数不胜数。其中最动人的故事(无论从量还是质上看)在中国文献中都有表达。一个反复出现的主题是通过各种佛教传说中的人物(比如提婆达多或观音菩萨)前往阴间的旅行。[39]

不必刻意挑选,1579 年罗懋登一部作品的末尾就有这么一个故事。这是一部小说,描写了 1405—1432 年间由宦官首领郑和率领的对麦加的远征。[40]随行的有道教的天师和佛教的国师。背景是世界范围的而且令人迷惑。当水手迷失方向,军官王明前去探路,到了一个黑暗的彼岸(按:酆都国)。这个国的人生得怪诞,多是人兽合体。王明在其中找到了他的亡妻,现在是阎罗王一个判官的妻子,阎罗王是主管死者的神。王明意识到他来到了阴间。他冒充前妻的哥哥,并被前妻的新丈夫带着对地狱进行参观。值得注意的是其中有一条血水河,河上有两座桥(原作是一座桥),好人可以通过(最好的人去天堂,不过这样的人很少),恶人难免在血水中挣扎,与铜蛇铁狗搏斗。所有这些都是中国佛教景象,有时有怪异的变化:孟夫人(Dame Meng)制作一种遗忘药水,是某种遗忘河(Lethe)里的水,以便他们转世,不过在这里,她变成了制作迷魂汤的老娼妓。[41]

沿着一条孤埂，阴风刮面，冷雨浇头，令人凄惶沮丧，走来十种鬼：酒鬼、穷鬼、瘟鬼、冒失鬼、龇牙鬼、挣命鬼、讨饭鬼、吊死鬼、舍财鬼、吝财鬼。[42]穿过"灵曜之府"的大门，王明参观了十座皇家宫殿，取了十个佛教地狱的中国名字，它们被分成行为端正的人的炼狱和那些违反了八种儒家道德的人的地狱。[43]另外后面还有十八层地狱，罪人接受恐怖的惩罚。幸运的是他们只看了八重地狱，因为这位判官"因为有急事儿被叫走了"[44]。

16 世纪另一个中国文本，也是一部世界文学名著，可与但丁的《神曲》媲美，即吴承恩著的（也可能不是）《西游记》。现在西方读者熟悉的是余国藩（A.C.Yu）精美的英文翻译。[45]余国藩写到，与但丁的《神曲》一样，"《西游记》既是一部宏伟的小说，也是一部复杂的寓言。主人公'趋向上帝'的中心故事，是在这部作品字面维度和比喻维度的相互作用中展开的"[46]。这当然适用于《西游记》中基于玄奘（596—664）法师到印度朝圣求取佛经的部分。小说的这一部分已经被定义为"佛教寓言"[47]，它基于朝觐，而非基于幽冥之旅。

幽冥之旅在这部小说中另有所在，是这部小说中其他的、特别滑稽的部分，属于一个不同凡响的道教圣人和不朽者，他最后皈依了佛教，这就是猴王（猴神）或"齐天大圣"。

猴王拥有特权地位，可以造访幽冥。实际上，他本身就不是凡间人，他生于宇宙山顶一块得天地灵气的神奇石头。这一高贵身份把他变成一个神性存在，拥有超出道教诸神能力的超自然力量。拥有阴茎式的武器，可大如山小如针，以及变形的无边法力。猴王大闹道教天宫,所有使其文明化的努力均告失败。在他吃掉长生不老的仙桃,喝掉天庭所有长生不老的储备后,天庭向他宣战。

这里不可能叙述猴王在天上和尘世的所有历险。在被转变为一个朝觐角色后,他成了玄奘法师(别名三藏)西行旅程中一个身份不易归类的盟友。

猴王,是一位至尊的萨满,比众神古老,甚至比道教诸神也古老。不过,另一方面,在佛教禅定中"猴子"代表心灵,与天地同寿,而且是全能的和有转化能力的。从这个角度解读,这部小说就变成了驾驭自己心灵这样一个过程的佛教寓言,根据大乘原理,世界不过是心灵的幻觉之网。

《西游记》复杂而精微,对于各类读者,从那些喜欢猴王下流庸俗玩笑的人到那些从隐蔽的佛教寓意中获得快乐的人,《西游记》都具有多重信息。

注　释

[1]　作者在这儿提示毒蝇伞(fly agaric)与乌戈尔人(Ugrians)在词源上的联系。——译者注

[2]　R.Gordon Wasson 和 Wendy Doniger O'Flaherty,《苏玛:通往不朽的神圣蘑菇》(Soma: Divine Mushroom of Immortality),New York: Harcourt, Brace, Jovanovitch,未注日期,第2部分,"苏玛(Soma)的后吠陀史"("The Post-Vedic History of the Soma"),第95—151页,作者 O'Flaherty。

[3]　阎魔(Yama),印度神话中的阎王。——译者注

[4]　刻尔柏洛斯(Cerberus),守卫冥府入口的有三个头的猛犬。——译者注

［5］ 见 S.G.F.Brandon，*The Judgment of the Dead：The Idea of Life after Death in Major Religions*（New York：Scribner's Sons，1969），pp.166—167。

［6］ 见 Geoffrey Parrinder，*The Indestructible Soul：The Nature of Man and Life after Death in Indian Thought*（London：Allen & Unwin，1973），p.88。

［7］ Herbert Günther［Guenther］，*Das Seelenproblem in alteren Buddhismus*（Konstanz：K.Weller，1949）.

［8］ 见 Gherardo Gnoli，"Ashavan：Contributo allo studio del libro di Ardâ Wirâz"载 *Iranica*，pp.427—428。

［9］ Hemacandra，1080—1172，耆那教著名学者和诗人。——译者注

［10］ Hemacandra，*Trisastisalakapurusacarita* 1，vols，pp.852—862，转引自 William Norman Brown，*The Indian and Christian Miracles of Walking on the Water*（Chicago and London：Open Court，1928），p.16。

［11］ Patanjali，*Yogasutra*，3：42；参见 Norman Brown，*Miracles*，p.16。［按：帕坦伽利是第一位将瑜伽的古老传统以一种系统的方式呈现出来的人，所以他被认为是瑜伽的创立者，生活在公元前 200 年左右。］

［12］ 见 Mircea Eliade，*Yoga：Immortality and Freedom*（New York：Sheed & Ward，1964），ch.8。［按：此书有武锡申中译本《不死与自由：瑜伽实践的西方阐释》，中国致公出版社，2001；戈拉克纳特（Gorakhnath）与鱼王（Matsyendranath）的传说如下：湿婆将瑜伽的秘诀教给妻子帕瓦蒂时，帕瓦蒂发困睡着了，秘诀被海里的鱼王偷听去了。帕瓦蒂醒来之后勃然大怒，随即诅咒鱼王忘光一切有关瑜伽的事。但幸运的是，鱼王得到了行者戈拉克纳特

暗中相助。戈拉克纳特化成一位跳舞的女人,载歌载舞,用她的歌声帮鱼王解除了身上的魔咒。得到瑜伽真传的鱼王后来又把瑜伽传授给人类。]

[13] 普罗提诺(Plotinus),205—270,也译作柏罗丁,新柏拉图派奠基人;波拿文彻(Bonaventure),约 1217—1274,方济各修士,神秘主义者。——译者注

[14] J.Moussaieff Masson, *The Oceanic Feeling*: *The Origins of Religious Sentiment in Ancient India*(Doordrecht; Reidel, 1980), p.93.

[15] 罗摩克里希纳(Ramakrishna),1836—1886,印度近代的宗教改革家,本名 Gadadhara Chatterji,生于孟加拉。——译者注

[16] June McDaniel, *The Madness of the Saints*: *Ecstatic Religion in Bengal*(Chicago: The University of Chicago Press, 1989), p.93.

[17] Ibid., pp.94—95.

[18] Ibid., p.101.

[19] *Digha nikaya* 2;转引自 Günther, *Seelenproblem*;以及 Brown, *Miracles*, p.15。是我翻译的。

[20] *Digha nikaga*, "Mahaparinibbana", sutta 16,转引自 Brown, *Miracles*, p.18。

[21] *Lalita vistara*,转引自 Brown, *Miracles*, p.18。其他的参照,见上。

[22] John S.Strong, "Wenn der magische Flucht misslingt",载 H.P. Duerr 编, *Sehnsucht nach dem Ursprung* (Frankfurt: Syndicat, 1983), pp.503—518;参见我的 *Expérience de l'extase* (Paris: Payot, 1984), pp.99—101。

[23] J. R. Haldar, *Early Buddhist Mythology* (London: Luzac & Co., 1977); Bimala Charan Law, *The Buddhist Conception of Spirits* (Calcutta: Thacker, Spink & Co., 1923).

[24] "巴多"的意思是中阴,"托卓"的意思是听了后得以超度,因而全

名就叫《中阴闻教得度》或《中阴得度》。此书原系古代印度经典，8世纪莲花生时代创作，传入西藏，译成藏文，朗达玛灭佛时被埋藏于地下，成为"伏藏"，后掘出。20世纪20年代，藏族喇嘛卡孜·达瓦桑珠译成英文，由他的美国学生伊文思·温兹博士编辑出版，名《西藏度亡经》，成为在西方世界有重大影响的藏传佛教经典。至少有4个汉语译本，3个是从英文书转译的，分别是：(1)徐进夫译本，名《西藏度亡经（原名中阴得度法）》，1982年左右译出，有宗教文化出版社等版本；(2)张莲译本（文言），名《中阴救度密法》，自署"中华民国第一乙亥丙子重译草成"；(3)赵洪铸译本，名《中有闻教得度密法》，1945年左右译出，全文用四字句。还有1个是从藏文译出的，孙景风译本（文言），名《中有教授听闻解脱密法》，1959年左右译出。——译者注

[25] 参见 W.Y.Evans-Wentz 编辑并导论的 *The Tibetan Book of the Great Liberation or The Method of Realizing Nirvana through Knowing the Mind* (London, Oxford, and New York: Oxford University Press, 1968)。

[26] *Bardo-thödöl*（中阴得度）现在有两个译本。传统的一个是 *The Tibetan Book of the Dead* 或 *The After-Death Experiences on the Bardo Plane*, Lama Kazi Dawa Samdup 译、W. Y. Evans-Wentz 编 (London, Oxford, and New York: Oxford University Press, 1957)；更新也更准确的一个译本是 *The Tibetan Book of the Dead: The Great Liberation through Hearing in the Bardo*, 莲花生大士（咕茹仁波切）伏藏，噶玛林巴（Karma Lingpa）取藏，Francesca Fremantle 与 Ghögyam Trungpa 合译 (Berkeley and London: Shambhala Publications, 1975)。

[27] Francesa Fremantle 与 Ghögyam Trungpa, *Tibetan Book of the*

Dead，p.40。

[28]　《中阴得度》四位中文译者 6 种中阴译名对照表：

译　者	1	2	3	4	5	6
徐进夫	(处胎之时的)本然中阴	(体验梦境时的)梦境中阴	(入定之时的)等持中阴	(死亡之时的)命尽中阴	(体验实相时的)实相中阴	(生死轮转中的)投生中阴
张　莲	处胎	睡梦	禅定止	尽命终	命终入法界观	转生
赵洪铸	处胎	梦境	禅定	命尽	实相	投生
孙景风	生处中有(一名处胎中有)	梦境中有	静虑中有(一名禅定中有)	死位中有(一名命尽中有)	法性中有(一名实相中有)	轮回中有(一名生身四大轮回中有)

　　——译者注

[29]　直接解脱的瑜伽实践，即所谓迁识之法，又称颇瓦(phowa)法。迁识之法如果已得有效的运用，那么《中阴得度》的颂读就没必要了。——译者注

[30]　Francesa Fremantle 与 Ghögyam Trungpa，*Tibetan Book of the Dead*，pp.39—40。

[31]　见 Bimala Charan Law，*Buddhist Conception*，pp.2ff。

[32]　嘿鲁嘎(heruka)或赫鲁嘎(Heruka)，藏传佛教信奉的大力金刚神，无上瑜伽部信仰的本尊之一，属于忿怒尊，汉传佛教称为明王。——译者注

[33]　Francesa Fremantle 与 Ghögyam Trungpa，*Tibetan Book of the Dead*，p.60。

[34]　同上书，p.69。

[35]　同上书。

[36]　同上书，pp.216—222。

[37] Lama Kazi Dawa Samdup, trans, *Tibetan Yoga and Secret Doctrines*, *or Seven Books of Wisdom of the Great Path*, W.Y.Evans-Wentz 编辑并导论(London, Oxford, and New York: Oxford University Press, 1958)。

[38] 同上书,pp.216—222。

[39] 见 J.J.Duyvendak, *A Chinese "Divina Commedia"* (Leiden: Brill, 1952), p.8。

[40] 参见罗懋登《三宝太监西洋记》第 87 回:宝船撞进酆都国,王明遇着前生妻;第 88 回:崔判官引导王明,王克新遍游地府。郑和是回民,他的重要随行者马欢、郭崇礼、哈三、费信等均为回族穆斯林,第 7 次下西洋时郑和曾派遣马欢等随行 7 人带领船队到麦加朝觐。——译者注

[41] J.J.Duyvendak, *A Chinese "Divina Commedia"*, pp.18—20.

[42] Ibid., pp.25—27.

[43] 不是它们被分成两组,而是这十座宫殿两廊下的衙门分成两组。(王明道:"两廊下都是些甚么衙门?"判官道:"左一边是赏善行台,右边是罚恶行台。")——译者注

[44] J.J.Duyvendak, *A Chinese "Divina Commedia"*, p.57.

[45] Anthony C.Yu, trans, and ed., *The Journey to the West*, 4 vols. (Chicago and London: Chicago University Press, 1977—1986)(按:余国藩,美国芝加哥大学巴克人文学讲座教授,以英译《西游记》四册饮誉学界。)

[46] Anthony C.Yu, "Two Literary Examples of Religious Pilgrimage: The *Commedia* and *The Journey to the West*",载 *History of Religions* 22(1983), pp.215—216。

[47] 见 Francisca Cho Bantly, "Buddhist Allegory in *The Journey to the West*",载 The *Journal of Asian Studies* 48(1989), pp.512—524。

第七章　从癫狂到精神幻相：
古代伊朗的出窍

伊朗萨满教

德国宗教历史学派颇具影响，他们认为，古代伊朗甚至超过印度，是幽冥之旅的故乡。这一理论现在已经完全过气，我们不做展开。我在以前的一本书和一系列文章中已经抛弃这一理论。吉纽（P.Gignoux）认为我这本书和这些文章是令人信服的，他是伊朗幽冥之旅方面的主要专家之一。[1]

更有趣的是，伟大的瑞士伊朗学家尼伯格（H.S.Nyberg）的一本书（这本书因佘德尔（H.H.Schaeder）1938 年的德文译本而闻名），认为前琐罗亚斯德的伊朗宗教是由出窍的武士团体主导的，这些武士把萨满教的出窍与幽冥之旅作为神圣场所的例行唱颂来呈现。[2]这些武士由呼玛（haoma）致醉，会达到一种危险的杀人狂状态（aeshma）。琐罗亚斯德改革的方向，就是反对这些男性的萨满教的好战兄弟会。

呼玛，印度人称作苏玛（soma）。我们已经知道，它的印度—伊朗原型一定是一种强力的麻醉剂（致幻毒品），可能就是干的毒蝇伞——如果我们相信华生（R.G.Wasson）的话。[3]
不过，当伊朗人迁徙到他们最后的家园，因为缺少这种植物，
不得不寻找替代品。《阿维斯塔》所载麻醉剂 bangha，也许是
天仙子（Hyoscyamus niger），就是这样一种替代物。中古波斯
语词汇 bang 最初的意思就是大麻（印度大麻）。[4]

　　西锡厄人是居住在黑海以北的印欧语系民族，与伊朗人
有血缘关系。希腊历史学家希罗多德（公元前 5 世纪）记载，
西锡厄人相聚在帐篷内吸烘烤大麻种子发出的烟。[5]古代阿
尔泰萨满就是以这种方式使用大麻（普通大麻）的，考古发现
的公元前 2 世纪东阿尔泰墓穴中烤炙的大麻种子证明了这一
点。墓穴周围还发现了一个鼓和一件弦乐器，与两千年后西
伯利亚萨满使用的相似。[6]

　　像吉纽和诺利（G.Gnoli）这样的学者研究《阿维斯塔》，得
出的结论是，伊朗宗教实际上是建立在某种萨满教意识形态
上的。诺利是从《吉萨》（Gâthâ）中提到的"maga 状态"得出这
一结论的。《吉萨》是琐罗亚斯德创作的颂歌，是《阿维斯塔》
中最古老的部分。根据诺利，《吉萨》maga 指的是一种出窍体
验，一种与琐罗亚斯德教诸天使（amesha spentas，善神）的幻觉
结合状态。这种状态被定义为一种特殊的照亮（cisti），一种超
出语言和感知的超越知识的形式。中古波斯传统也谈一种精
神幻相，一种与身体（gêtîg）幻相相对的无形体的心灵
（mênôg）幻相。[7]

　　吉纽对伊朗萨满教提出了不同看法。他没把论点建立在
致幻剂使用的信息上，而是建立在琐罗亚斯德教的心理学上。
他和诺利一样[8]，分析了《阿维斯塔》中用来指称预言家的词

106　语。预言家通常在以下意义上被描述为"正义的"（ashavan 和
ardây），预言家和正义的死者一样，能够在还活着时就一窥死
后的世界。而且，吉纽认为，琐罗亚斯德教中的萨满教因素，
是与伊朗人对自由灵魂的概念相关的，这个自由灵魂在《阿维
斯塔》中被称作"骨魂"（astvand ruvân）。[9]

　　尽管古代伊朗萨满教的问题尚存疑点，晚期波斯传统中，
从萨珊王朝（226—640）到 10 世纪，有几个对幽冥之旅的有趣
描述。

卡提尔国师的幻相

　　卡提尔（Kirdîr）[10]是几任萨珊帝国统治者的大祭司，是
朝廷的重要人物和异端的迫害者——他负责罢黜了摩尼，后
者于 276 年死于狱中。他也留下了一些石刻碑文，其中一篇
位于法尔斯省（Fars）的萨马什哈德（Sar Mashhad），记载了众
神赋予他的一次幽冥旅行，为的是让他检验琐罗亚斯德教教
义的真理。碑文有许多脱漏，故事的文字不少已难辨认。在
天国的光明之路上，有一位从东方来的年轻女子迎接他。女
子貌美，莫可言表，一定是他的姐厄娜（daêna）[11]（他的信仰的
天堂形象）。卡提尔需毫不含糊地声言他是正义的，否则他的
姐厄娜就会变老变丑。这位年轻姑娘带他的魂灵（偶体）——
根据吉纽的描写，他的骨魂——去见众神。众神中的一位，一
定是拉什努（Rashnu）[12]，坐在金座上，面前放着一个天平。另
一位是骑士，陪同卡提尔的魂灵及其姐厄娜向东。他们遇到
金座、满是害虫的地狱、"宽超过长"的桥[一定是切努特（Cin-

vat)桥]，最后是天国，卡提尔于是停下来去吃面包和肉。[13]

　　按吉纽的说法，卡提尔魂灵的出现是这个故事的关键，他　107
把这个故事界定为萨满教的。实际上，这个魂灵不过是卡提
尔的自由灵魂，也就是他的可以投射出身体之外的骨魂。

正义的维拉夫的旅程

　　卡提尔的幽冥之旅也许要借后来的记载才更易理解。这
个记载是 10 世纪用中古波斯语编纂的，但依据的材料却是古
代的。这个材料包含一个关于国王维斯塔巴（Vishtasp，保护
琐罗亚斯德的那位国王）的幻相和一个叫维拉夫（Virâz）的人
的幻相。自然关于维拉夫的幻相更全面也更真实。[14]

　　这两件事中，引人注意的都是能从身体解放灵魂的饮剂，
传统上称作"维斯塔巴的 mang"，有时被认为是 hôm 和 mang
的混合物，这里 mang 与 bang（天仙子）是一个东西。在这两个
幻相中，mang 是葡萄酒与天仙子的一种混合物。[15]在三天三
夜里，维斯塔巴通过濒死体验——他的灵魂旅游到上界天堂
（Garôdmân）——参观了这个他将接受死后报应的地方。在
末世大火的审判到来之前，他将在这里度过他的死后时间。[16]
这一幕发生在维斯塔巴皈依琐罗亚斯德教的时期，而中古波
斯的一则材料还说，大天神阿什瓦希什特[Ashvahisht，阿莎·
瓦希什塔（Asha Vahishta）][17]向他提供了 hôm 和天仙子的混
合物。[18]根据琐罗亚斯德教信仰，任何 7 岁至 15 岁间参加入
教仪式（称作 Nawzôd）者，将会得入维斯塔巴的上界天堂。[19]

　　正义的维拉夫的灵魂旅程更复杂精致。传统上把《阿尔

达维拉夫集》(*Book of Ardâ Virâz*)确定在 6 世纪晚期[20]，尽管
它的中古波斯新版本不会早于 10 世纪。不过，也没有令人信
服的理由来质疑这个时间的确定。这个故事被放在了由大祭
司阿扎尔巴德（Adurbâd î Mahraspandân）领导的古代信仰复
兴之前的衰落期内。阿扎尔巴德生活在沙普尔二世在位期间
（309—379），是《阿维斯塔》的编辑者。法曼（F.Vahman）是这
部伊朗"神曲"最近的一位评注者，他认为这个故事试图在维
拉夫的幽冥之旅（希望成为琐罗亚斯德教信仰的某种证明）与
阿扎尔巴德随后推行的改革之间建立联系。[21]实际上，在另一
个波斯文本中，阿扎尔巴德据说为了证明维拉夫启示的真理
而经历了一场严峻的考验（神判）。[22]在这个意义上，如果维拉
夫这个人物有些许真实性的话，则一定生活在 4 世纪上半期。

　　会众推选维拉夫去检验琐罗亚斯德教的正确性，维拉夫
不太情愿地喝了葡萄酒与天仙子的混合饮料，这主要是因为，
维拉夫作为一个虔诚的马兹达教信徒（琐罗亚斯德教信徒），
和他的姐妹们结了婚，她们中的至少 7 个抗议、哭喊。这个文
本多次提到族内婚姻（*xvêdôdah*）的好处，这是萨珊王朝的习
俗。[23]这又是萨珊王朝马兹达教新出现的一个特征（也许是被
称作 Magi 的西伊朗祭司引入的），存在的时间大概在 6 至 10
世纪，也就是《阿尔达维拉夫集》最可能的编辑时间。

　　祭司们向维拉夫的姐妹妻子再次保证：不会出差错，他将
于 7 天内回来。当然，维拉夫也为他这个单程旅行做了准备：
他许了个愿，并为自己举行了一个死亡仪式。最后在一个拜
火庙里，他给自己洒上香水，穿上新衣服，喝了 3 杯 *mang*，在
一个长椅上睡去。马兹达教祭司和他的 7 个姐妹妻子在这里

看护他 7 天。第 7 天，维拉夫的灵魂回到他身上，这个正义的人"兴高采烈"地醒来，给会众带来了阿胡拉·马兹达[24]、众天使长、琐罗亚斯德（创教者）、亡灵众神的问候。之后他向一个记录员讲述他的幽冥之旅经历，这构成了《阿尔达维拉夫集》的主体。

在他的描述中，他的灵魂一离开他的身体，斯鲁什（Srosh）[25]神和阿图尔（Adur）[26]神就接待了他的灵魂。他们一起分三步前进，对应马兹达教信仰的三柱石：humat（善念）、hûxt（善言）、huwarsht（善行）。这样他们就来到了"切努特桥"（Cinvat Bridge）。维拉夫的灵魂在此滞留到第三天。在另一个处理死者命运的文本《哈多赫特》（Hadôkht）[27]中，能找到对这一滞留的解释。正直者的灵魂从身体出来后，用前三天的时间在身体旁祝贺解脱并唱赞美阿胡拉·马兹达的阿维斯塔圣歌。在第三天夜晚结束后的拂晓，"正直者的灵魂感到逗留在好些植物之中，清香扑面。感到一阵浓香从南方吹来。正直者的灵魂通过鼻孔闻这股香风"。[28]

《阿尔达维拉夫集》后面的部分，在叙事上表现出与《哈多赫特》以及其他中古波斯文献许多相似的地方，比如《智慧之灵》（Mênôk-I Khrat）、祭司曼奴奇尔（Mânushchihr）的《宗教判决》（Dâdestân-i Dênîg）以及他哥哥扎茨普拉姆（Zâtspram）的《选集》（Selections）。[29]第三天，一股芬芳的微风从奥尔马兹达的南部区域升起，而这个正直者的姐厄娜——"他自己的宗教与行为"的形象——以一个年轻少女的形式到他面前，此女乳房丰满、长指如削、皮肤光洁，不可方物。姐厄娜告诉他，她如此这般是因为他自己的"善念、善言、善行以及善的宗教"。她告诉他，"恰是因为你的意志与行为，我才如此伟大、善良、芬芳、胜利而无瑕疵"。

由于维拉夫的美德，当他踏上切努特桥时，桥面变得有9支长矛那么宽。这个正义的人走过去，天堂中那些正直者的灵魂向他鞠躬，而拉申（Rashn）[30]手里拿着一个用来称量死者行为的金天平，出现在他面前。

之后斯鲁什神和阿图尔神带领他参观天堂和地狱。不过他们首先参观 hammestagân（炼狱），其中的人们受到冷和热的交替惩罚，他们的善行和恶行都同样等待复活（审判）。之后他们分三步去天堂，首先来到与 humat（善念）相应的星层。在那些熠熠生辉的宝座上坐的是那些正义的人，他们生前善良而虔诚，但他们并不诵读马兹达教的祷文、不遵守族内婚、也没有"贵族身份、统治权和领导权"。

第二步他们来到与 hûxt（善言）对应的月亮层，他们发现这里的正义的人，除了不诵读祷文，不与他们的姐妹结婚，什么都做。第三步他们来到与 huwarsht（善行）相应的太阳层，这里住着更加完美的正直者。在这三个天堂之外还有个第四层，叫做无限光明（anagra raoca），这是奥尔马兹达的天堂所在地。在这里已经为正义的维拉夫准备好了一块儿地方。

大天使长法曼（Vahman）拉着维拉夫的手，把他介绍给最高神的廷臣，他们是琐罗亚斯德、维斯塔巴以及其他宗教领袖与骨干的骨魂。最后，他被引见给奥尔马兹达，奥尔马兹达亲切地接见了他，并命斯鲁什神和阿图尔神向他展示对善人的奖励和对恶人的惩罚。琐罗亚斯德教给予死后报应所依据的标准对我们来说可能并不奇怪，与我们在大洋洲遇到的并无

二致（见本书第二章）。比如，根据琐罗亚斯德教信仰，女人 111
"如果能令她们的丈夫和主人满意，对他们谦恭、尊重、顺从"，
也可以到达最高的居所。[31]另一个值得称赞的行为也可以打
开天堂之门，就是去杀许多蛇，因为它们是奥尔马兹达的敌人
阿赫里曼（Ahriman）创造的。[32]还有，根据马兹达教，为去世
者流泪不好，因为泪水助涨死后生活中的一条大河，为亡灵的
渡河带来极大困难。

　　这个故事的第二部分更有意思，揭示了来世与基于其上
的基本对立：奥尔马兹达与阿赫里曼对立，就像存在与非存
在、天堂与地狱、善与恶、南与北的对立。在人类的感觉这个
层面上，琐罗亚斯德教显然把这一系列二元对立转变成了嗅
觉的对立，即芬芳与恶臭的对立。

　　这样，当维拉夫被领回切努特桥去见证恶者的命运，他注
意到的第一件事是恶的灵魂被从北方来的"又冷又臭的风"吹
到，北方是魔鬼阿赫里曼的方向。"在这个冷风中，他看到了
他自己的信仰（妲厄娜）和行为的形式——一个赤裸的娼妓，
腐烂、肮脏、膝盖变形、屁股突出。"[33]地狱在结构上与天堂对
称，也是四层。地狱漆黑、狭窄，"任何人吸入这种恶臭都会挣
扎、颤栗、摔倒"[34]。主要的罪似乎是性方面的，但也不全是。
我们在地狱中发现了索多玛居民、经期接触水和火的女人、与
经期女人交媾的男人、通奸的女人、站着小便的人、与主人或
丈夫争吵的女人、窃贼、邪恶的统治者、牛的宰杀者、女巫、异
教徒、玷污水和火后不例行洗澡的人、做伪证者、叛教者，
等等。 112

　　给人印象深刻的是因污染而获刑之频繁与嗅觉上的惩罚

之宽泛。实际上，这些不幸的地狱居住者吞食自己的粪便。与奥尔马兹达的天堂截然相反，在地狱底部是阿赫里曼的地狱，此地"危险、可怕、恐怖、痛苦、有害、恶臭、非常黑暗"，在这个邪恶居所的诸极端惩罚中我们又看到了恶臭。[35]故事的这一部分是多次重复的：犯法者的类型与我们在地狱其他几层提到的重叠。插入这些材料动机一定是出于强调这些罪恶的极端可恶。于是我们看到一个女人不断地用一把铁梳子刮她的乳房（估计乳房还能复原），因为她对主人和丈夫不好，而且"把自己打扮漂亮与别人的丈夫乱搞"。另一个则舔自己手里烧红的铜炉，因为她对自己的主人和丈夫恶语相向争吵不休，而且她"在他想同房时不顺从不满意"[36]。如果这还不够，我们在别处还能发现女人被头朝下倒挂着，带着"各种魔鬼的精液"，臭气、秽物不断从她们的口鼻中流出，因为她们拒绝和她们的丈夫上床。[37]这个地狱里大量存在犯通奸的女人，许多已经堕胎，其他的则无休止地涂脂抹粉，这也是令人憎恶的罪行。

在离开了阿赫里曼黑暗恶臭的居所之后，维拉夫又被带到奥尔马兹达面前，奥尔马兹达只是光明，并无躯体。这一幕应是来自穆斯林拒绝把神人格化的压力。关于登霄（米尔拉吉，先知穆罕默德升天）的穆斯林诸传说可能对这个情节也有影响，因为这些传说是关于幽冥之旅的。因而，这些传说必定吸引了《阿尔达维拉夫集》10世纪的编纂者，并可能激励了他们去完成这一文学任务。

注　释

[1]　见我的 Psychanodia 1 和我在我的 Expériences de l'extase 第 173

页引的一系列文章。在本书的讨论中我特别想提到 Jacques Flamant 的评论（载 *Revue des Études Latines*，1986）和 Philippe Gignoux 的一个注释"Apocalypses et voyages extra-terrestres dans I'Iran mazdéen"，载 Claude Kappler 编，*Apocalypses et voyages dans l'au-delá*（Paris：Cerf，1987），pp.370—371。Gignoux 是伊朗启示录研究最伟大的专家之一，他完全赞同我对——把伊朗当作希腊、犹太教和基督教启示录传统的背景——这一理论的拒斥。

[2]　H.S.Nyberg，*Die Religionen des Alten Iran*，是由 H.H.Schaeder 译成德文的（Leipzig：J.C.Hinrichs，1938）。

[3]　参见本书第六章。

[4]　见 Gherardo Gnoli，"Ashavan"，p.438；还可参看我的 Ascension，载 L.E.Sullivan 编，*Death*，*Afterlife*，*and the Soul*（New York：Macmillan，1989），p.113。

[5]　Herodotus，4：73—75；参见 Karl Meuli，"Scythica"，载 *Hermes* 70，1935，pp.121—176。［按：西锡厄人（Scythian）也译西徐亚人、塞西亚人。］

[6]　Ginzburg，*Storia notturna*，p.188.

[7]　Gherado Gnoli，"Lo stato di 'maga'"，载 AION 15，1965，pp.105—117。［AION，那不勒斯大学一本年鉴的缩写］

[8]　Gherardo Gnoli，"Ashavan".

[9]　Philippe Gignoux，"Corps osseux et âme osseuse：essai sur le chamanisme dans I'Iran ancien"，载 *Journal Asiatique* 277，1979，pp.41—79。

[10]　卡提尔（Kartir、Kirder、Kirdir），萨珊帝国早期最重要的琐罗亚斯德教僧侣，操控朝政数十年，是帝国真正的国师（大穆贝德）。他汇总编撰《阿维斯塔》，建立教会组织，完善宗教理论，为后世完成这些工作奠定了基础。——译者注

[11]　姐厄娜，良知神，宗教之神，每月第 24 日的庇护神。人体内五种

潜力之一。人死后变形为美女或妖婆，引导其亡灵升天国或下
地狱。

波斯文	巴列维文	阿维斯塔文
丁 Deyn	丁 Den	妲厄娜 Daena

（据元文琪"《阿维斯塔》导读"，载元文琪译《阿维斯塔：琐罗亚斯
德教圣书》，商务印书馆，2005）——译者注

[12]　拉什努，公正之神，每月第 18 日的庇护神。与梅赫尔、索鲁什组
成三联神，司亡灵审判。

波斯文	巴列维文	阿维斯塔文
拉申 Rashn	拉申 Rashn	拉什努 Rashnu

梅赫尔，光明与誓约之神，每月第 16 日和每年 7 月的庇护神。前
琐罗亚斯德时期伊朗雅利安人奉礼的主神

波斯文	巴列维文	阿维斯塔文	古波斯文	吠陀梵文
梅赫尔 Mehr	密特尔 Mitr	密斯拉 Mithra	密斯拉 Mithra	密多罗 Mitra

（据元文琪）。索鲁什见后注。——译者注

[13]　Philippe Gignoux, "Apocalypses," pp.368—370.

[14]　Ibid., pp.366—367. Gignoux 最近把 *Book of Arda Virâz* 译成了法
文 *Le Livre d'Ardâ Virâz* (Paris：ADPF, 1984)。我们在这儿使用
最新的英文翻译：Feredun Vahman, trans., *Ardâ Wirâz Nâmag*：
The Iranian Divina Commedia (London and Malmo：Curzon Press,
1986)。

[15]　Gherardo Gnoli, "Ashavan", pp.437—438.

[16]　Gignoux, "Apocalypses," p.366.

[17]　阿什瓦希什特,六大天神中的第二位大天神;代表神主的真诚和
　　　纯洁;火神;每月第 3 日和每年 2 月的保护神。常引申为法律和
　　　秩序的庇护神。

波斯文	巴列维文	阿维斯塔文	古波斯文	吠陀梵文
奥尔迪贝赫什特 Ordibehesht 阿尔迪贝赫什特 Ardibehesht	阿沙·瓦希什特 Asha-Vahisht 阿尔塔·瓦希什特 Arta-Vahisht	阿沙·瓦希什塔 Asha-Vahishta 阿尔塔·瓦希什塔 Arta-Vahishta	阿尔塔 Arta	梨多 Rta

　　　（据元文琪）。——译者注

[18]　Dênkart 7.4.75，见 Marijan Molé, "Le jugement des morts dans
　　　l'Iran préislamique",载 *Sources orientales*: *le jugement des morts*（Par-
　　　is: Seuil, 1961），p.151。

[19]　同上书,p.151。

[20]　最晚近的历史名词存在于属于祭司（穆贝德）Wehshâpûhr 的故事
　　　中,他生活在库斯鲁一世（Xosrau I,531—579）统治期间。一些
　　　学者把这个故事看作一个更古老文本的篡改,当然并没有证据证
　　　明有一个更早的启示录存在。维拉夫的故事也许写成于晚期萨
　　　珊帝国某时期,早于 7 世纪穆斯林对波斯的征服。

[21]　Feredun Vahman, trans., *Ardâ Wirâz*, pp.227—228.

[22]　Ibid., p.228,引 *Persian Rivayat*。[按:阿扎尔巴德奉旨重修《阿维
　　　斯塔》,对其中的《万迪达德》一卷改动很大,引起传统祭司的激烈
　　　反对。于是把熔化的黄铜液浇到他身上,以定所修《阿维斯塔》的
　　　权威性,是为"神判"。结果阿扎尔巴德安然无恙,于是沙普尔二
　　　世钦定新修《阿维斯塔》为琐罗亚斯德教圣书。]

[23]　同上书,pp.246—248。

[24]　阿胡拉·马兹达,善本原,善界神主,尘世创造者,每月第 1、8、

15、23 日以及每年 10 月的庇护神。称呼很多,如下表:

波斯文	巴列维文	阿维斯塔文	古波斯文	吠陀梵文	备 注
阿胡拉 马兹达 阿胡拉(伊)· 马(梅)兹达	阿胡拉(伊) 马兹德(达) 阿胡拉(伊)· 马兹达	阿胡拉 马兹达 阿胡拉·马 兹达	阿胡拉 马兹达 阿胡拉·马 兹达	阿修罗	也做马兹达·阿 胡拉
霍尔莫兹德 奥尔莫兹德 霍尔莫兹	霍尔马兹德 奥尔马兹德 乌尔马兹德				萨珊王朝时期善 界神主的别称多 达百个以上
斯潘德·迈 纽 斯潘德·梅 努	斯潘纳克· 梅诺克(格) 斯佩那克· 梅诺克(格)	斯潘塔·迈 纽 斯蓬塔·迈 纽			一说为神主阿胡 拉·马兹达的代 称;一说有相对 独立性,与恶本 原阿赫里曼对应

(据元文琪)。——译者注

[25] 斯鲁什,遵命天使,朝霞之神,每月第 17 日的庇护神。后期琐罗
亚斯德教对其尊崇尤甚,有时排名在六大天神之前

波斯文	巴列维文	阿维斯塔文
索鲁什 Soroush	斯鲁什 Srosh	斯鲁沙 Sraoha

(据元文琪)。——译者注

[26] 当作 Atur,阿图尔,圣火之神,每月第 9 日和每年 9 月的庇护神。
被尊奉为神主之子。

波斯文	巴列维文	阿维斯塔文	古波斯文	吠陀梵文
阿塔什 Atash 阿扎尔 Adhar	阿塔赫什 Atakhsh 阿图尔 Atur 阿塔尔 Atar	阿斯拉 Athra	阿斯尔 Athr	阿萨尔 Athar 阿耆尼 Agni

(据元文琪)。——译者注

[27] 萨珊帝国重修的《阿维斯塔》共 21 卷，阿拉伯帝国占领波斯后逐渐散失，《哈多赫特》是其中留存下来的一卷。——译者注

[28] Marijan Molé, "Jugement des morts," pp.158—160.

[29] Ibid., pp.162ff.

[30] 拉申（Rashn），即阿维斯塔文的拉什努（Rashnu），已见前注。——译者注

[31] Feredun Vahman, trans., *Ardâ Wirâz*, p.109.

[32] Ibid.[按：阿赫里曼，恶本原，恶界魔王，尘世破坏者，邪恶教唆者。

波斯文	巴列维文	阿维斯塔文
阿赫里曼	阿赫里曼	
安格拉·迈纽 安格拉·梅努		安格拉·迈纽

（据元文琪）]

[33] Ibid., p.201.

[34] Ibid., p.202.

[35] Ibid., pp.208—209.

[36] Ibid., p.210.

[37] Ibid., p.212.

第八章　希　腊　巫　医

在女神间航行

在西方文学传统中，盲说书人荷马（传说或推测他生活在前8世纪）开启了这样一种体裁，其在后来的拉丁中世纪被称为异旅人（peregrinatio），意思与其说是朝觐还不如说是流浪或漫游。其他不同的传统也知道这类海上旅行，通常导向神奇的是幽冥的国度。这里只要提到凯尔特人的《航海述闻》[1]就够了，当然早于水手辛伯达（Sinbad）的航海，因为阿拉伯人不大热衷于航海和建造舰队。[按征服埃及的精明的将军阿穆尔（Amribn al-As）的逻辑，可以通过占领敌人所有的堡垒控制一片土地，但怎么征服海洋——那里不过是海浪?]

荷马的英雄奥德修斯是一位来自伊萨卡岛（Ithaca）的英勇的亚加亚人（Achaean），带领他的黑色战船从特洛伊战争中返回家乡和他忠贞的妻子珀涅罗珀（Penelope）团聚。不过众神决定，不经历众多冒险就不让他到达旅程的终点。他杀死了喀孔涅斯人（Cicones）和伊斯曼涅斯人（Ismanes）。他造访了落拓枣（忘忧果）的食用者，他们服用一种极易上瘾的"蜜一般甜的落拓枣果",能让人忘记过去而只想吃到更多。他在库克罗普斯(Cyclops)[2]巨人——独眼的波吕斐摩斯(Polyphemus)——的山洞里设计逃脱了等待他的险恶命运。所有这些国度严格说来都不是此世的,而奥德修斯的航行可以而且也已经被解释为只是象征性的。

115

　　在这样一个阳刚尚武的开始后,他的历险开始莫可预测,他造访了众女神。首先是"长发编成小辫儿的喀耳刻(Circe)",她是太阳神的女儿、男巫埃厄忒斯(Aietes)的妹妹。喀耳刻借助一种药水和魔杖,把奥德修斯的同伴们变成了一群猪。不过,赫尔墨斯神给了奥德修斯一种药草,一种叫 moly 的魔草,"黑根"而花色乳白,这样奥德修斯还是清醒的。按照他的吩咐,女巫喀耳刻把他的同伴又变回了人形,比之前更加年轻漂亮。尽管不情愿,他们还是离开了喀耳刻的这块被施了魔法的土地。

　　不过,在被施了魔法的奥杰吉厄(Ogygia)岛,奥德修斯又被公正而狡猾的仙女卡吕普索(Calypso)羁留,他在那里变成了"一个一厢情愿的女士的不情愿的情人"[3]。在一起生活了7年后他再离开不是件容易的事。在他重新踏上回家的路途中,奥德修斯在费阿刻斯人(Phaeacians)的国家遭遇海难,阿尔喀诺俄斯(Alcinous)的女儿——"白臂"的瑙西卡(Nausicaa,或译瑙西凯厄)把他带回。

　　尽管至少喀耳刻和卡吕普索是女神,而瑙西卡和她们一样美丽公正,但这些故事不一定要作幽冥解。这些"女神"很有可能是母权社会的代表,早于正在到来中的印—欧入侵者——奥德修斯是其中的成功者。

　　吉姆巴塔斯（M.A.Gimbutas）是一位伟大的爱沙尼亚裔美籍考古学家，现在住在旧金山，如果我们认可他的观点，那么，早于印—欧入侵的欧洲（他称之为"老欧洲"），有一种"母权的、也许是母系的、农业的（或者前农业的）、静止的、平等的、和平的文化"，而这种文化从旧石器时代到新石器时代，持续了至少两万年。[4]手工艺品显示，从黑海、地中海东岸到爱琴海、亚得里亚海，有一个女神受到崇拜，其非写实的肥胖，来自旧石器时代的肥臀（脂肪在臀部极端堆积）"维纳斯们"，强调的是繁殖力这个特点。在约公元前 7000 年至公元前 3500 年之间，老欧洲的居民发展出了复杂的文明。他们建立小城镇，用铜和金制作装饰品和工具，甚至使用一种初步的字母表。有时，他们把这个女神表示为一只水鸟或一位蛇女。她的动物同伴种类众多：公牛、狗、熊、鹿、雄山羊、蜜蜂、蝴蝶、龟、兔以及刺猬。她有时外形奇特，乍看像一个长着很长的鸟形脖子的肥臀女人，同时也像一个阴茎，肥臀代表的是睾丸。

　　在公元前第三个千年期间，老欧洲的女神文化被粗暴地替换成了半游牧牧民的父权制印—欧文化，后者信奉的是建立在雄性行为准则上的破坏、战争和暴力。约在公元前 2000 年，印—欧人像波浪一样到来，征服了希腊。开放式的城市被带城墙的城市替代了。本土的女神成为配偶，被转化为男性，或被重塑为怪物。

　　特洛伊战争是印欧文化与习惯的缩影。在奥德修斯的岛屿漫游中，他可能遇到老欧洲文明公正"女神"的遗留。这些遭遇为价值观念上两种截然对立的系统提供了证据。而荷马史诗，显然属于奥德赛自身所在的征服文化，保留的是对这些事件的偏颇的记录。据我所知,左拉(E.Zolla)是纠正荷马观点的第一人,见他最近的一篇文章。[5]

从老欧洲文化的观点出发,奥德修斯及其黑船舰队乃是杀戮者,通过诡计,洗劫、毁灭了所有他到访过的地方,这显然是一种犯罪行为。奥德修斯怎么来看待众“女神”? 如果荷马就这个问题给我们的是一种公正的观念,那么女神们如何看待荷马?　　117

左拉提出了这一正当的问题并在其他文化中寻找答案。为什么只听奥德修斯及其部属(这些入侵者和强奸犯)的观点,而不考虑一位虔诚的妇女面对这些入侵者和强奸犯时的态度? 这样一种观点可以在移喜措嘉(Yeshe Tssgyel)夫人的传奇性自传中找到[6],她是藏传佛教莲花生大士的第一位学生。[7]移喜是一位美丽的藏族妃子,她经受了各种苦行与禁欲以求达到佛教的完满。不过,由于她的美丽与装饰,她为求婚者、强奸犯、盗贼所困扰,而由于她的苦行主义,她也为魔鬼(邪念)所困扰。

在她的自传中,她父亲对她不打算结婚十分恼火,把她逐出家门并告诉那伙求婚者,“谁先把她搞到手谁就拥有她”[8]。其中一个抓住她的乳房企图带走她,她用双腿“勾住一块卵石,如陷泥中”[9],这帮求婚者剥光她的衣服,用一条铁蒺藜鞭子抽打她。当她试图解释她的想法,她得到了一个也可能来自荷马的回答:“姑娘,你有一个内已腐烂的美丽身体。”[10]

幸运的是,十方诸佛听到了她的恸哭,那个拷打她并企图带走她的男人醉得不省人事,这给了她逃跑的机会。对于荷马式父权思维来说,移喜措嘉跟随佛祖的决定显然是可疑的,而她得到的超自然的帮助应该被看作某种形式的魔法。

在从她的上师得到指导之后,移喜作为一个乞讨者前往尼泊尔的山谷,在那儿碰到7个贼想抢劫她。她把她的金子118 在他们面前摆了一个曼陀罗供献(献曼达),并向他们解释世界只是幻觉。这些贼人被转化并从轮回的枷锁中解脱出来。

另一次袭击——这次来自魔鬼(邪念)——与喀耳刻(Circe)的故事不止有一处相像。4世纪埃及亚历山大的主教亚他那修(Athanasius)在他的《安东尼传》(*Life of Anthony*)中,描绘了这位沙漠教父所受到的以迷人女子为形象的魔鬼(邪念)的诱惑,这个故事已经流传了1500年。《移喜措嘉的生活》记录了一个女人受到的魔鬼(邪念)的诱惑,这个魔鬼(邪念)具有"迷人小伙子的形象,漂亮、肤色好、笑容甜美、情欲灼灼、健壮多能,是女孩只需一眼就会感到兴奋的那种年轻男子"。他们讲述淫秽的故事,提出猥亵的要求;他们暴露生殖器,拥抱她,揉她的乳房,爱抚她的阴道,吻她,"尝试各种前戏"。但是,移喜的存想强大到可以转化它们,一些化入虚无,一些"化为黑色尸体,一些化为佝偻虚弱的老人,一些变为麻风病人,一些变为又盲又哑、畸形丑陋的人"[11]。这个故事让人想起奥德修斯那些淫荡的同伴被变成猪的故事。

但是被变成猪有什么问题吗?左拉告诉我们,在某些地区,这被认为是终极体验。[12]人类学家把人分成"爱猪者"和"仇猪者"两类。犹太教与伊斯兰教禁食猪肉,而印度尼西亚人是数量巨大的爱猪者。在群岛的某些部分,有时会送给婴儿一对乳猪陪伴他的童年。在印尼的巴厘岛(Bali),在宴席中一个人被猪精附体,模仿猪的声音与习性,是件特别幸福的事。也许，喀耳刻，一个属于老欧洲和平文明的女人，很想帮奥德修斯的同伴一个忙。之后就是已有的数不清的人类学误解——他们把她看作一个女巫。至于喀耳刻，她当然有权利离开这些狂暴的、歇斯底里的人，她正确地把他们定性为劫掠者和强奸犯。

访 问 鬼 魂

119

　　在《奥德赛》中，喀耳刻知道冥府在哪里：穿过俄刻阿诺斯（Oceanus）河，在那里"普里弗勒格松河（Pyriphlegeton）和科赛特斯河[Cocytus，斯图克斯河（Styx）的支流]流入阿克隆河（Acheron）"[13]。她指点奥德修斯在那里掘沟一条，倒入送给亡灵的供品如蜂蜜酒、葡萄酒和水以便打动先知提瑞西阿斯（Tiresias）[14]的鬼魂，他能告诉奥德修斯未来。喀耳刻对奥德修斯说，他需向提瑞西阿斯保证，一回到伊萨卡就向他奉献一只纯黑色的公羊。喀耳刻建议奥德修斯一进入冥界就奉献一只公羊和一只黑色母羊，它们的血会吸引众灵，他用剑逼退众灵，直到提瑞西阿斯自己的灵出现。奥德修斯现在进入了一种招鬼者的状态中，做这个萨满告诉他的所有事。这导向了《奥德赛》中最让人不解的部分之一——第二册中的访问鬼魂（*Nekyia*，亡灵场面）。

　　当被杀死的羊的血流入沟渠，众灵便蜂拥而至。"有新婚的女子，未婚的少女，年长的老人，无忧虑的少女怀着记忆犹新的悲怨，许多人被锐利的铜尖长矛刺中丧命，在战斗中被击中，穿着血污的铠甲。"[15]这些人是 *bioithanatoi*，死于非命又没有得到妥善安葬的人。其中一个是奥德修斯以前的同伴埃尔佩诺尔（Elpenor），他忘了应该使用梯子而从喀耳刻的房顶摔下来。他要求葬礼，以免给奥德修斯带来厄运。在先知提瑞西阿斯说出了他的信息，告诉奥德修斯怎样最终到达故乡岛屿之后，奥德修斯的母亲安提克勒娅（Anticleia）出现了。她极其健谈，因为她在冥府感到孤单。另一群妇女从冥府的黑暗房间中出来聚集在牲血周围。奥德修斯，初学萨满，接待一班亡故的名人，让他们逐个饮用牲血，以便逐个向他们询问。在与这些前荷马时代希腊的著名男男女女会面并告诉他们他所了解的一些蜚短流长之后，他看到了一排被一些地狱刑具吊起来的人：提梯奥斯（Tityus），他对宙斯的妻子勒托（Leto）无礼，有两只鹰啄食他的肝脏；坦塔洛斯（Tantalus），尽管周围饮食丰盛，他却既喝不到，也吃不到；西西弗斯（Sisyphus），不停地推巨石到山顶，直到体力不支巨石重新滚落。奥德修斯和他的同伴在见到赫拉克勒斯（Heracles）后，迅速登船离去。

拉丁诗人维吉尔（Virgil）是奥古斯都时代罗马帝国辉煌时期的意识形态家，在他的史诗《埃涅阿斯纪》[16]的第6卷中，他模仿了荷马的访问鬼魂（*Nekyia*）场面。这部史诗记述了特洛伊英雄埃涅阿斯（Aeneas）的朝觐（*peregrinatio*），最终留在拉丁姆（Latium）[17]并建立罗马。《埃涅阿斯纪》的第6卷比荷马的访问鬼魂（*Nekyia*）更加让人不解，反映了传统末世论在帝国期间经历的所有变化。

奈特（W. F. J. Knight）在他死后出版的《埃琉西昂（Elysion）：论古代希腊罗马关于死后生活的信仰》中，认为古希腊人关于死者的灵（spirits）有两种不同的信仰。[18]通常，希腊人相信死者在一个幽暗的冥世中继续生活，至于说到特殊的人，那些"英雄"（地方名流、神话人物、伟大战士、先知、统治者）的灵（psyche）仍然留在尘世介入人间事务。在前荷马时代的希腊，众灵把它们自己表现为 kêres——"小而能飞的昆虫一样的东西"。在荷马，kêres 是小冒失鬼（魔鬼）；在《伊利亚特》中一个致命的 kêr 威胁到了人类。[19] 在罗马，普通的鬼魂被称作 manes（尽管还有其他种类）；人们认为 manes 在 Parentalia 和 Rosalia 这样的节日[20]会回到尘世。[21]

121

希腊人定期向他们的死者提供祭品。已经发现了这样一些坟墓，上面有开口的管子，以便奠酒能够被死者得到——死者可能是通过体魂（body soul）做到这一点。体魂可以被不同种类的食物加强（我们在《奥德赛》中看到牲血对于诸吸血鬼灵魂就有这种作用）。死者有个砖坛（eschara，祭祀炉），用以接收没有烹饪的供奉、蜂蜜、奶和蛋糕。希腊宗教非常注意区分给诸神的供奉和给死者的供奉。奥林匹亚诸神有个祭坛，他们与死者不同，只接受熟的供奉。供奉的名称也各不相同。[22]

英雄像亡灵而非像诸神一样受到祭拜，他们的神龛到处都是。有时需要做祭拜安抚他们，防止他们为害；有时做祭拜则是为了祈求他们的帮助。最典型的男女英雄如特洛伊的海伦、忒修斯（Theseus）[23]、安菲阿剌俄斯（Amphiaraus）[24]、特罗佛尼乌斯（Trophonius 或 Trophonios）、阿喀琉斯（Achilles）[25]、狄俄墨得斯（Diomedes）[26]、阿贾克斯（Ajax）[27]、阿特雷狄（Atreids 或 Atreidae）家族、埃阿科斯家族（Eacides）[28]、提丢斯（Tydaeus）的子孙和拉尔修（Laërtius）的子孙[29]，其他还有很多。

古希腊人也求神谕,专业人士招来亡灵以便为委托者预告未来。程序和方法并不固定。卢坎(39—65)《法尔萨利亚》《内战记》[30]的第六册中描述了一种称作尸体神谕(nekyo-nanteia)的程序,包括短暂激活一个新近死去的人的身体。[31]不过,多数预言者被称作 psychomanteis 或 psychopompoi(招魂者)。正如《奥德赛》访问鬼魂(Nekyia)的场面,招魂可以在冥界的入口实施,比如赫拉克莱亚(Heracleia)、泰纳龙(Tainaron)、阿佛那斯(Avernus)[32];也可以是在圣所中的孵化(incubation)[33];或者用传统的黑羊献祭让鬼魂向招魂者显示[34];还有一些流行的卜问预测之法,称作腹语术(engast-rimythos),会腹语术的人也许可以招来一次与死者的对话。[35]这种现象应该在与萨满表演的对照中做更细致的研究,萨满表演中通常存在腹语术。

根据鲍杨西(P.Boyancé)的研究,毕达哥拉斯派通过使用一种被称作公鸡占卜(alektryomancy)的罕见方法卜问新死之人的死后命运。在一张桌子上画包含字母表的方格,每格里面放种籽。在施一定的咒语后,放一只白色公鸡出来,按公鸡啄食种籽的次序读出字母。对神谕的解释则不得而知。[36]

同等优秀的招魂者是赫尔墨斯神。据说他生在阿耳卡狄亚(Arcadia)的库勒涅山(Cyllene)。他与石头和岩石联系在一起,他的象征是一个阴茎置于头像方碑(herma)[37]上。他常被表示成有两个或三个身体,有时三个头,原因是埃及的希腊化神祇赫尔墨斯—透特被称作特利斯墨吉忒斯(tris-megistos,三倍伟大)。赫尔墨斯的主要功能之一是作众灵魂前往冥界的导引者（*psychagogos*，参见比如《奥德赛》24∶5）。但他同样也是一个招魂者（*psychopompos*），能把灵魂带到此世，甚至把它们置入新的躯体。有时，和埃及的透特（Thoth）[38] 或伊朗的拉什努（Rashnu，参见本书第七章）[39] 一样，赫尔墨斯也用一个天平（*pshchostasy*）来称死者灵魂的重量。据说他也负责睡梦时的灵魂，是睡梦中浑噩大众的引导者。[40]

也可以通过孵化（incubation）——就是说，在一些例行的准备后在某个地方休眠——与诸英雄的鬼魂取得联系。在以下几个神庙的神谕中都有孵化的使用：忒拜（Thebes）[41] 附近的安菲阿剌俄斯（Amphiaraus）[42] 神庙［这是公元前 5 世纪品达（Pindar）和希罗多德（Herodotus）提到的］，在玻俄提亚（Boeotia）的勒巴狄亚（Lebedeia）的特洛佛尼乌斯（Trophonius）神庙（见下文）、在塞萨利亚（Thessaly）的特里卡（Tricca）的阿斯克勒皮俄斯（Asclepius）神庙以及在埃皮道鲁斯（Epidaurus）的阿斯克勒皮俄斯（Asclepius）神庙（从公元前 500 年左右开始）。[43]

据品达记录，阿斯克勒皮俄斯，著名的疗愈英雄（*heros iatros*），是阿波罗和不贞的凡人科洛尼斯（Coronis）之子。[44] 与阿喀琉斯（Achilles）一样，他也是半人半神，终有一死。宙斯为了惩罚他的医术才能——"死去的人越来越少，因为他们都被阿斯克勒皮俄斯救活了——一时震怒用雷击死了他。"[45] 与赫拉克勒斯（Heracles）[46] 一样，他死后也被神界接受[47] 并在神庙中被祭拜，在神庙中，他通过托梦（这梦有时需要专业医生来解释）给他的病人实施治疗。[48]

有许多记载和铭文赞扬这些疗愈神谕，特别是来自埃皮道鲁斯（Epidaurus）的疗愈神谕。[49] 阿斯克勒皮俄斯通常以某

种异象（*opsis*）在梦中出现，向病人承诺他或她的病能治好[50]
并给出不同的处方——有些是药物，有些则是活动，比如光脚
行走。[51]铭文通常简洁："某人阴茎（*membrum*）中有结石。他
看到一个梦。他好像躺在一个漂亮的男孩旁边，当他射精时
就把这块结石射了出来，他拣起这块结石拿在手里走了
出去。"[52]

有些则是关于支解和重生的萨满教式的梦：

> 特罗曾（Troezen）的阿里斯塔哥拉（Aristagora）肚子
> 里有绦虫，她在特罗曾的阿斯克勒皮俄斯神庙里睡去并
> 看到一个梦。好像是神的众子，趁神不在跟前而在埃皮
> 道鲁斯（Epidaurus）时，把她的头砍了下来，却安不回去。
> 他们给阿斯克勒皮俄斯送信让他回来。此时天已放亮，
> 祭司清楚地看到她尸首分离。当夜幕降临，她看到一个
> 异象。神已从埃皮道鲁斯返回，并把她的头安放在她的
> 脖子上。他剖开她的肚子，取出绦虫，缝好伤口。之后她
> 就好了。[53]

阿斯克勒皮俄斯的神狗能舔愈伤口。他的蛇也出现在梦
中，有时做些怪事。"美塞尼（Messene）的尼卡西布拉（Nicas-
sibula）在神庙前睡去求子看到一个梦。神走向她，身后跟着
一条蛇。她与那条蛇交配。一年之内她有了两个儿子。"[54]

在阿斯克勒皮俄斯的神庙里准备的仪式也很简单：病人
需洗个冷水澡并提供献祭。[55]疗愈不是孵化的唯一目的。在
勒巴狄亚（Lebedeia），特洛佛尼乌斯（Trophonius）的山洞里，
距离喀罗尼亚（Chaeronea）[56]9英里，这位英雄能通过声音或
异象带来神示。最初的仪式在帕萨尼亚斯（Pausanias）的《希

124

腊志》(*Guide to Greece*)(9.39.4)里有详尽描述。申请人需在
靠近圣所的一座房子里居住几天,在赫基娜(Herkyna)河里洗
冷水澡,并吃献祭的畜肉以便专业预言师验看这些牲畜的内
脏,以确定特洛佛尼乌斯是否乐意接待他。只有最后一道献
祭,即公羊,是决定性的。如果是吉兆,申请者做进一步准备,
下降(*katabasis*)进入圣所,象征着下降进入冥界。晚上有两个
称作 Heimai(赫尔墨斯乃是灵魂引导者)的当地男孩在赫基
娜河的冷水里给他洗澡。之后他喝"遗忘"(Lethe)和"记忆"
(Mnemosyne)这两个泉的泉水。这两个泉在古代给死者的金
护身符上也被提到,奥尔弗斯教(Orphism)的源头也常被归到
这里。[57]

　　在拜了特洛佛尼乌斯一个隐蔽的雕像后,他穿上一件亚
麻束腰外衣、靴子,沿着一个轻便的梯子往下爬到山洞入口。
他的脚先进入狭窄的开口,手里持蜂蜜蛋糕,这是给死者的食
物。这一仪式的象征意义在于演示者只有作为一个死者进入
大地的深处才会得到信息。为了与鬼魂交流,他必须成为一
个鬼魂。

　　喀罗尼亚(Chaeronea)的普鲁塔克(Plutarch,约 50—120)
是柏拉图派哲学家,他的弟弟拉姆普里亚斯(Lamprias)可能
做过特洛佛尼乌斯圣所的祭司。如果是这样,他可能见到过
珍贵的木板文库,据说走出山洞的人要在这些木板上记下他
们的经历,而这些记录被祭司们保留了下来。如果确有其事,
那么普鲁塔克的论文《论苏格拉底的守护神》中的部分故事应
该是有真凭实据的。他的主人公的名字是喀罗尼亚的第马克
(Timarch)。第马克下入洞穴,向神询问苏格拉底的守护神

（*daimon*）的本性，而神给了他一段炼狱之旅。现在，我们对第马克的异象略作评说。只要提到这些就够了：一进入漆黑的洞穴，第马克的头就受到猛烈一击，这使他颅内连接松开，灵魂自由地移出来。灵魂通过颅骨出来，这一观念令人惊奇。在一些萨满教和印—藏资料中也能找到这一观念。[58]第马克的灵魂从身体中解脱出来，快乐地张开像风中的船帆，聆听众行星运行的和谐，观看众恒星如岛屿，漂浮在以太的海洋上。当这段幽冥之旅结束后，灵魂重又被很麻烦地压回颅骨内。[59]

蒂亚纳的阿波罗尼奥斯（Apollonius of Tyana）是希腊化时代的圣人（*theios aner*）。公元 217 年之前斐洛斯特拉图斯（Philostratus）受托为他写传记，曾两度求教特洛佛尼乌斯的神谕。[60]贝茨（H.D.Betz）评论说：

从斐洛斯特拉图斯的经历就可以知道，询问者并非简单地向下爬到地下室，他实际上需要下入冥界。当他下降之时，他需手持蛋糕以便安抚攻击他的冥界之蛇。现在称这个下降为 *kathodos*，这是下降入冥界的传统名称。当他返回时，"泥土把他带回地面"（斐洛斯特拉图斯，《阿波罗尼奥斯传》，8.19）。返回的地点或近或远，可能超出罗克里（Locri），也可能超出弗西斯（Phocis），但据我们所知多数求教者的出现不会超出玻俄提亚（Boeotia）的边界。[61]

公元前 2 世纪的讽刺作家路吉阿诺斯（Lucian）[62]，依据加大拉的美尼普斯（Menippus of Gadara，公元前 3 世纪）[63]已佚的《访问鬼魂》（*Nekyia*）写了一篇《死人占卜》（*Nekyomantia*，招鬼术）[64]。其中，特洛佛尼乌斯的洞穴再次出现，这次，它同样是冥界入口。术士弥特洛巴尔匝涅斯(Magus Mithrobarzanes)向美尼普斯说明如何使用特洛佛尼乌斯洞穴从冥界返回希腊。[65]

希腊萨满，或疗愈先知

老欧洲母权文明的古代女神被征服了，但并未终结。在安纳托利亚西部和古希腊，女神作为库巴巴(Kubaba，或 Kybebe)[66]、作为赫卡忒(Hekate)[67]以及作为阿尔忒弥斯(Artemis)依然存在。这些伟大的女神与月亮、死者、狗以及出窍相关。[68]

学者们几乎无异议地把狄奥尼索斯描述为众女神的男性继承人、一种附身邪教之神，这种附身邪教的主要参与者是被神的迷狂(mania)把住的妇女。这些梅娜德(Maenads，酒神祭司、狂女)，"披头散发，脑袋后扭，眼睛翻动，身体拱起、紧张、扭动"[69]，晃晃悠悠穿过马其顿山脉(oreibaseia)，有时撕碎祭祀用的动物(sparagmos)，而且也许不忌讳吃掉自己种族的成员，反过来他们也会被以同样野蛮的方式对待(homophageia)。出窍(ekstasis)在希腊语里表示一种精神病态或脱离状态，在出窍中，这些梅娜德们对疼痛十分麻木，也不会被火烧伤。[70] 127

在导论中，我们专题批评了学术上对"附身邪教"("possession cult")与"萨满教"常作的某些区分，我们注意到这些区分通常是表面的。在这些肤浅的区分中，最重要的是附身邪教的集体特征与萨满实践的个体特征。在古希腊，有三个神(都是男性)可以附身不同种类的人。狄奥尼索斯附身梅娜德，有时也附身那些抵制他的人，比如欧里庇德斯(Euripides)

《酒神的伴侣》(*Bacchae*)[71]中的彭透斯(Pentheus);阿瑞斯
(Ares),战争神,附身会战中的人;阿波罗附身女预言家
(Sibyls,西比尔)。当然,以希柏里尔(Hyperborea)的阿波
罗[72]的名义,他也附身非常特殊的一类预言家——疗愈先知
[Iatromantes,来自希腊词语 *iateos*(疗愈者)和 *mantis*(先知)],称
作 *phoibolamptoi* 或 *phoiboleptoi*[被福玻斯-阿波罗(Phoebus-
Apollo)[73]附身]。这些是希腊本土的萨满,很少形成(如果形成
过的话)社团。[唯一的例外也许是巴基斯(Bakis)。这个名字
指一个个体的预言家(希罗多德曾提到),也指一类预言家。]

巡回先知(itinerant prophets)在希腊也很有名。他们是
阿卡迪亚的里达斯[Lydas of Arcadia,也叫漫游者阿里忒斯
(Aletes the Wanderer)]、阿波罗尼亚的欧文尼奥斯(Euvenius
of Apollonia)、雅典的里斯特拉图斯(Lysistratus of Athens)这
样的人。[74]不过,这些先知不是萨满。

亚历山大里亚的克莱门(Clement)的《杂篇》(*Stromata*,
1.21,约公元 200 年)中提到许多疗愈先知的名字。他们是毕达
哥拉斯(Pythagoras)、希柏里尔的阿巴里斯(Abaris of
Hyperborea)、普洛康奈斯岛的阿里司铁阿斯(Aristeas of Procon-
nesus)、克里特的埃庇米尼得斯(Epimenides of Crete)、米堤亚
人琐罗亚斯德(Zoroaster the Mede)、阿克拉噶斯[75]的恩培多克
勒(Empedocles of Acragas)、斯巴达的赫米恩(Phormion of
Sparta)、塔索斯的波利亚拉图斯(Polyaratus of Thasos)、锡拉
库扎的恩培多提姆斯(Empedotimus of Syracuse)、雅典的苏
格拉底。有趣的是,在克莱门眼里,苏格拉底是个希腊萨满。
这个名单还包括一个虚构的人物,是柏拉图和亚里士多德的

一个学生蓬杜斯的赫拉克利德斯（Heraclides of Pontus）[76]创
造的（关于他的更多情况，见下）。这个名单还应该加上几个
名字：雅典的克里欧尼莫斯（Cleonymus of Athens）、克拉佐门
奈的赫尔墨提姆斯（Hermotimus of Clazomenae）以及的克罗
同的里欧尼莫斯（Leonymus of Croton）。

　　最杰出的疗愈先知与希柏里尔的阿波罗（Apollo of Hy-
perborea）关系密切。著名的"空中旅行者"普罗康尼萨斯的阿
里司铁阿斯（Aristeas of Proconnesus）把希柏里尔描绘为一个
北方国度。阿巴里斯（Abaris）[77]来自北方，他或者是有一支
属于阿波罗的箭，或者是骑着一支阿波罗的箭。这支箭可能
是一束太阳光束（阿波罗毕竟是一个太阳神）。[78]后来的古代
哲学家把他看作希柏里尔的阿波罗的一个祭司。公元前 7 世
纪或前 6 世纪末，阿巴里斯在奥林匹亚遇到了毕达哥拉斯。
毕达哥拉斯站在听众面前，并展示他的金大腿，这是一个象
征，向阿巴里斯表明他是阿波罗的显灵。[克罗同（Croton）的
公民认为毕达哥拉斯就是希柏里尔的阿波罗]。象征性的对
白在继续：阿巴里斯把他的箭交给毕达哥拉斯（或是毕达哥拉
斯取走了这支箭）以示臣服。

　　阿里司铁阿斯是同样优秀的被阿波罗附身者（phoibo-
lamptos）。因为与神关系密切，他向极北旅行直到希柏里尔。
他写了一部游记，叫《阿里玛斯比》（Arimaspeia），6 世纪初已经
风行，不幸的是在亚历山大图书馆建立前却消失了。阿里司铁
阿斯突然死在普罗康尼萨斯一家漂洗店里。漂洗工去找他的
家人，不过当他们赶回时他已经不见了。显然，他曾进入濒死状
态，但苏醒了。之后有人看到他前往库梓科斯（Cyzicus）。六年

后，阿里司铁阿斯返回普罗康尼萨斯，写作《阿里玛斯比》，这
段时间内他尽其可能往北旅行。试图重建其旅程的各种理论
没有一种让人满意，这并不奇怪，因为他的旅程不是此世的，
而是在另一个世界中，一个属于萨满、预言者和空中旅行者的
129　世界。

　　240 年之后，阿里司铁阿斯以一个乌鸦的貌相（阿波罗神
的忠实伙伴）在美塔彭提昂（Metapontum）重现，要求居民为
阿波罗建立圣所并为他自己建一座雕像。德尔菲的神谕也支
持他的要求，于是纪念物就建成了。据希罗多德的记载，纪念
物被月桂树（阿波罗的树）环绕。其他证据清楚地表明，阿里
司铁阿斯是一个出窍者，他的灵魂可以离开身体，变成一只鸟
的形状（乌鸦）。正是以这种外表，他才能飞越希腊和希柏里
尔之间遥远的距离并返回。[79]

　　在确立了某些疗愈先知与阿波罗的联系后，我们再来描
述一些疗愈先知的共同特征。只有少数疗愈先知具有所有以
下这些身份，这些身份加在一块儿就构成了希腊萨满师的理
想肖像：巫医（*iatros*）、预言者（*mantis*）、使洁净者（*kathartes*）、
神谕作者（*chresmologos*）、空中旅行者（*aithrobates*）以及奇迹创
造者（*thaumatourgos*）。

　　关于感觉剥夺的故事大多与疗愈先知相关，不像其他被
附身者（*entheoi*），比如梅娜德在其出窍法中明显使用感觉轰
炸，比如舞蹈和酒。感官剥夺的一位专家是克里特的埃庇米
尼得斯（Epimenides of Crete），他小时候就进入伊达山山洞
（Idaean cave，宙斯出生地）并在里面睡了很长时间——不同的
作者估计他睡了四十年［帕萨尼亚斯《希腊志》（*Pausanias*）

1.14.4]到六十年[海西基(Hesychius)]^[80]。据海西基,埃庇米尼得斯把他的灵魂从身体中发送出去再召回来。据蒂尔的马克西穆斯[Maximus of Tyre,《论文》(*Dissertatio*)16],埃庇米尼得斯在其长眠中,拜访了众神,聆听了他们的交谈,学习了真理与德行(*aletheia kai dike*)。^[81]

在宙斯的克里特岛山洞时,他通过吃少量的一种被称作 *alimos*(饥饿杀手,字面的意思是"不饿")的神奇植物保持禁食状态。我们在别处提示过 *alimos* 和 *halimos* 这两个词之间的联系,区别只在那个送气音 *h* 上。*halimos* 是个形容词,来自名词 *hals*、*halos*,意思是"海"。*halimos* 作名词时,指的是藜科植物(滨藜)中的一种,之所以叫这个名是因为它是靠海生长的。公元前 4 世纪一个广受欢迎的喜剧作家安提法奈斯(Antiphanes),把 *halimos* 在他们饮食中的使用归于毕达哥拉斯派。

alimos 的故事也不短。公元前 5 世纪的作家赫腊克利亚的希罗多鲁斯(Herodorus of Heraclea),写过一部赫拉克勒斯传奇,说 *alimos* 是一种饥饿杀手(hungerbane),曾救了希腊英雄赫拉克勒斯的命。波菲利(Porphyry)^[82] 在他的《毕达哥拉斯传》中,也说萨摩斯岛(Samos)的萨满服用 *alimos*,也许是用来替代 *halimos*。

其他疗愈先知也戒食:阿巴里斯避食,而毕达哥拉斯据说因饥饿而死。阿巴里斯、阿里司铁阿斯、巴基斯(Bakis)、赫尔墨提姆斯(Hermotimus)以及毕达哥拉斯是预言者,能预测未来。埃庇米尼得斯提前 10 年预言了波斯战争,他被斯巴达人所杀,因为他预言了彻底的失败。阿巴里斯预言了一次地震

130

和一次瘟疫。毕达哥拉斯预言一只白熊将出现在考隆尼亚（Caulonia）、一艘船在国外被毁、他在梅塔蓬托（Metapontan）的学生将被迫害。前 4 世纪的 4 个传说，把这类传奇或归于毕达哥拉斯，或归于锡罗斯岛的佩里基德斯（Pherecides of Syros）先知。这两位在喝了某口井的井水后，能预测地震；他们也能准确地预言某船将在一片平静的海上出事以及某城将被攻占[绪巴里斯（Sybaris）或墨西拿（Messena）]。最后巴基斯（Bakis）预言了薛西斯（Xerxes）对希腊的入侵。

阿巴里斯、巴基斯、恩培多克勒、埃庇米尼得斯是"使洁净者"，就是驱散一个城市里的 miasma（瘴气）。Miasma（瘴气）可以是瘟疫，也可以是某种完全精神性的东西——某种道德污染的结果。埃庇米尼得斯是同样出色的使洁净者（kathartes）。他在梭伦（Solon）时代驱散了雅典的 miasma（瘴气）。阿巴里斯则驱散了斯巴达的瘟疫，并清洁了克诺索斯（Knossos）。巴基斯曾洁净并治愈被狄奥尼索斯狂热所把住的斯巴达妇女。

像毕达哥拉斯、阿巴里斯、和恩培多克勒这样的疗愈先知能在符咒的帮助下控制气象现象。阿巴里斯能影响大风的方向，恩培多克勒也精于此道，得了个驱风者（alexanemos）的外号。他能把风诱入皮口袋，向他的学生们断言他有控制风雨的萨满力量，并称他们也能从冥界复苏死者的灵魂。毕达哥拉斯也能止住风暴和冰雹，能够平静大海的波涛。这可能就是有条河因为了解他对水的控制力，因而用人声向他问候的原因。

恩培多克勒、埃庇米尼得斯以及毕达哥拉斯能回忆他们的前身。埃庇米尼得斯相信他曾是埃阿科斯（Aeacus）——克里特的王米诺斯(Minos)的弟弟。不过克里特人把他作为一个与宙斯关系密切的地方神圣(neos koures)来崇拜。他在伊达山山洞(Idaean cave)中的长程催眠为他赢得了作为一个僵住症(濒死经历)专家应得的名声。当毕达哥拉斯拜访东方术士回来以后,曾3次共9天呆在伊达山山洞,就是埃庇米尼得斯作的向导。[83]杨布里科斯(Iamblichus)[84]对这个传说作了理性化的解释,他把埃庇米尼得斯视为毕达哥拉斯的学生。

据蓬杜斯的赫拉克利德斯(Heraclides of Pontus),毕达哥拉斯是赫尔墨斯的儿子,继承了其父能够回忆诸前世的天赋。他曾是欧佛布斯(Euphorbus),在特洛伊战争中为墨涅拉俄斯(Menelaus)[85]所杀;之后是克拉佐门奈的赫尔墨提姆斯(Hermotimus of Clazomenae)——也是个能记起前生的灵媒;之后他变成德尔菲的一个渔夫;最后才是毕达哥拉斯。还有一个更长的名单,毕达哥拉斯的前身中加上了美丽的妓女(Alco)。再后来的各种名单这里就从简了。毕达哥拉斯也能说出他人甚至动物的前身是什么,他还能同死者交谈。恩培多克勒对他的前世的回忆最全面,甚至有植物和动物:他回忆他曾是年轻男人、年轻女人、灌木、鸟以及海鱼。

132

僵住症是许多疗愈先知的一个特点。我们已经提到关于普罗康尼萨斯的阿里司铁阿斯(那个著名的空中旅行者)的奇特传统。也许僵住症里最伟大的专家是克拉佐门奈的赫尔墨提姆斯,一个精于脱体旅行的预言家。他像一个专业灵媒一样,裸体躺在长沙发上。他的灵魂在一种濒死状态中离开身体,将参观不同的地方再返回。这位预言者从休眠中复苏后,能准确地说出他在脱体期间见证的事情。

　　不幸的是,在一次脱体旅行中,他的妻子把他无生命的身体交给了他的敌人坎萨里达(Cantharidae),后者可能是狄奥尼索斯兄弟会的成员。坎萨里达把赫尔墨提姆斯的身体烧掉了,所以他的灵魂就没有了身体。后来赫尔墨提姆斯的庙里拒绝任何妇女进入,即因其妻子的背叛。

　　除了我们提到的比如阿里司铁阿斯、埃庇米尼得斯以及赫尔墨提姆斯,还有一些疗愈先知精通濒死状态,其间他们可以获得脱体经历。在希腊,僵住症一般被称作 apnous,被认为是种反常现象,有时也和阿波罗联系起来。

　　古希腊最伟大的濒死专家是阿格里琴托的恩培多克勒,他是西方第一所医学院西西里学院的创建者。蓬杜斯的赫拉克利德斯记载,恩培多克勒曾写了一篇《论濒死》(Peri ten apnoun)的文章,献给他的朋友帕萨尼亚斯(Pausanias),后来被历史地理学家第欧根尼·拉尔修(Diogenes Laërtius)[86]引用。在治愈了一位僵住症妇女后,恩培多克勒组织了一次宴会。夜晚,许多客人都听到了神秘的声音。第二天,恩培多克勒消失了,而萨尼亚斯认为他已经被诸神招上天了。在另一个传说中——对这个传说的解释中只有希波波图斯(Hippobotus)[87]的理性解释留了下来——恩培多克勒希望被认为是个神(因为只有神才能消失得无影无踪),他跳进了埃特纳火山(Etna)。不过火山喷出了他的一只金凉鞋,这可以解释为恩培多克勒不是神,不过是个自杀者。

　　学者们注意到,这个故事属于预言的地中海模式这一类型,根据这个模式,故事的真正意思与希波波图斯的解释恰恰相反,即预言家确被诸神召唤,但他留下了一样东西以表明他

133

曾在人世真实存在过。以利亚(Elijah)就是这样的一个先知(《列王纪》下：2)，他把他的外衣留给了他的学生以利沙(Elisha)。这个故事不只是地中海的，我们在中国也碰到过。(参见本书第五章)[88]

赫拉克利德斯(Heraclides)自己也长于濒死与歇斯底里(癔病)的研究，据普林尼(Pliny，1世纪罗马的博学之士)[89]记载，赫拉克利德斯(Heraclides)给一个妇女写过病历，这个妇女在患僵住症(apnous)7天后被成功治愈。他把僵住症定义为"这样一种病，身体还是活的，但没有呼吸和脉搏"。

与古代医药相关的，不止是上面提到的异象(幻觉)和濒死体验，还有脱体经历与空中旅行，比如克罗同的赫米恩(Phormion of Croton)和雅典的里欧尼莫斯(Leonymus of Athens)的传说。在这些故事中，我们发现了疗愈英雄(heros iatros)的前荷马特征，还有治疗的顺势疗法[90]的概念。

克罗同(Croton)公民赫米恩(Phormion)，参加了反对罗克里城(Locri)的萨格拉(Sagra)之战。[91]站在罗克里人一方作战的有一位狄俄斯库里(Dioscuri)[92]兄弟会会员，是位著名的疗愈英雄，在战斗中击伤了赫米恩。赫米恩为治疗求神谕。神谕告诉他前往斯巴达，第一个请他吃饭的人能治好他的伤。在斯巴达，确实有个年轻男子请他吃饭，在知道他求的预言后，立刻治好了他。显然，这个年轻男子就是击伤他的那个狄俄斯库里会员，而且，赫米恩可能根本就没去斯巴达，因为他离开东道主家时，发现自己就站在克罗同自己的家门口。

一些错乱的资料把赫米恩与狄俄斯库里联系起来。当赫米恩正举行纪念狄俄斯库里的盛宴(Theoxeniai)时，有两个人来敲门。开始赫米恩拒绝放他们进来。后来在他们落座后，客人站起来邀请赫米恩前往西林尼（Cyrene）——一个北非城市（在现在的利比亚），从南意大利的克罗同穿过地中海——去见巴图斯（Battus）国王。[93] 巴图斯以创建了纪念狄俄斯库里的礼拜仪式闻名。显然，赫米恩的客人就是狄俄斯库里会员，由于对赫米恩的接待不满意，他们想向他展示一位真正应该尊敬他们的人是什么样的。当赫米恩站起来时，发现自己手里有一块 laser。laser 是从松香草（silphium 或 laserpitium）中提出的一种树脂，是西林尼的主要出口产品。这个故事的意思是，赫米恩转瞬之间往返西林尼，靠的就是狄俄斯库里的神奇力量。

我们看到，那个击伤赫米恩的狄俄斯库里会员也治好了他。这是疗愈英雄（heros iatros）的一个特点：他治疗他造成的伤害。在雅典的里欧尼莫斯（Leonymus of Athens）的传说中同样存在疗愈英雄的这种摇摆不定。里欧尼莫斯也参加了这场萨格拉之战并被阿贾克斯（Ajax）击伤。和赫米恩一样，他也求了一个神谕，不过这个神谕给了他一个难以完成的任务，前往 Leuké（白岛）。显然，Leuké 是故去的英雄们居住的幽冥国度。在希腊，这类地方有不少，它们的名字通常都有明亮的意思，比如 Leuké、Lykia[里西亚，一个荷马史诗中的岛屿，英雄萨耳珀冬（Sarpedon）死后被带到此地]以及 Leukades 岩块，这些石块标出了幽冥的一个入口。

还存在别的幽冥王国，如希柏里尔（Hyperborea）、厄提俄皮斯（Aithiopis）、蒙福诸岛（Isles of the Blessed），它们都可以被死者通达，但普通的凡人不行。生者如要通过一段旅程到达这些地方，必须以某种方式通过初步的濒死体验前往。之后，此人带着明确的求医目的，可以像一个萨满一样拜访幽冥寻找一个鬼魂。只有在这里，通常的萨满角色才可以逆转：萨满开启这条幽冥之路，并非要为某病人寻找丢失的灵魂，而是为自己寻找一位幽冥疗愈者。里欧尼莫斯找到了 Leuké 岛，在那里他遇到了阿喀琉斯（Achilles）、阿贾克斯（Ajax）以及特洛伊美丽的海伦。当他返回雅典时他就好了。而且，他从海伦那里给诗人斯泰西科拉斯（Stesichorus）捎了个信儿，斯泰西科拉斯正为盲疾所苦。对他这个病的解释是，这病是海伦和狄俄斯库里搞的，他诋毁海伦，海伦于是大为光火。现在他只要写一份认错书就可以恢复视力。

希柏里尔是阿波罗的北方阳光乐园。按阿里司铁阿斯的《阿里玛斯比》，这个阿波罗王国的快乐居民能活一千岁。一位德国学者把阿波罗（Apollo）这个名字和 Abalo 以及一个很常见的词"apple"（苹果）联系了起来。Abalo 是"苹果岛"，赫斯珀里得斯（Hesperides）[94] 的领地，而中世纪的名字阿瓦隆（Avalon）不过是 Abalo 和 Apollo 的一个变体。[95]

至此，我们在希腊发现了这样的信仰和专家，这些信仰、专家的特点与世界其他地区的萨满和巫医非常相近。这些信仰从何而来？对这个问题的争论漫长而无结论。在希柏里尔这一特例中，印度的影响不可抹杀。[96] 不过总的说来，这个问题异常复杂。

学者们花了不少时间去识别疗愈先知与狄奥尼索斯邪教之间的区别。罗德（E.Rohde）在他划时代的著作《心灵：希腊人对不朽的信仰》[*Psyche：Belief in Immortality among the*

Greeks（1890—1894）]中，仍然无法妥善处理以下观念——理性希腊人何以有如此宽广的阴暗面或黑夜的一面（*Nachtsiete*）。这一观念已被默默地无视它的德国古典主义置于险境一个世纪了。他于是把狄奥尼索斯看成一个色雷斯入侵者，给希腊带来了一堆类似萨满教和瑜伽的废话。罗德于尼采《悲剧的诞生》受惠极多，倾向于忽视萨满教与阿波罗之间明显的联系，在他的眼里，所有出窍现象必定都是被引进到希腊的。

瑞士学者墨利（K.Meuli）在 1935 年的一篇文章中，根据人类学维也纳学派的理论［领袖是施密特（W.Schmidt）神父］修改了罗德的假设。墨利敏锐地确定了本章中提到的许多巫医的相似点，并把它们解释为萨满教现象。他认为，这种萨满教，部分地是从西锡厄人那里借入的，希腊人在公元前 7 世纪与他们有接触；在一定程度则是自身文化发展过程的结果，希腊人和所有其他种群一样，都得经历这一过程。

我们把疗愈先知这个词归于道斯［E.R.Dodds，《希腊人与非理性》（*The Greeks and the Irrational*），1951］，而把如下观念归于康福德［F.M.Cornford，《智慧的开端》（*Principium Sapientiae*），1952］：希腊哲学是对灵魂作早期萨满教思辨的结果。[97] 道斯熟悉墨利 1935 年的文章，不过持彻底批判态度。顺便说一句，他似乎没有注意到，他的理论是墨利理论的完美复制：他把希腊萨满教部分地解释为西徐亚人的影响，部分地解释为有关某种神人（*theioi andres*）的古代观念本土发展的结果。

康福德列举了前苏格拉底幽冥之旅的其他例子。巴门尼德按照自己智慧心灵（wise heart）的欲求而非群众的欲求，在太阳诸女儿的引导下,乘双轮战车上升天界。在昼与夜的门外,他遇到了承诺向他指点真理与意见的女神。

最近,研究希腊宗教的学者,比如布尔克特(W.Burkert),开始把我们的疗愈先知处理为巫医的一个单独类型。[98]而我们越是近看柏拉图主义的内核,我们就越是发现,疗愈先知是多么深刻地影响了柏拉图对死后生活、转世化身以及幽冥之旅的信仰。

未被认识的柏拉图

从表面上看,柏拉图是个顽皮的辩证法家,但深入理解,他是个极其虔诚的人。在某种意义上,柏拉图哲学本质上是对已被系统化、精神化的希腊萨满教信仰的强力综合。

柏拉图主义建立在一种强烈的人类学二元论上:人是由前在的、不朽的灵魂和易死的身体共同构成的。在对话录《克拉底鲁篇》(*Cratylus*,400c)中,柏拉图记录了各种灵魂与身体关系的双关语,其中多数他是赞同的。这样,身体(*sôma*)是灵魂的坟墓(*sêma*);或者,用一个完美的同形异义,身体(*sôma*)就像灵魂的监狱之守卫(*sôma*)。

灵魂的肉身化(embodiment, *somatosis*)[99]乃是因堕落而导致的痛苦惩罚。灵魂在身体的有力包围中很不幸福;它们的目的是重回它们所出的天堂,永远生活在理念世界(这是绝对的真、善、美)令人着迷的沉思中。不过由于灵魂与肉身欲(bodily desire)之间长久的接触所带来的污染,这种状态很难达到。灵魂怎样、何时、何地再化身(reembodiment, *metensom-*

atosis），依赖这个关系。显然，对真理与智慧的爱，即哲学，竭力限制身体对灵魂造成的伤害，柏拉图把灵魂尽可能保持与身体分离的这一揽子方法，称作"哲学的生活方式"——可以定义为灵魂与身体迫切需求（食物、战斗、性）间的系统分离。甚至当分离并非有意实施，人类也可以增强他们自身中固有的优点和美德（他们的灵魂是先在的）。这种情况的回报就是再生（reincarnation）为一类高级人类。这种人共有 10 类，最高存在是有造诣的哲学家，最低的是暴君。不幸的是，尽管柏拉图在《理想国》里赋予了男人和女人同等的社会地位，他还是认为女人在本体论上是低等的。一个暴君因而甚至可以堕落到比成为女人还要低，之后动物王国的大门就敞开了。

柏拉图与希腊疗愈先知一样信仰灵魂转世（transmigration），也和许多不知道书写用途的人一样有这种信仰。这让他设计了一种基于现世生存质量的复杂的死后报应系统。如果一个人持重、节俭，专注于自己的心灵生活（上述智性世界的镜像），他就被派去长久地沉思诸理念，之后是一个以新化身为形式的核查。如果一个灵魂连续 3 次过一种严格的哲学生活，它就有机会保持永久的沉思。

然而，这极少发生。一旦向下的运动开始，灵魂对身体急迫压力的抗拒就越来越难。相应地，死后生活充斥各种运动：灵魂持续地上升或下降，在天堂和冥界度过它们的时光，这在对话录《斐多篇》（*Phaedo*）中有详尽描述。正如只有少数哲学家的有翅灵魂因其卓尔功绩配享完满酬谢，也只有少数放荡之人会在地狱受到永罚。对他们，有个专门的地方安置，称作塔尔塔罗斯（Tartaros 或 Tartarus），内有各种叫不出名的折磨,让人无可逃匿。

柏拉图的宇宙论更加复杂,地球被看作凹陷的,底部(这是人的世界)与表面被看作具有极大的质的不同。这属于柏拉图系统的一个基本原则:越高的越好。因而,行星(由恒星火焰构成)比地球的表面要好,而理念的智性世界又远高于行星和恒星。

地球的表面,称作"真正的地球",超出我们的范围。而且即使不超出,到那里我们也受不了,就像鱼试图去呼吸空气。实际上,太空(以太,作为真正的地球上的居民头顶之上的环境)之于天空,正如天空之于水。因而,生活于天空乐园的居民行走于空气(天空)之上而呼吸以太。他们的乐园实际上对应于希柏里尔或蒙福诸岛,不同之处在于他们的乐园不是我们易碎的地球,而在地球之上。

我们所居住的地球幽深裂口的底部由劣质材料构成。但真正的地球不同,它的地面由超出我们所知的珍贵石头构成,地面上满是金银和神奇的树木与动物。在柏拉图对话录《高尔吉亚》(Gorgias, 523a 以下)中,真正的地球被称作蒙福诸岛,居住的是一个航行于空中的种族,无病而不衰,他们在神庙里与诸神面对面,因为诸神不过是上面太空中的闪亮的居民。

柏拉图不满足于只对地球乐园使用古代萨满教表象,他转向天堂。在《理想国》第10卷中,他通过诉诸一种似乎直接来自疗愈先知传说的濒死方案,解释了许多宇宙与来世的秘密。[100] 小亚细亚潘菲里亚种族的厄洛斯(Er of Pamphyly)是大阿尔米纽斯(Armenius)的儿子,在战斗中脑震荡受伤,已经死了三天了。其间,他的灵魂到了宇宙中部(也许就是真正的

140

地球的表面)的一个地方,在那里,他看到了从天堂下来和从地狱上来的灵魂,看到他们如何为他们将来的命运抽签,看到他们怎么通过交替的凉热被净化,以及喝遗忘之河(Lethe,忘川)的水。在这里他了解到灵魂转世的规律,以及杀人犯阿尔蒂阿依俄斯(Ardiaeus)受到的永久痛苦,阿尔蒂阿依俄斯因其不可饶恕的罪行被拘在塔尔塔罗斯的最底层接受惩罚。厄洛斯的身体在被埋葬时,他的灵魂返回并激活了它,在场众人错愕不已。

科 学 革 命

柏拉图及其学生亚里士多德、蓬杜斯的赫拉克利德斯是希腊科学革命的继承人。许多学者认为,宇宙论信仰上的这个变化是由一个萨满教派——毕达哥拉斯派——准备的,也许就是由毕达哥拉斯派提出的。毕达哥拉斯派的创建者萨摩斯(Samos)的毕达哥拉斯,是苏格拉底之前最负盛名的希腊疗愈先知。我们在别处分析过相关证据。[101]我们看到,人类历史上具有重大影响的理论之一是一个与柏拉图同时的天文学家尼多斯的欧多克斯(Eudoxus of Cnidus)[102]创立的。

141

欧多克斯从一个大胆的假设开始,这个假设令人吃惊地被证明基本是正确的。巴比伦人与埃及人很早就有占星学和天文学,不过他们认为天就像一个凹面的盖子盖住世界,在这个盖子上,行星围绕固定的恒星运动。“行星”(Planet)是一个希腊词,意思是“漫游者”。与恒星相反,行星沿着非常复杂的轨道“运行”。在一些地心体系,比如欧多克斯、亚里士多德、托勒密、托马斯·阿奎那或第谷·布拉赫（Tycho Brache）的体系中，"行星"包括所有可见的到处溜达的发光天体，比如月亮和太阳。

　　毕达哥拉斯主义可能影响了欧多克斯。毕达哥拉斯及其学派对数字的比例和"黄金数字"有兴趣。从理论上讲，这意味着他们总是试图建立假说，以表明看似混乱的自然现象和对象实际上是和谐的，并具有相对简单的数学公式。迄今的数学，都采取了这一毕达哥拉斯原则。

　　欧多克斯因而试图为以下现象寻找一个原因：行星的直线轨迹对地球上的观察者来说为什么显得是弯曲的？很多人加入了这个研究。他们的推理采取了三步：第一，也是影响最深远的，是假定不同行星与地球间的距离不相同。第二，是把行星与地球间的距离与行星绕地球公转的时间联系起来，而这一点因为这个巧合的自然所具有的莫名其妙的原因而被证明是基本正确的。这一假设在对月球，甚至更远的行星比如火星、木星和土星的应用中没有任何困难。这三颗行星的公转周期分别为 687 天、12 年和近 30 年。不过，有个问题马上就出现了：水星、金星和太阳具有不同的公转周期，但看起来彼此相距不远，似乎运行速度相同，且彼此在一定的距离之内，这令人奇怪。（关于进一步的行星次序的复杂问题，下文将有更多解说）第三个假设，想说明的是，貌似随机的运动可以被归为简单而优美的原因，这原因就是，诸行星要么是在一系列同心的、不可见的、澄澈的天球上运动，要么是根据一系列圆圈在运动。

　　水星、金星和太阳的运动问题获得了不同的解决。在所谓行星的埃及次序中〔其中没有任何埃及的东西,是欧多克斯设计的,并为柏拉图、亚里士多德和卡利普斯(Callippus)所坚持,卡利普斯是公元前 3 世纪伟大的天文学家〕,月球离地球最近,之后是太阳,接着是金星和水星,然后是其他更远的行星(这些行星的次序有变化)。在所谓的迦勒底次序中(也纯粹是希腊的,也许和埃及次序一样古老),诸行星按它们公转周期的时间排列:月球、水星、金星、太阳、火星、木星、土星。这个次序在托勒密以后很流行。

然而,正如弗雷门特(J. Flamant)最近注意到的[103],一种通常归于蓬杜斯的赫拉克利德斯的,被称作"地—日中心的(geo-heliocentric)"〔或太阳卫星的(heliosatellitic)〕假设,具有调和所有对抗的行星次序的优势。根据这一假设,行星围绕地球旋转,但水星和金星除外。水星和金星围绕太阳旋转,是太阳(helios)的卫星。弗雷门特证明,依据水星和火星是否在太阳之上或之下,行星的埃及次序和迦勒底次序的所有变体都可以得到调和。至少少数哲学家和天文学家已经知道了这一能够解决诸体系间差异的令人吃惊的方案。

希腊"科学革命"在西方的世界观中完成了一个重大而持久的转变。在欧多克斯假说的压力下,天突然获得了前所未有的空间上的纵深。显然,希腊的自然的思辨并非首次多层宇宙的观念。巴比伦人把天构想为一座层数可变(通常 3 层)的多层建筑。然而,希腊人把一个有物理纵深的天的表象与七大行星简洁优美地结合起来,因而把杂乱的移动解释为不同的简单而和谐的运动的结果,这在人类历史上是第一次。这一世界观处于支配地位两千年。

柏拉图之后

柏拉图之后，一个有纵深的天的后果就被人们感觉到了。柏拉图尽管有这些创新，他仍然信奉一种大众传统的死者审判观念，这个审判部分发生在冥界，部分发生在天堂。为了统一冥府与天国的末世论，消除地下地狱的观念，一些柏拉图的后继者力图利用新获得的天的纵深。这是一个缓慢渐进的过程，在公元前1世纪达到了某种一致，但主要是（如果不是只有）基督徒，打破了这个一致。

柏拉图自己把蒙福诸岛从地上挪到天上（celestial zone），称之为真正的地（地球的真正表面），为天国末世论的一般化（通用化）做了第一个注脚。他的学生色诺克拉底（Xenocrates）、克兰托尔（Crantor），特别是蓬杜斯的赫拉克利德斯继续这个过程。他们之中，谜一样的赫拉克利德斯似乎别具影响。

赫拉克利德斯生于公元前388至公元前373年间蓬杜斯的赫腊克利亚（Heraclea）。他似乎试图效法古代疗愈先知并成为一个神秘主义学派的领袖，不过没有成功。显然，他的同代人，无疑也有他的学生，嘲笑他。据历史学家第欧根尼·拉尔修（Diogenes Laërtius），他时常出入柏拉图的学园（前364年左右），有志成为斯彪西波（Speusippus）[104]的继承者（前338年），但失败了。于是他返回赫腊克利亚，试图通过在此生或至少在死后成神而赢得赫腊克利亚公民的赞美。约三十年前瑞士学者维尔利（F. Wehrli）出版了赫拉克利德斯未佚的残篇，排除了对这位哲学家令人羞愧的误解，尽管为时已晚。[105]

从这些材料看来,赫拉克利德斯是希腊末世论一个有趣的记述者,一个机敏的天文学家和一个重要的思想家。正如博尔顿(J.D.P.Bolton)在他 1963 年的一本书里所说,赫拉克利德斯可能不是造成天堂末世论风行的唯一一人,但他无疑在关于死者命运的替代观点的创造中发挥了作用。[106]

赫拉克利德斯对疗愈先知着迷,希望至少能理解(如果无法做到)他们的传奇业绩,诸如空中旅行、幽冥之旅及前身的知识。他写了一篇叫《阿巴里斯》(*Abaris*,那位骑阿波罗的箭到希腊的希柏里尔的疗愈先知的名字)的对话、一篇关于濒死体验的文章(*Apnous*)、还有一篇《论地狱诸事》(*On Things in Hell*),都已散失。在其中一篇作品中,据说他讲述了诸如阿巴里斯、阿里司铁阿斯、埃庇米尼得斯、赫尔墨提姆斯以及毕达哥拉斯这些著名疗愈先知的故事。他不满足于仅仅报道旧传统,自己还发明了一个疗愈先知——西西里岛锡拉库扎的恩培多提姆斯(Empedotimus of Syracuse in Sicily),这个名字是恩培多克勒(Empedocles)和赫尔墨提姆斯(Hermotimus)的混合。这个传奇人物进入了对话录并描述他自己的异象,其中一些保留在令人费解的残篇中,这些残篇散布在一些晚期柏拉图派哲学家和词典编纂家手里。

在柏拉图的《理想国》中,厄洛斯凝视 midearth(前文说的是宇宙中部)地区的两个门:灵魂通过"天之门"上升,通过"地之门"下降。恩培多提姆斯在描述中说他在关于幽冥的异象之中看到三个门:一个位于黄道十二宫的天蝎宫(这是赫拉克勒斯之门,通往星界诸神),另一个位于狮子宫和巨蟹宫之间,第三个门位于宝瓶宫和双鱼宫之间。[107]关于这个故事的其他

145

内容就不得而知。不过几个世纪后,拉丁历史学家瓦罗(Varro)[108]写了一部讽刺作品,名叫 *Triodites tripulios*,包含一个三个门的典故,因而(又一次)把赫拉克利德斯嘲笑了一把。

恩培多提姆斯也把银河称作"灵魂穿过天上的冥界的路"[109],人们认为他相信冥界从地球延伸到太阳。又据说在一个沙漠中他突然遇到普鲁托(Pluto)和珀耳塞福涅(Persephone)[110]并参加了对死者的审判。

如果实际上赫拉克利德斯认为根本就不存在地下的冥界,那么从这些互不相连的残篇就很难得出结论。很可能所有残篇都指向恩培多提姆斯得自一次幽冥之旅的同一个异象。不幸的是,我们没有赫拉克利德斯的对话录,这个对话录可能是写于柏拉图之后普鲁塔克之前的最有趣的希腊启示录。

柏拉图的学生里,似乎只有一位比较适当地报道过一个幽冥之旅,即索利的克利尔丘斯(Clearchus of Soli),他和赫拉克利德斯同时。克利尔丘斯讲了一个雅典的克里欧尼莫斯(Cleonymus of Athens)的故事。克里欧尼莫斯经历了一次濒死体验,他的灵魂飞到了星界区域。他俯视地球,看到了神秘的河流,可能就是塔尔塔罗斯裂口之内的那些主要河流。一个来自锡拉库扎(Syracuse)的人同时也经历了一次濒死体验,和克里欧尼莫斯出现在了同一个地方,这地方很像厄洛斯曾去过的 midearth(前文说的是宇宙中部)。这两位僵住症患者见证了审判、惩罚以及厄里倪厄斯(Erinyes)[111]监督下对死者灵魂的净化。在回到他们的家乡和他们的沙发上之前,这两位闯入者约定争取见面并进一步交往。

拉丁作家科尼利厄斯·拉贝奥[112]描述过一个非常相似的故事,不幸的是这个故事在他《残篇》(*Fragments*)的最新版本中被误译了。[113]这个文本简单地说道:"两个人在同一天死去,在某个十字路口相遇,之后他们被命令回到他们的身体;他们决定成为朋友,直到去世。"[114]克利尔丘斯无疑是拉贝奥这个段落的来源。

普鲁塔克作品中的濒死与脱体经历

喀罗尼亚(位于玻俄提亚)的普鲁塔克(50—120)是一位饱学的柏拉图派哲学家,他对传统宗教特别有兴趣,他和妻子都是希腊神的祭司。普罗塔克博大精深富有文学技巧,他试图更新某些柏拉图主义的主要论题。出于这个目的,他选取了一些能与柏拉图《理想国》中厄洛斯神话相配的幻想故事,还有柏拉图作品中的一些末世论段落。他常常意译柏拉图,遵守一种不落俗套的解释学。他坚持使用古代大众信仰,但给它们以全新的解释,按他那个时代的标准看,这些解释是新潮甚至科学的。他似乎也把柏拉图的冥世从柏拉图把它置于其中的地下移到了月球下方这么一个地带。

我们在前面已经看到,普鲁塔克的论文《论苏格拉底的守护神》中神话的叙事结构是与发生在位于勒巴狄亚(Lebedeia)的特洛佛尼乌斯(Trophonius)山洞里的孵化(incubation)相关的。我们记得,第马克(Timarch)的灵魂从颅骨里释放出来,立刻就感知到天上的景色和声音,看到众恒星(stars)如岛屿漂浮在以太(太空)的海洋上,听到众行星运行的和谐。普鲁

147

塔克妙笔生花,用生动鲜活的词语描绘这一幻相,但是,在每个元素后面都有某些天文学观念。众岛中间的湖代表天球,天球赤道是一条湍急的溪流,等等。就像恒星一样,多数岛屿随天球一起运动,但它们中的少数,也就是行星,依据一条弯曲的不可预测的线路在其他众星之中环行。两条火河流入湖中,它们是银河的两条支流。[整个场面使人想起《斐多篇》(111d)中的末世论景象,只不过普鲁塔克把舞台从柏拉图的地下搬到了天上,并赋予了它清晰的天文学含义。]

在这个异象中,第马克位于地球之上的某地,他往下看,看到一个发亮的裂口,那也许就是地球。一个脱离了躯壳的声音向他解释周围令他困惑之事,但不是那些在他之上的东西,那些东西仍然看不到,"因为它们属于别的神"。显然,第马克和厄洛斯一样,并无通达更高的星界众神的路子;他能搜集信息的最高的地方是月球。实际上,那个声音只是主动提供关于月球以下区域的信息,并建议第马克应该问一个关于斯图克斯河(Styx)[115]的问题,这是柏拉图末世论中的冥界诸河之一。

"斯图克斯河是什么河?"第马克问。那个声音回答:"它是通往冥界之路……它从你这里穿过,用它的头顶劈开光亮;如你所见,它从下面的冥界向上伸展,在它的环绕中它还是要碰到光的世界,它为所有……的最后一块区域划界。"[116]月球在普鲁塔克的末世论中占有关键地位,"新生的转折点在月球。其他的岛屿属于诸神,月球却属于尘世的诸守护神,而且轻轻跨过斯图克斯河就能避开它……当斯图克斯河流近鬼哭狼嚎的诸灵魂时,许多滑到河里的灵魂就被哈

148

得斯（冥王）带走了，还有一些被中止出生的灵魂，在适当的时机会渡过难关，从下界游上来并得到月球的搭救，当然肮脏不洁者不在此列。如你所见，月球变亮并咆哮，禁止这些灵魂的再次新生"[117]。

在名为《论月界》(De facie in orbe lunae)的另一篇对话中，普鲁塔克对月球的功能作了相似的描绘。"有些灵魂，甚至当他们试图紧紧抓住月球，她（月球）推开并拂走他们，而月球上的灵魂就看到他们翻转跌落好像沉入深渊。"[118]月球上到处都是凹陷，"其中最大的称作'赫卡忒凹陷'[119]，在那里，那些灵魂为他们在成为灵（Spirits）之后的无论是所受还是所犯之罪而受苦或受罚。两条较长的凹陷称作'大门'，众灵魂穿过大门到月球一侧而面向天堂，或者背对月球而面向地球。面向天堂的月球一侧被称作'乐土'，而这一侧被称作'面向地球的珀耳塞福涅之宫'"[120]。

在普鲁塔克那里，柏拉图的末世论得到了保留，只是所有要素被挪到了天上。塔尔塔罗斯似乎是地月之间区域的较低部分，斯图克斯河是这个区域的较高部分，带着那些上升月球的灵魂和那些跌回转生轮回的灵魂。柏拉图厄洛斯神话中的midearth（前文说的是宇宙中部）被普鲁塔克认作月球本身。月球看起来像一枚有孔的硬币。一面对着地球，充当灵魂转往乐土或天界更高区域的中转之地（炼狱）。柏拉图的天或地的大门不过是月球上的孔，其中的一个孔的作用是下降运动，灵魂返回地球以求再生；另一个孔则负责受奖灵魂的上升运动。149

普鲁塔克还基于索利（Soli）一个叫阿里杜（Aridaeus）的

人的濒死体验,在《论诸神迟来的报复》(*De sera numinis vindicta*,563b—568f)中创造了另一个启示录。[121]他与第马克不同,第马克是自愿在特洛佛尼乌斯的山洞里通过孵化尝试一次幽冥异象,阿里杜则是偶然获得。

阿里杜是柏拉图的地狱中一个最大罪犯名字的变体,见《理想国》第10卷[625d,阿帝乌(Ardiaeus)],阿帝乌在塔尔塔罗斯的深渊中被永远拘押折磨。普鲁塔克的这个人物和阿帝乌一样,也是奢侈虚伪。位于基利家(Cilicia)的安菲罗科斯(Amphilochus)[122]的神谕预言他死后将很幸福,也确实如此。不过阿里杜又从死者中回来了,"他从高处摔下来摔着了脖颈子,完全是死于撞击而非创伤。第三天他被抬出去埋葬,他醒过来并迅速恢复了意识,之后他的生活方式发生了彻底的改变。基利家人不记得有谁比他更重承诺、对神更虔诚、对敌人更可怕、对朋友更可靠"[123]。习惯的改变带来名字的改变,他从阿里杜改名为忒斯比休斯(Thespesius,意思是"神性的""精彩的")。

普鲁塔克这个描述阿里杜濒死体验的故事,与第马克那个大致类似,但更含糊也更啰嗦。阿里杜的理性灵魂因为震荡离开了他的身体(实际上是颅骨),经受了一个突然而意外的转变(*metabolé*),类似一个船的领航员"从他的船上跌进了水的深渊"(学者们早就注意到普鲁塔克偏好与海和航行有关的隐喻)。在最初的撞击之后,灵魂恢复了视听,享受自由并且"四处呼吸"。"好像打来了一只慧眼",它现在能"同时全方位地看四周"[124]。星光如平静的海,载着阿里杜的灵魂(*psyche*)。阿里杜的灵魂可以"轻易迅捷地全方位移动"(563f)。

这使它能看到死者灵魂的景象。就好像光球变成人形,这些灵魂从地球升起,有的沿着一条直的线路,但多数则因受了惊吓,走的是条不规则线路。这时,他有个年轻时就去世的亲戚的灵魂走过来并喊他的新名字忒斯比休斯。就像第马克神话中的声音,这个亲戚有解释的功能。在其他启示录里,比如犹太教、穆斯林及基督教(参见本书第九、十一章),这个功能属于一个天使或某个像但丁的维吉尔一样的人物,即属于一个受尊敬的前辈。

普鲁塔克对这个故事的叙述比关于第马克的那个复杂。详细描绘了对灵魂惩罚以及投胎转世机制的七个主要步骤。第一步向我们介绍了正义的信使,阿德剌斯忒亚(Adrasteia)[125]和三位厄里倪厄斯(Erinyes)[126],他们为不同类型的罪孽分配补赎(悔罪)。第二步处理罪孽留给灵魂的"伤疤"(565b),这是从柏拉图那儿借入的主题(《高尔吉亚》523d—524e)。这里结合进了一个更有趣更原创的情节,激情给灵魂带来伤痕,而且给灵魂留下另一种印记,这种印记只能通过在名为 Dike 的厄里倪厄斯的衙门里彻底的净化才能消除。这个印记是有颜色的。卑鄙贪婪的灵魂是黑色的,残忍无情的灵魂是红色的,耽于玩乐的灵魂会变成绿色,妒忌的灵魂是紫色的。如果你看到一个没有形体的灵魂,它的颜色就给你提供了为这个灵魂的"光环"评级的可靠手段。普鲁塔克为什么要选取这四种颜色则没有明确的解释。这四个颜色,部分地与罗马参加赛马比赛的四个区的颜色一致[127],同时也部分地与被希腊化天文学归于五大行星(太阳和月亮除外)中的四个的颜色一致。[128]如果普罗塔克心里想着行星,则无法理解为什么他选四种颜色,而不是五种或七种。

在第三步中,我们遇到了一类特殊的死者:他们在生前曾参加狄奥尼索斯秘密仪式(565a—566a)。死后他们占据了一个"幽深的裂隙",在那里他们把时间用在对玩乐的愚蠢追逐中。这一消遣导致理性的灵魂湿气堆积而变重,重生的轮回把它压倒了(让它心情沮丧),因为出生(genesis)不过是一种面向地球的趋势(epi gen neusis)。这一令人叹服的双关也许是普鲁塔克创制的,被他用在对新灵魂的著名描述上[129]。这一双关后来被所有主要的新柏拉图主义者使用,从普罗提诺到 11 世纪的迈克尔·普塞路斯(Michael Psellus)。在希腊语中,它展示了在英语中几乎不存在的关联。neusis 还有摇篮的摇动这样的意思,意味着高处的婴儿—灵魂游向它出生的地方。这也解释了为什么一些柏拉图主义者把银河当作重生的灵魂的存储地:婴儿灵魂也许和肉身吃一样的食物。

普鲁塔克特别留心狄奥尼索斯秘密仪式,因为真正的入会者[这些人通常也参加主要的艾琉西斯(Eleusis)秘密仪式]据说是不会再在此世重生的。在峰顶某处,他或她的灵魂凝视下面"污泥的世界",再也不想回到那去了。

第四步表明,普罗塔克也关注俄耳甫斯(Orpheus)。俄耳甫斯入冥府寻找他的妻子欧律狄克(Eurydice),但他没能记清所见,并给人类带来了错误信息。第五步意图强调没人曾到过月球以上的区域并活着说出这些。特别是阿波罗的领地(那一定是太阳),距离忒斯比休斯到过的地方非常远。第六步描述了天上冥府(也许是第马克神话中那个被称作"赫卡忒凹陷"的月球地带)里的大量惩罚。忒斯比休斯在被众恶鬼拖去拷打的人里看到了他的父亲。这个描述,与其他启示录(比如前面第七章论及的中古波斯启示录《正义的维拉夫》)里对罪与罚过分讲究的描述相去甚远。普鲁塔克只知道四类罪行四种惩罚。

第七步也是最后一幕把忒斯比休斯带到这个地方,众灵魂被分派各自应得的躯体,以便回到下界世界。尼禄(Nero)皇帝的灵魂最初被指派了一条有毒蝰蛇的身体,但他的判决在濒死之际(in extremis)被减轻,这是因为他在人间(地球上)的一件善举:他恢复了希腊人的自由。因此,他将变成一只无毒的青蛙。

这时,忒斯比休斯的灵魂好像受到了真空的抽吸,回到了他的身体,阻止了即将发生的葬礼。[130]

普罗提诺的神秘主义

古代晚期最伟大的哲学家普罗提诺(Plotinus,205—270),自然也对以濒死与脱体经验为基础的希腊神秘主义的经验背景有着强烈的关怀。然而,神秘主义的普罗提诺类型,已被定义为一种对客观的幽冥之旅(如一个半世纪以前普鲁塔克描述的那些)的"主观化"和"内在化"。[131]

普罗提诺哲学是柏拉图主义,不过,现在为柏拉图许多未解决问题提供解答的是亚里士多德。普罗提诺与中期柏拉图主义者[亚历山大的斐洛、普鲁塔克、阿帕梅亚的努墨尼奥斯(Numenius of Apamea)、塞尔苏斯(Celsus)等]一样,拥有这样的观念:在可知世界(理智世界)与可感世界之间存在很多中间形态。他的体系有以下本质（hypostases），这些本质向下流溢，是渐进的阶段，不是孤立和固化的实体：

1. 太一（monos）、绝对者、超越者，在柏拉图那里没有严格的等价物，但被其他柏拉图派哲学家比如普鲁塔克所预见，这来自从一到多的解释压力。

2. 理智（nous），相当于柏拉图的理念世界或万物的理智原型，这是从一到多的第一步。

3. 世界灵魂，潜在地（in potentia）包含整个世界，并代表了从一到多的进一步的下降运动。

4. 个别灵魂。

普罗提诺的神秘主义是从世界中被赋予躯体的人所感受到的异化中的恢复。对单一以及最高的单一（即太一）的怀恋，深深印在理性灵魂身上，它努力离开肉身的负担，逃向太一（phuge monou pros monon）。出窍是普罗提诺神秘主义的最高目标，用能唤起印度教神秘主义"海洋感"的词语来描述。这是一种心灵的状态，在其中知者与知等同。所有二元性都不在场，没有任何幻相或剧本被摊开，也不像多数《启示录》考察得那么远。普罗提诺神秘主义的目标高于对天上冥世的造访：它是对"所有本质的本质"的造访，这造访超出了宇宙，不可言表。

注　释

[1]　凯尔特是欧洲古代文明之一，主要分布在当时的高卢、北意大利、西班牙、不列颠与爱尔兰，在罗马帝国时代，他们和北方的日耳曼人被并称为蛮族。《航海述闻》（imrama）是凯尔特人的一些幽冥

海岛异旅传说，与《奥德赛》相仿。——译者注

［2］　库克罗普斯（Cyclops），意思是圆眼。——译者注

［3］　这里的引文是 The Odyssey 的散文体译文，译者 S.H.Butcher 和 Andrew Lang(New York：Macmillan，1888)。

［4］　M.A.Gimbutas, The Goddesses and Gods of Old Europe, 6500—3500 B.C.Myths and Cult Images, 2d ed. (Berkeley and Los Angeles：University of California Press，1982)，p.9.

［5］　Elémire Zolla, "Circe, la donna)", 载 Verità segrete esposte in evidenza：Sincretismo e fantasia, contemplazione ed esotericità (Padua：Marsilo，1990)，pp.131—152。

［6］　实际上，这个自传是 18 世纪疯狂圣人(the craze saint)Taksham Nuden Dorje 所作的传记，参见下一个注释。

［7］　Keith Dowman, Sky Dancer：The Secret Life and Songs of the Lady Yeshe Tsogyel (London and Boston；Routledge & Kegan Paul，1984)。信仰宗教的女性面对强奸犯的态度，西方的例子，可以参看我的 "A Corpus for the Body", 载 The Journal for Modern History，March，1991。

［8］　Keith Dowman, Sky Dancer, p.16.

［9］　Ibid.

［10］　Ibid.

［11］　Ibid., p.78.

［12］　Elémire Zolla, "Circe, la donna", p.133.

［13］　S.H.Butcher 和 Andrew Lang 合译，Odyssey 10：514—515，p.169。［按：Lethe(遗忘之河)、Styx(悔恨之河)、Acheron(苦难之河)、Cocytus(悲叹之河)、Phlegethon(熔岩之河)合称冥界五河，各有位置和来历。这儿出现了四条。王焕生译文："你把船停靠在幽深的奥克阿诺斯岸边……火河和哀河在那里一起注入阿克戎，哀

河是斯提克斯流水的一条支流。"(《奥德赛》,王焕生译,人民文学
出版社 1997,第 191 页)〕

[14] 提瑞西阿斯(Tiresias),希腊神话中底比斯(忒拜)的一位盲人预
言者。——译者注

[15] 译文据王焕生,第 195 页。

[16] 《埃涅阿斯纪》(Aeneid),也译《伊尼德》,维吉尔的长篇史诗,有杨
周翰中文译本。——译者注

[17] 拉丁姆,在今意大利中西部拉齐奥区,公元前 2000 年初拉丁人从
东北移居到此,是古罗马国家的发源地。——译者注

[18] W.F.Jackson Knight, *Elysion：On Ancient Greek and Roman Beliefs
Concerning a Life after Death*(London：Rider & Co., 1970)。〔按:埃
琉西昂(Elysion),希腊神话中的乐园名,那些死后被神选中的人
才能获许进入。〕

[19] Ibid., p.101, *Iliad*(18:535—537).

[20] Parentalia 是祭祖先、死者的节日;Rosalia 是祭酒神的节日。——
译者注

[21] Knight,Elysion,p.111.

[22] 给神的献祭叫 *thyein*,给亡灵的献祭叫 *enagizein*。参见同上书,
p.59。

[23] 忒修斯(Theseus),雅典的王,希腊神话中的著名大英雄之
一。——译者注

[24] 著名先知,攻打忒拜的七雄之一。——译者注

[25] 阿喀琉斯(Achilles),也译作阿基里斯,特洛伊战争中希腊一方的
大英雄,浑身刀枪不入,唯一的弱点是脚踝。——译者注

[26] Knight,Elysion,p.61.〔按:狄俄墨得斯(Diomedes),特洛伊战争
中,希腊方面著名的大英雄。〕

[27] 阿贾克斯(Ajax),阿喀琉斯死后,他与奥德修斯都有可能获得阿

喀琉斯的盾甲。奥德修斯胜出,阿贾克斯最终自杀。在阴间,由于受到前世痛苦记忆的折磨,他选择了做一头狮子。——译者注

[28]　Eacides,意思是埃阿科斯(Aeacus)之子。——译者注

[29]　见 Pierre Boyancé, *Le culte des Muses chez les philosophes grecs*: *Étude d'histoire et de psychologie religieuses*, 1936;重印:Paris: De Bbccard, 1972, pp.244—246。

[30]　卢卡努斯(Marcus Annaeus Lucanus),英文称卢坎(Lucan),罗马诗人。他最著名的著作是史诗《法沙利亚》(Pharsalia),描述恺撒与庞培之间的内战。第七章描述公元前 48 年发生于希腊北部法沙利亚的战事,全书因以此地为名。被誉为是维吉尔《埃涅阿斯纪》之外最伟大的拉丁文史诗。——译者注

[31]　Pierre Boyancé, *Culte des Muses*, p.69.

[32]　赫拉克莱亚(Heracleia),在黑海最西端。泰纳龙(Tainaron),在希腊南部。阿佛那斯(Avernus),意大利那不勒斯港口附近的一个小湖,曾经是一座火山的喷口,在古代的传说中,这里是地狱入口之一。——译者注

[33]　见 W.R.Halliday, *Greek Divination*: *A Study of Its Methods and Principles*(London: Macmillan, 1913), p.239。

[34]　同上书,p.241。

[35]　同上书,p.245。

[36]　Pierre Boyancé, *Culte des Muses*, pp.142—143.[按:希腊词"alektryon 或 alektor"的意思是公鸡。]

[37]　*herma*,头像方碑。上有赫尔墨斯头像的方形石柱,古希腊用作路碑或界碑等。——译者注

[38]　Jean Yoyotte, "Le jugement des morts en Égypte ancienne," *Sources orientales*, vol.5: *Le jugement des morts*(Paris: Seuil, 1961), pp.41—50.

[39]　拉什努(Rashnu)也是个三联神。已见第七章注。——译者注

[40]　P.Raingeard, *Hermès Psychagogue*：*Essai sur les origins du culte d'Hermès* (Paris：Belles Lettres, 1935).

[41]　忒拜(Thebes)，或译底比斯，古希腊玻俄提亚(Boeotia)的主要城邦。——译者注

[42]　安菲阿剌俄斯(Amphiaraus)，希腊神话中的著名预言家，曾参加卡吕冬狩猎，是攻打忒拜的七位英雄之一，战前曾预言自己将战死。——译者注

[43]　John Pollard, *Seers, Shrines and Sirens*：*The Greek Religious Revolution of the 6th century B.C.*(London：Allen Unwin, 1965), pp.130ff.[按：塞壬(Siren)，半人半鸟的女海妖，以歌声吸引水手并使船只遇难]

[44]　见 E.J.Edelstein 与 L.Edelstein 合译, *Asclepius*：*A Collection and Interpretation of the Testimonies*, 2 vols.(Baltimore：Johns Hopkins Press, 1945), vol.1, pp.1ff；*Pythiae* 3：1—58。

[45]　Diodorus, *Bibliotheca Historica* 4：71，见同上书，vol.1, p.10。[按：西西里的狄奥多罗斯(Diodorus of Siculus)，前1世纪古希腊历史学家，著有《历史丛书》(*Bibliotheca Historica*)]

[46]　赫拉克勒斯(Heracles)希腊神话中最著名的英雄之一，相当于罗马神话中的赫丘利(Hercules)。宙斯与阿尔克墨涅之子。他神勇无比，完成了十二项英雄伟绩，被升为武仙座。——译者注

[47]　E.J.Edelstein 与 L.Edelstein 合译, *Asclepius*, vol.1, pp.108ff。

[48]　Aelius Aristides, *Oratio* 48.31—35，见同上书，vol.1, pp.210—211。[按：Aelius Aristides(117—181)罗马时代的希腊演讲家，有55篇演说(*Oratio*)和2篇修辞学论文存世。]

[49]　特别参见 Rudolf Herzog, *Die Wunderheilungen von Epidauros*：*Ein Beitrag zur Geschichte der Medizin und Religion*(Leipzig：Dieterich, 1931)。

[50] 这种异象有时非常生动,比如 Aelius Aristides 报道的一则 *Oratio* 48.31—35,见 E. J. Edelstein 与 L. Edelstein 合译的 Asclepius,vol.1, p.210。

[51] E.J.Edelstein 与 L.Edelstein 合译,Asclepius,vol.1, pp.204ff。

[52] Inscription 14,见同上书,vol.1, p.232。

[53] Inscription 23,见同上书,vol.1, p.234。

[54] Inscription 42,见同上书,vol.1, p.237。

[55] 同上书,vol.2, p.149。

[56] 位于前往德尔菲(Delphi)的公路上。——译者注

[57] 对这些孵化(incubation)仪式更广的描绘,参看我的 *Psychanodia*,vol.1, pp.43ff; *Expériences de l'extase*, pp.104ff;以及 *Iter in silvis*,vol.1, pp.53ff,配有全面的参考书目。

[58] 参看我的 *Expériences de l'extase*, p.106。

[59] 同上书,pp.106—107。

[60] 阿波罗尼奥斯(Apollonius),也译阿波罗尼乌斯或阿波罗尼,公元前 3 世纪古希腊几何学家,著有《圆锥曲线论》八卷,《论切触》等,他是阿基米德的学生。斐洛斯特拉图斯(Philostratus)是公元 3 世纪希腊诡辩学家,曾受当时的皇后 Julia Domna 之托为阿波罗尼奥斯写传记。——译者注

[61] Hans Dieter Betz, "The Problem of Apocalyptic Genre in Greek and Hellenistic Literature: The Case of the Oracle of Trophonius",载 David Hellholm 编, *Apocalypticism in the Mediterranean World and the Near East: Proceedings of the International Colloquium on Apocalypticism, Uppsala August 12—17, 1979* (Tübingen: Mohr[Siebeck], 1983), p.579。

[62] 路吉阿诺斯(Lucian,即 Lukianos),罗念生译"琉善",周作人译路吉阿诺斯,也有用卢奇安的。已见前注。——译者注

[63]　美尼普斯（Menippus）周作人译墨尼波斯，前 3 世纪犬儒派哲学
　　　家，介绍见周作人译《路吉阿诺斯对话集》，中国对外翻译出版公
　　　司，2003，上卷，第 209 页。加大拉（Gadara）是古典时代中东地区
　　　的希腊十城（Decapolis）之一，阿拉伯帝国兴起后改名乌姆盖斯
　　　（Umm Qais）。乌姆盖斯古城现在是约旦著名旅游景点，以保留
　　　大量古希腊罗马遗迹著称。——译者注

[64]　见周作人译《路吉阿诺斯对话集》，下卷，第 533 页。——译者注

[65]　David Hellholm 编，Apocalypticism，p.583。

[66]　库巴巴（Kubaba）小亚细亚地区的女神，后与库贝勒（Cybele，或译西布
　　　莉）女神合并。"在爱奥利亚方言中，长 a 变为 e，甚至外来词也不例
　　　外，这不难从 Kubaba 变成 Kybebe、Baal 变成 Belos、Mada 变成 Medes
　　　等例子获得证明"（参看阮炜，古希腊的东方化革命）。——译者注

[67]　赫卡忒（Hekate），希腊神话中前奥林匹亚的一个重要的提坦女
　　　神。总是和月光、鬼魂、精灵、魔法、巫术和妖术联系在一起。研
　　　究认为，赫卡忒不是一个起源于希腊的神祇，可能发源于小亚细
　　　亚，在传入希腊后仍然是亚洲的重要神祇。——译者注

[68]　Gimbutas，Goddesses，pp.195 ff.

[69]　Bennett Simon，*Mind and Madness in Ancient Greece：The Classical
　　　Roots of Modern Psychiatry*，Ithaca and London：Cornell University
　　　Press，1978，p.251.

[70]　参见我的"Iatroi kai manteis：Sulle strutture dell'estatismo greco"
　　　一文中的资料，载 *Studi Storico-Religiosi* 4，1980，pp.287—303；以
　　　及我的 Psychanodia，pp.35 ff 和 Expériences de l'extase，pp.25 ff。

[71]　可以看看《罗念生全集》第三卷 354 页。——译者注

[72]　希柏里尔（Hyperborea）是一个传说中的国度。这个词的意思是
　　　"在北风（Boreas）之外"，而希腊人认为北风之神（Boreas）住在色
　　　雷斯（Thrace）。太阳神阿波罗会在那里度过冬天；忒修斯和珀耳

修斯也曾经拜访过希柏里尔人。——译者注

[73] 在希腊神话中,福玻斯是阿波罗作为太阳神时的一个别名。——
译者注

[74] 见 John Pollard, *Seers*, p.108。[按:阿卡迪亚(Arcadia)位于伯罗奔
尼撒半岛中部,与希腊大陆的其他部分隔绝,是世外桃源的代称。
古代的阿卡迪亚地区与现在希腊阿卡迪亚州范围基本相同。]

[75] 阿克拉噶斯(Acragas),原名阿格里琴托(Agrigentum),在西西
里。——译者注

[76] 赫拉克利德斯(Heraklides of Pontus),前 388—前 315,蓬杜斯人,
希腊哲学家和天文学家。认为地球每 24 小时绕自身的轴自转一
周,还认为水星和金星是绕着太阳而非绕地球运动,但太阳绕地
球运动。——译者注

[77] 阿巴里斯(Abaris),希腊神话人物之一。生活在希柏里尔(Hy-
perborea),是太阳神阿波罗的祭司。据说阿波罗给了阿巴里斯一
只金箭,骑着它可以在空中飞翔,使用它能隐身、治病和预言。在
希腊语中"阿巴里斯"是"没有重量"的意思。——译者注

[78] 见我的"Iatroi kei manteis," pp.287—303。

[79] "Iatroi kei manteis."

[80] 海西基(Hesychius),公元 5 世纪的希腊编年史家。——译者注

[81] 见 W.R.Halliday, *Divination*, p.91。

[82] 波菲利(Porphyry),234—305,新柏拉图派哲学家,普罗提诺的
学生,曾把普罗提诺的著作整理为《九章集》。——译者注

[83] 见 Porphyry, *Life of Pythagoras*, Ch.17。

[84] 杨布里科斯(Iamblichus),新柏拉图主义者。——译者注

[85] 墨涅拉俄斯(Menelaus),希腊神话中的斯巴达王,就是引发特洛
伊战争的那位美女海伦的丈夫。——译者注

[86] 第欧根尼·拉尔修(Diogenes Laërtius),约 200—250,罗马帝国时

代的古希腊哲学史家,编有古希腊哲学史料《名哲言行录》。——
译者注

[87] 希波波图斯(Hippobotus),这是一位约公元前 200 年的希腊哲学
史家,第欧根尼·拉尔修对他的作品多有引用。——译者注

[88] 指淮南王刘安鸡犬升天的故事。——译者注

[89] 指老普林尼(Gaius Plinius Secundus),23—79,古罗马百科全书
式作家,著有《博物志》。——译者注

[90] 顺势疗法(homeopathy),医学上对顺势疗法有无作用有争
论。——译者注

[91] 克罗同(Croton)、罗克里(Locri)都在今天的意大利南部,距离不
远,罗克里更靠南一些。萨格拉(Sagra)是河流名。战役发生在
前 6 世纪。——译者注

[92] 狄俄斯库里(Dioscuri)宙斯的双生子卡斯托耳(Castor)和波鲁克
斯(Pollux)的总称,据信两人死后成为天上的双子座。是运动
员、战士和水手的守护神。——译者注

[93] 西林尼(Cyrene)是希腊殖民地,后来又成为罗马城市,7 世纪后
被阿拉伯人占领,即今天利比亚的夏哈特(Shahhat)。巴图斯
(Battus)是西林尼(Cyrene)的创建者,也是希腊人在非洲的第一
个王。——译者注

[94] 赫斯珀里得斯(Hesperides),为赫拉看守金苹果园的三个仙
女。——译者注

[95] 具体引文参看前面注中提到的我那些著作。

[96] 印度史诗(*Râmâyana* 4.43;*Mahâbhârata* 6.7)中提到的北俱芦洲
人(Uttarakuru)与希柏里尔人(Hyperboreans)相似。希腊和罗马
是知道这些印度材料的。普林尼(Pliny)说到过 Attacori 人(*Natural History* 4.90;6.55),而托勒密(Ptolemy)提到过 Ottorokorrai
人(*Geographica* 6.16.5)。

［97］ E.R.Dodds，*The Greeks and the Irrational*（Berkeley and Los Angeles：California University Press，1951）；F.M.Cornford，*Principium sapientiae：the origins of Greek philosophical thought*（Cambridge：Cambridge University Press，1952）.

［98］ W.Burkert，*Lore and Science in Ancient Pythagoreanism*（Cambridge，Mass.：Harvard University Press，1972）.

［99］ embodiment 与 incarnation 基本的意思都是肉身化，即化身。基督教教义里的"道成肉身"，就是 incarnation。reembodiment、reincarnation 的意思就是重生、再生、转世。这组词里还有 transmigration 和 metensomatosis，也是转生的意思。——译者注

［100］ 关于古代希腊启示录，见 Walter Burket，"Apocalyptik im fruhen Griechentum：Impulse und Transformationen"，载 David Hellholm 编，Apocalypticism，pp.235ff。

［101］ 参见我的 Psychoanodia，pp.26ff，和 Expériences de l'extase，pp.46ff，以我的这篇文章为基础："Démonisation du cosmos et dualisme gnostique"，载 *Revue de l'histoire des religions* 3（1979）。

［102］ 尼多斯的欧多克斯（Eudoxus of Cnidus），也译奈得斯的优得塞司。——译者注

［103］ 我在我的 *Expériences de l'extase* 中概括了他的观察，pp.37—38。

［104］ 斯彪西波（Speusippus），古希腊哲学家，他是柏拉图的外甥，柏拉图去世后曾主持柏拉图学园。——译者注

［105］ F.R.Wehrli，*Die Schule des Aristoteles*，vol.7（Basel：Schwabe，1957）.

［106］ J.D.P.Bolton，*Aristeas of Proconnesus*（Oxford：Clarendon Press，1962）.

［107］ 天蝎宫、狮子宫、巨蟹宫、宝瓶宫、双鱼宫分别是黄道十二宫的第8、5、4、11、12宫。——译者注

［108］ 瓦罗（Marcus Terentius Varro），公元前 116—公元前 27，也被称
作 Varro Reatinus，以与同时代比他稍小的另一个瓦罗（Varro
Atacinus，公元前 82—约公元前 35）相区别。他是罗马时代的政
治家和著名学者，是罗马最博学和最多产的著作家之一，但作品
存世很少。除了有关农业（全本）、拉丁文法和词源学的著作（残
篇）外，还有比如《美尼普斯讽刺集》《人神制度稽古录》（或称《论
神事》）等残篇存世。——译者注

［109］ 在我的 Psychanodia，pp.40ff 和 Expériences de l'extase，pp.50ff，
对所有尚存的证据都做了分析。

［110］ 普鲁托（Pluto），罗马神话中的冥王。珀耳塞福涅（Persephone），
希腊神话中冥界的王后。——译者注

［111］ 厄里倪厄斯（Erinyes），复仇女神。——译者注

［112］ 科尼利厄斯·拉贝奥（Cornelius Labeo），古罗马的神学家和古
文物学家，大概生活在 3 世纪，他的作品受瓦罗影响。他通常也
被认为是个新柏拉图主义者。——译者注

［113］ 见我在 Psychanodia，pp.41ff 和 Expériences de l'extase，pp.37—
38 中的讨论。

［114］ Lebeo，fragment 11，译文见我的 Expériences de l'extase，p.37。

［115］ 斯图克斯河（Styx），憎恨之河，冥界五河之一，已见前注。——
译者注

［116］ Plutarch, De genio Socratis 591a，见 Ph. H. de Lacy 和 B.Einarson
编译的 Moralia，vol.7（London and Cambridge：Loeb Classical
Library，1959）。

［117］ 同上书，591c。

［118］ De facie in orbe lunae 943d，见 H.H.Cherniss 和 W.C.Helmbold 编
译的 Moralia，vol.12（London and Cambridge：Loeb Classical Li-
brary，1957）。

[119]　赫卡忒(Hecate)，希腊神话中前奥林匹亚的一个重要的提坦女
神。她是夜之女神，幽灵和魔法女神，已见前注。——译者注

[120]　*De facie in orbe lunae*，944c.

[121]　有关这个神话，特别参看我的 Psychanodia，pp.43ff；*Expérience
de l'extase*，pp.111ff，以我的这篇文章为基础："Inter lunam terra-
sque…. Incubazione, catalessi ed estasi in Plutarco")，载 *Iter in
silvis*，pp.53ff。

[122]　安菲罗科斯(Amphilochus)，安菲阿剌俄斯(Amphiaraus)的儿
子。在希腊神话里，安菲阿剌俄斯是阿耳戈斯国王，曾参加卡吕
冬狩猎，攻打忒拜的七位英雄之一，有名的预言家。——译者注

[123]　*De sera* 563d，我们的译文。

[124]　同上书，563e。

[125]　阿德剌斯忒亚(Adrasteia)，是个宁芙(Nymph，居住在山林、原
野、泉水、大海等地的精灵或仙女)女神，曾受瑞亚的委托而和伊
达(Ida)一起在一个山洞里秘密抚养初生的宙斯。——译者注

[126]　厄里倪厄斯(Erinyes)是司复仇的三女神阿勒克图(Alecto，不安
女神)、墨纪拉(Megaera，妒嫉女神)、底西福涅(Tisiphone，报仇
女神)的总称。——译者注

[127]　见 Emily B.Lyle，"Dumézil's Three Functions and Indo-European
Cosmic Structure"，载 *History fo Religion* 22(1982)，pp.25—44。

[128]　参看我的 Psychanodia，pp.46—47；*Expériences de l'extase*，p.114。

[129]　见 *de anima* 的残篇，载 Stobaeus，*Florilegium* 1089h。[按：*Flori-
legium*(选集)是 Joannes Stobaeus(约5世纪)编辑的一部数百位
希腊作家的作品选粹。]

[130]　Michel Tardieu 的一篇出色文章为这一幕的解释提供了新思
路："Comme à travers un tuyau….，"载 *Colloque international sur
les texts de Nag Hammadi* (Toronto and Louvain：Laval University

Press-Peeters，1981），pp.151—177。

[131]　Hans Jonas 把"主观化"和"内在化"用于普罗提诺的神秘主义，以与灵知派（Gnosticism）那些"客观"型的体验相对照。参见我的 *Gnosticismo e pensiero contemporaneo*：*Hans Jonas*（Rome：L'Erma di Brettschneider，1985）。

第九章　七重宫殿与上帝的战车：
从梅卡瓦到卡巴拉的犹太教神秘主义

启 示 录

希腊语 *apokalypsis* 的意思是"揭示、启示"。适用于一大堆属于各种传统的文献：希腊的、犹太教的、基督教的、灵知派的、伊朗的等等。

柯林斯(J.J.Collins)带领的一个美国团队，试图确立启示录这一文学体裁的形态学。成果刊印在 1979 年的《神迹：圣经批评实验期刊》(*Semeia*)[1] 中。柯林斯把启示录定义为一种"文学样式"："启示录(*Apocalypse*)是启示文学的一种体裁，具有这样的叙事结构，在这个叙事结构中，某种幽冥存在向人类接受者传递启示，揭示某种超越的现实。这个现实既是时间的(只要它设想末世论的拯救)，又是空间的(只要它包含一个超自然的世界)。"[2] "横的"历史轴与"纵的"本体论轴的这一区别，带来了两类启示录：不带幽冥之旅的《启示录》与带幽冥之旅的《启示录》。

柯林斯的团队进一步对犹太教、早期基督教、灵知派、甚至希腊—罗马、伊朗传统中的《启示录》给出了一个彻底概述。我们已经考察过希腊和伊朗的启示旅程，因而将把注意力集中到前三种紧密相关的宗教传统上。这里我们将只处理带幽冥之旅的《启示录》。可以如下方式对它们进行编目分类：

在犹太教中（按：柯林斯）：《亚伯拉罕启示录》《以诺一书》1—36（"守卫者之书"）、《以诺一书》72—82（"天文之书"）、《以诺一书》37—71（《以诺寓言书》）、《以诺二书》《利未遗训》《巴录三书》及《亚伯拉罕遗训》；在拉比犹太教与犹太教神秘主义中[按：萨尔达里尼（A.J.Saldarini）]：《大宫殿》《战车之书》《以诺三书》或《宫殿之书》《以利亚启示录（希伯来语）》《耶拉篾的编年史》《约书亚·本·利未的启示》及《摩西升天记》；在早期基督教中[按：柯林斯（A.Y.Collins）]：《以赛亚升天记》《保罗启示录》《以斯得拉启示录》《童女马利亚启示录》《佐息末的故事》《神的圣母的启示录》《雅各启示录》《圣使徒约翰和圣母的神迹》《复活书》及《赛德拉克启示录》；在灵知派中（按：法伦（F.T.Fallon）]：《沙姆意解》《琐斯特利阿奴》《保罗启示录》及《伊欧二书》。[3]

正如柯林斯和其他作者反复提到的，通常很难确定一个犹太—基督教《启示录》在多大程度上不仅仅是一个包含基督教动机的犹太教启示录的重写。像《以赛亚升天记》这样的早期基督教《启示录》似乎尤其是这样。[4]有鉴于此，至少在这里我们将把早期基督教《启示录》与犹太教《启示录》一并处理。试图去考察所有其他的基督教《启示录》（作为从1世纪末一直到但丁的基督教传统一部分的）不是个容易下的决定，只有当我们中断我们的描述，而去讨论关于登霄（米尔拉吉，穆罕默德的天界旅程)这一强有力的穆斯林传统,这才可能。另一方面,既然穆罕默德的登霄也依赖于犹太教和早期基督教的启示文学,这个圆圈就闭合了,尽管我们把这个整体分成九、十两章。

更困难的是为检查灵知派的诸幽冥之旅找个地方,因为它们采取的模式不同。《琐斯特利阿奴》与犹太教和早期基督教的启示录接近,但侧重不同。《伊欧二书》对天堂站点的描绘,与犹太教梅卡瓦(战车)神秘主义相比,更接近埃及的《亡灵书(度亡经)》。尽管在当时犹太教神秘主义是唯一可参照的框架,允许我们在一个更宽广的背景中理解《琐斯特利阿奴》中的升天模式。是否存在"犹太教灵知派"?犹太教与灵知派的关系如何?尽管争论仍在继续,本章将讨论上述灵知派启示录,灵知派的其他方面将在下面第十章概述。第十章处理"灵魂的星界通道"这一强有力的柏拉图传统。

1981年时,我们依据对幽冥之旅这一主要特征的态度,为启示录提出过一个并列的分类系统[5],这一分类包含三个类别:

1. 在"呼声型"或"选举型"《启示录》中,主人公是凭他对幽冥累积起来的特有功绩被上层选出来的。

2. 有些《启示录》是"偶然"发生的,是一次意外或一场急病的结果。这种情况下,个人的功绩不是必要的。

3. 在"寻求型"《启示录》中,主人公(或男或女)通过使用各种手段,努力获得启示。这些手段比如孵化(incubation)、对致幻剂的吸收或摄入、身体和心理技巧(呼吸控制、禁食、体态等)。

157

通过这一分类，我们可以理解幽冥之旅的犹太（及基督教）传统与其他比如希腊和伊朗传统之间的一些主要区别。

犹太教启示录

犹太教启示录之被称为启示录，具有典型性。[6] 在犹太教中寻求型启示录的叙事似乎彻底被省去了。此外，犹太教启示录中只有一种不带幽冥之旅的启示录（完全受希腊原型的影响）似乎属于意外型启示录这一类。[7]

科隆的梅尔（J.Maier）[8] 的学生玛丽·D-奥丁（M.D-Otting），研究了若干犹太教《启示录》（《以诺一书》《以诺二书》《利未遗训》《巴录三书》《亚伯拉罕遗训》《以斯拉四书》[9] 以及《亚伯拉罕启示录》），得出结论认为，全部犹太教启示录有若干共同点：它们都是我们所谓"呼声型《启示录》"[10]。飞升发生在睡梦中，出窍者本人是叙述者，受到天使引导，启示是以对话形式获得的，出窍者通过若干重天，并有一个关于天上圣殿的意象，有个审判的场所或提及审判，奥秘被揭示，上帝的荣耀得以描绘，而主人公返回尘世。

犹太教启示录的主人公都是圣经人物，具有一些能把他们和天上世界联系起来的特质。有两个这种人物被上帝带上天去："与神同行"的以诺（《创世记》5：24）和乘火车升天的以利亚（《列王记》下 2：1—15）。第三个可能是被劫持到天上的，因为"只是到今日没有人知道他的坟墓"（《申命记》34：6），这个人就是摩西。因而不应奇怪犹太教启示文学中的多数幽冥之旅都归于三个未死而升天者（以诺、以利亚和摩西）中的两个。亚历山大的斐洛（Philo，约公元前 20—公元 50）把摩西登上西奈山解释为升天[11]，而约瑟夫斯（Josephus Flavius）描述过这样一种传说，按这种传说，摩西并没死，只是被带上了天去。[12]

最古老的犹太教启示录是《以诺一书》或称《埃塞俄比亚语以诺书》（*The Ethiopic Book of Enoch*），这么叫是因为最完整的版本只保留在埃塞俄比亚语翻译中。[13] 米里克（J.T.Milik）以 1952 年发现于库姆兰的《以诺一书》阿拉姆语残卷为基础，将其最古老部分的时间确定在公元前 3 世纪初。[14]《以诺一书》是一部拼成的作品，两大块主要的文本比其他部分古老：1—36 章，查尔斯（R.H.Charles）称之为"守卫者之书"，72—82 章，则称为"天文之书"。

在第 14 章中，以诺在睡梦中看到一个异象并被风和云带到天上。在天上，他看到一面水晶墙，接着是一间水晶大屋，都被火焰围绕。最后看到另一间火焰做成的大屋，在其中，为不可逼视的光明所环绕的，是上帝的宝座。在梅尔看来，这个异象是《以诺一书》中"最纯粹、最简单、最早的升天描述"[15]。这位德国学者在其中看到了讲述先知以西结所见意象的《以西结书》第 1 章的影响：战车（梅卡瓦）上有上帝的宝座。据梅尔，对这一异象的解释在于，耶路撒冷圣殿的结构完全是按以诺的描述布置的。换个说法，以诺所见的天上圣殿，翻版成了耶路撒冷的圣殿设计。[16]

159

在第 17 章中，以诺由天使带上了一段天堂之旅，这些天使可以随意化作人形。天堂不是多层的，旅行完全是横向（水平）的，把他带到了地之尽头，见证了对邪恶灵魂的死后惩罚，甚至对天使和众星的惩罚。

第 72—82 章包含一个类似的异象，在其中，向以诺展示了天文学的秘密。真实的历法于是表现为有力的、重大的天堂秘密，只有以诺有权学习并传达给其他人类。

以诺是梅卡瓦（战车）神秘主义之父。因而当我们在他名下看到一整套幽冥之旅时不要感到惊奇。这套幽冥之旅不止包括《以诺二书》（或《斯拉夫语以诺书》）与《以诺三书》（《希伯来语以诺书》），还包括称他为梅塔特隆（Metatron，宝座天使）[17]的传说。[18]

《以诺二书》，只见于一个晚近的斯拉夫语版本，是犹太人大流散的产物（现在带有基督教的篡改），编辑于公元 70 年（耶路撒冷圣殿被毁的日子）到 135 年（罗马当局镇压弥赛亚巴柯巴[19]起义的日子）之间这段受难时期。就像普鲁塔克对柏拉图进行了现代化，《以诺二书》的作者参考了《以诺一书》，但把横向的天堂之旅变成了经由七重天的纵向旅程。这一模式也存在于利未（Levi）的幽冥之旅中（见下文）。

在《以诺二书》中，以诺在他的卧榻上睡去，两个巨人般的天使出现并把他带上天堂之旅，以诺心中惶恐。在七重天的每一重中，以诺被告知的只有两类启示：宇宙论的（第一、四、六重天）和末世论的（第二、三、五重天）。[20]第一重天中住着气象天使，负责地上的天气。第四重天是些发光的天体如太阳和月亮，以及对时间的划分。第六重天是监视世界秩序的 7 群天使。

在第二重天中，以诺看到了对已堕落的天使的惩罚。第三重天是义人的天堂（他们在这里得享永生）和北方地狱（是为行邪恶和不义之人准备的"黑暗"之所）。第五重天是随撒旦叛逃并等待神圣惩罚的守卫者。

在第七重也是最后一重天，以诺进入上帝的殿堂，并被接受为一个天使，更准确地说是一个文书（经书抄写）天使，天使长 Vrevoel[可能是乌列尔（Uriel）][21] 向他口授所有关于天地的秘密，他把它们抄进 360 卷书中。上帝亲自口授创造的秘密，其中一部分听起来像一个东欧二元论传说，因而肯定来自斯拉夫背景。以诺带着书，迅速赶回地上，在大洪水到来之前把这些秘密传授给他的孩子们，上帝希望通过大洪水惩罚"偶像崇拜者和淫乱者"。30 天后，天使用黑暗遮住他们自己和以诺，从众人中把以诺带回第七重天。

《以诺二书》里的天上结构也出现在《利未遗训》中，这是《十二族长遗训》中的一卷。[22]《利未遗训》的叙事结构基于《创世记 34》。示剑，哈抹之子，迦南示剑地的主，在雅各的女儿底拿路过示剑时奸污了她。雅各的儿子们接受了示剑对底拿的求婚，条件是示剑城所有男丁接受割礼。当这些男丁还在康复期中，西缅和利未攻击示剑城，杀死了所有男丁。这个利未在圣经传统中是掌管祭祀的利未族的始祖，尽管利未族与他们的祭司地位之间到底有什么历史联系是有疑问的。[23]

在为底拿报复前，利未就痛苦地认为，所有人都是邪恶的，并祈求从罪中的解脱。当他睡去，他看到三重天（2:5），后来变成七重（3:4）。对诸天的划分比《以诺二书》要理性，因为按照柏拉图原则"越高越好"，诸天的神圣性在增加。除此之外，宇宙论与末世论因素全被混合起来：在第一重天，恶人被惩罚；在第二重天发现了为末日审判准备的气象现象；在第三

161

重天，"是诸主的众神，他们受命对欺骗诸灵与比列（Beliar）[24]实施报复"[25]；在第四重天中是宝座和当局诸神；第五重天，信使天使；第六重，服侍（救死扶伤）天使；而在第七重天，是"至尊至圣者"（3：4）。

导引天使向利未打开天堂之门，利未看到了"圣殿和光辉宝座上的至尊者"（5：1）。之后他得到了祭司授权及对付玷污他妹子者的武器。还有一个片段（8：1—15）包含一个对利未的天上加冕，预示了义人在天堂中的永恒就职。

另一个幽冥之旅包含在《巴录三书》或称《希腊语巴录启示录》中，奥利金（Origen）可能就提到过。[26]这个文本，年代不详，是希腊化犹太教的产物。在巴比伦囚房期间，先知巴录坐在圣所门前的河岸上时获得了启示。天使解释者法内力（Angel-interpreter Phanuel）[27]到来并给了他一次天堂之旅，首先带他到天穹，再到天穹之上的水区，再到一个惩罚之所。他通过一个巨大的门进入第 1 重天，在那儿遇到巴别塔的建造者，都是混合各种动物的怪物形状；在第二重天，那些主使建塔者鹿脚而犬形；在第三重天，有一条大蛇（ophis）或龙（drakon），肚子是冥府（Hades），折磨恶人的身体；在第四重天，义人以鸟的形状存在。

之后，巴录参观了太阳的火焰战车，由一位带王冠者（按：即太阳）引领，40 位天使护卫。战车前面有一只有火焰翅膀的凤凰，称作"地球守护者"（6：3）。黄昏，月亮的战车出现，由一个公牛外形的天使牵引，车内月亮如女人，为柔顺的众天使环绕（9：4）；在第四重天，巴录看到一个湖泊，里面是天堂的露水，旁边是"地球上没有的鸟"（10：2）；在第 5 重也是最后一重

天,巴录看到了 365 个门中的第一个以及天使长米迦勒。米
迦勒是天使的最高指挥官,在一声雷霆中降临,他手中有瓶,
内有呈献上帝的义人的功德。功德表现为天使提篮中的花。
米迦勒向诸天使分发一定量的油膏,这是上帝按每位义人的
花朵数量按比例分配的(15:1—4)。米迦勒独自进入通向上
帝之门。当内部圣所的门全部关闭,巴录的异象也就结
束了。[28]

在这个背景中,另一个值得一提的幽冥之旅来自亚伯拉
罕,是《亚伯拉罕遗训》第 10—14 章的主题。[29] 米迦勒在他的
战车上给了亚伯拉罕一段天堂之旅。和厄洛斯(Er)与美尼普
斯(Menippus)一样,亚伯拉罕俯瞰下面栖居的世界。于是他
被向东引到天堂的第一道门,看到两条路及相应的两个门,窄
门通上天堂而宽门通向地狱。亚伯拉罕随米迦勒和两位火焰
天使通过了宽门。他们进入了一个审判室,亚伯(Abel)[30]坐
在水晶宝座上宣判。天使多结(Dokiel)给众灵魂称重,天使
珀鲁珥(Pureil)用火对它们进行测试。[31]亚伯拉罕见证了对灵
魂的审判,之后上帝命米迦勒把他带回地面。

玛莎·西麦尔法(M.Himmelfarb)有本很博雅的《地狱之
旅》,令人信服地证明,早期基督教启示录的母体无可置疑是
犹太教。[32]不过,正如我们在一系列的书和文章中所看到的,
最终希腊的影响越来越重要,可以说在基督教中有两个不同
的启示录传统在发展。[33]早期基督教启示录《以赛亚的异象》
(*The Vision of Isaiah*)[34]显示了基督徒与犹太教启示录传统
是何等接近,甚至能认定一个归于《圣经》先知以赛亚的犹太
教启示录的存在,虽然这个以赛亚后来在基督教和灵知派圈

163

子里被改造了。

《以赛亚的异象》构成次经《以赛亚升天记》的第二部分，由《以赛亚殉道记》部分和一个包含幽冥之旅的"异象"或启示录部分组成。"异象"部分也有两部分：先知的升天（anabasis）（6—9章），我们在这里只处理其中的一部分：拯救者的下降（descensus）与上升（ascensus）（10：1—11：1 和 11：23）。第 7 重天的一位天使把以赛亚带上他的天堂航行。在天穹（firmament），以赛亚碰到了天使撒玛亚（Sammael, Samael）——相互攻伐的撒旦部队的首领。他们打来打去时，地上的人类也同样打来打去。

为了理解这一段，人们必须知道天穹中的天使是谁以及撒玛亚是谁。只有犹太传统能给出全面解释。天上的天使乃是各国的天使，即地上所有民族（70 或 72 个）在上帝殿堂上的代表。撒玛亚不过是罗马的国家天使。也有的传统把撒玛亚变成死亡天使，当然这也不矛盾。

这个短小的段落向我们表明，"异象"部分必定写于罗马（因而还有其天使）特别强大并因而可憎的时期。这一时期传统上与公元 70 年至公元 135 年［耶路撒冷大拉比 85 岁高龄的亚基巴·本·约瑟（Akiba ben Joseph）[35] 被拷打致死的时间］间《启示录》的编修联系在一起。

在第二重天，以赛亚看到一个坐在宝座上的天使并要向这天使表达敬意（也许把他看成了上帝）。护送他的天使告诫他不要拜宝座上的天使。这个主题是拉比的，下文我们将给予全面论述。相同的一幕也出现在这一时期其他两个犹太教启示录中，《以斯拉四书》和《巴录二书》，以及一个无名的科普特语（基督教）《启示录》中。[36]

在第三重天，像以诺一样，以赛亚开始向一个天堂存在变化。在第七重天，一位比所有其他天使都荣耀的天使向他出示了一本天堂书卷，对人类世界里每件事情最琐碎的问责也记在里面。显然，以赛亚的这一幽冥之旅完全是犹太教的，与基督教毫不相干。[37]

早期犹太教的神秘主义

很长时间以来，犹太教神秘主义的研究是由一位令人叹服的前辈沙勒姆（G.Scholem，1897—1982）主导的。正如约瑟夫·丹（J.Dan）在他 1987 年的一本专著中敏锐地注意到，沙勒姆"首先是一个历史学家，关心的是神秘主义对犹太文化的影响"。[38]从这个评论可以得出这样的结论，那就是沙勒姆不是一个严格意义上的神秘主义研究学者。他对犹太教神秘主义文献学的了解无与伦比，但他在对神秘主义教义的描述中倾向于删除其中的技术性部分，而从一个神秘主义研究者的观点看，这恰恰是最有意思的部分。我们感谢新一代学者对犹太教神秘主义隐藏的、实践的方法的发现，而这也许是沙勒姆那代人出于某种尴尬而倾向于抛弃掉的东西，他们离启蒙运动太近。古伦瓦尔德（I.Gruenwald）对材料和问题的复杂性持恭敬态度，从不急于宣布片面的立场，总是力求完整的理解，是今天通向早期犹太教神秘主义迷人世界最可靠的向导。[39]

早期犹太教神秘主义通常与两类思辨密切相关，一种更多是直接"出窍的"，另一种主要是"神智学的"。以戴尔（M. Idel）用"神智学"这个术语来定义卡巴拉（Kabbalah）的两个分支。出窍术被称作战车之功（ma'aseh merkabah）。它在《圣经》上的合法性来自先知以西结（《以西结书》1），以西结凝视上帝令人惊叹的宝座在一辆被各类天使抬着的战车（merkabah，梅卡瓦）[40]上运送。神智学的思辨（在这儿我们不管它）被称作创世之功（ma'aseh bereshit），包含对创世的一个神秘解释。

　　对梅卡瓦神秘主义最早记述出现在公元前 3 世纪，与《以诺一书》（14：11—19）的写作一样早。公元前 2 世纪亚历山大犹太悲剧家以西结（Ezekiel）的一些希腊残篇是学它们的。梅卡瓦传统中的一些部分在像《以诺二书》和《亚伯拉罕启示录》这样的犹太教《启示录》中是通用的。后来，这一传统发展成给人深刻印象的大量文献，包含梅卡瓦著作、宫殿（hekhaloth）著作（来自希伯来词语 hekhal，意思是"宫殿"，据说神秘主义者在到达有上帝宝座的战车前需穿过七重宫殿），甚至像《奥秘之书》（Sefer ha-razim）这样的魔法著作。[41]属于梅卡瓦神秘主义的最重要文件是《大宫殿》（Hekhalot Rabbati）和《以诺三书》或称《希伯来语以诺书》。[42]关于这些文本的年代，学者们意见不一。不过，近来学术界更倾向于较晚的时代。[43]

　　梅尔（J.Maier）把《以诺一书》解释为一个天堂圣殿的异象，而这个天堂圣殿与耶路撒冷圣殿在结构上是一致的。近来车努斯（I.Chernus）进一步认为，在梅卡瓦神秘主义者的准备活动与对耶路撒冷在仪式上的朝圣之间存在紧密对应。[44]正如耶路撒冷的朝观者进入圣殿前需洁净 7 日、白衣、沐浴，梅卡瓦神秘主义者斋戒、沐浴、禁房事。就像朝观者接近圣殿进入圣殿区前要受到利未人盘问,神秘主义者也会受到各层宫殿守卫的盘问。正如给接近圣殿的仪式不洁者设置了确定的界限,也存在对梅卡瓦的某些幽冥朝觐者通不过的危险界限。

梅卡瓦神秘主义是秘传的和单独的。"战车之功"实践者(通常被称作降入战车者, *yorede merkabah*)的标准,与年龄、地位、德行、对律法的持守,甚至某些特别的体征都有关系。[45]

几个世纪后美索不达米亚潘贝底沙(Pumbeditha)拉比学院[46]著名的海·高恩(Hai Gaon,卒于 1038)才记下对降入战车者所用神秘术的描述。入门者"需在特定的几天内坐着禁食,头置双膝间,对地低颂一些指定的歌曲或圣歌。于是,他凝视内屋和寝室,好像正用他自己的眼睛看七重宫殿;他观察,好像正从一重宫殿进入另一重宫殿,并看里面有什么"[47]。

在受人尊敬的巴勒斯坦坦乃英时代[48],上帝是乐见拉比们谈论战车和宝座的奥秘的,尽管这并非没有大危险,因为在这样的谈论过程中,火会从天而降。当拉比约哈南·本·扎卡伊(Yohannan ben Zakkai)和埃莱亚萨·本·阿拉克(Eleazar ben Araq)正坐在树下讨论关于上天不可言说的奥秘,一团火从天而降,而天使们开始在他们面前跳舞。拉比约哈南的学生埃利泽(Eliezer)和以豪舒亚(Yehoshua)在他们研习战车之功时即被火环绕。[49]然而,时代变迁,拉比们最终越来越怀疑这些秘传实践,并防备它们。[50]

拉比向学生传授秘传教义的传统反映在宫殿文学的一部经典《战车之功》(*Maaseh Merkabah*)的叙事结构中,这是导师[拉比亚基巴(Akiba)]和学生[拉比伊斯梅尔(Ishmael)]之间

167

的一个对话。[51]这个文本强调了天上事物在天文学上的庞大,把它们增加到超出必要:"在第2重宫殿里,停着十万烈火战车,四千火焰散布其间。在第4重宫殿停着十万四千烈火战车,四千火焰散布其间"等。升天的程序简单到令人怀疑:通过叨念 SDYR TYKRY 'M YBY' BYHW SWWSH 'P RWP WYHM 等套话,同时不少于40天的斋戒,主的天使[52]及其恐怖的天使军就降临了。祈祷者应诵念以便可怕的天使不至于毁坏奥秘,他们于是被"允许看到"战车(梅卡瓦)。拉比尼胡尼亚·本·哈卡纳(Nehunya ben Hakana)对这一体验的描述尤其生动:"当我看到战车异象,我看到了壮丽的圣像,房舍鳞次、帝后威严、凝重肃穆、炎焰熏天、燃者自燃、摇者自摇。"[53]下面是一长串7重宫殿护卫天使的名字,许多祈祷者在他们面前祈祷。

不管是以对话形式,还是更常见以启示录形式,描绘幽冥之旅细节的宫殿文学,被称作"降入战车(梅卡瓦)",尽管毫无疑问这是升天。神秘主义者一旦获得了这种秘术,他就可以来去自如。"这像什么呢(懂得战车的秘密)? 就像某人在房间里有了张梯子(能够上下自如)。"[54]再如,"拉比伊斯梅尔(Ishmael)说:所有 haverim(同伴,即初学者)都把这比作一个人在屋子中央有一张梯子,他借这梯子升降,没什么东西能阻止他"。[55]

如我们已看到的,这一操作也许是通过招来一位重要的天使——神的仪态天使——来实施的。"当某人想降入战车,他将召唤苏里亚(Surya)——神的仪态天使,并使他以 Tutruseah-YHVH(Tutruseah-耶和华)的名义发誓[来保护他]112遍,

Tutruseah-耶和华被称作 Tutruseah Tsortak Totarkhiel Tofgar Ashruleah Zevudiel 及 Zeharariel Tandiel Shokel Huzeah Dahivurim 以及 Adiroron YHVH,是以色列的主。"[56]

神秘主义者于是穿过总共八重宫殿,每重宫殿有一道门。每道门有 2 个守卫,一左一右,每重宫殿共有 8 个卫兵。在七重宫殿的每重宫殿的护卫面前必须念上帝的名字,一次为升天,一次为下降,按前面一段所说,数目则是 112,或 8 乘以 7 再乘以 2。护卫们也有他们自己隐秘的名字,对这些隐秘的名字也有冗长的描述。[57]

神秘主义者带着苏里亚(Surya)和 Tutruseah-YHVH 的标志(seals),穿过的第一重宫殿,并向大门左右两侧的护卫展示这些标志。每进入新的一重宫殿,都以知道一套新名字为先决条件。

第六重宫殿的卫兵的作用是杀死那些"不配得到这个任务的人"。[58]如果第六重宫殿的首领 Dumiel 确定这个神秘主义者对犹太教传统有足够的知识,则导引他到光辉的宝座前。

第七重宫殿护卫的可怕的名字直接来自不可称名的上帝。侍从王子乃阿纳菲尔(Anaphiel),他"像创世者"。[59]他打开第七重宫殿的大门,对面是 256 个活物(hayyot,梅卡瓦天使的一级),它们举着此神秘主义者。"512 只眼睛,而圣活物(the Holy hayyot)这些眼睛凹陷如树枝编成的筛子上的网眼"。基路伯(Cherubim)和 Ophanim(战车的天使之轮)[60]"仿佛光的火把和燃烧的火炭的火焰"。[61]

《大宫殿》(Hekhalot Rabbati)的第 26 章讨论那些不配进入战车的人。而那些应婉拒第一次进入邀请而只接收第二次

169

邀请的人，是那不配直接进入的人。第六重宫殿的卫兵在不配进入者面前制造"千顷波涛"的幻影，如果这位不配进入者询问任何关于波涛的问题，"卫兵会向他投掷无数铁块"。

这种继"火的危险"之后的毁灭性的"水的危险"，以一种奇怪却非常精确的方式与以诺幽冥之旅的整个过程联系在一起，也与关于四位坦乃英拉比命运的一些神秘故事联系在一起。

"这是进入天堂的四位：本·亚萨伊（Ben Azzay）、本·祖玛（Ben Zoma）、亚哈（Aher）和拉比亚基巴（Rabbi Akiba）"[62]。只有"拉比亚基巴升天并降入宫殿"[63]，而其他三位则命运不幸，碰到了《大宫殿》置于第六重宫殿的"水的危险"。他们把水错看成了天堂"洁净的大理石"（看起来像波浪），因而激起了上帝的愤怒，他不能容忍在他面前撒谎（*Babli hagigah* 14b）。梅尔破译这一天堂谜语，认为很清楚是暗指耶路撒冷圣殿，因为耶路撒冷圣殿的墙是以不同颜色的大理石建成的，"看起来像海浪"[64]。第六重天堂宫殿是耶路撒冷宫殿的原型，耶路撒冷圣殿实际上只是它天上原型的翻版。根据《大宫殿》，本·亚萨伊为他的错误付出的代价是死亡，本·祖玛疯了。"只有亚基巴安然升降"。

Aher（他者，即叛教者[65]）的真名叫以利沙·本·阿布亚（Elisha ben Abuyah），他在幽冥经验后变成了一个异端和拉比犹太教中不敬神的典型，他的命运和以诺非常接近。

根据《以诺一书》传达的早期传统，以诺是犹太文化的英雄。他到天堂，通晓了天文学的各种秘密，参观了上帝的殿堂，获得了即将到来的弥赛亚的信息。他在关于过去和未来以及关于天上和地上所有事物的秘密学说方面获得了教育。他教给人类字母和科学。根据《禧年书》(*Book of Jubilees*, 4:23)[66],上帝给了他一项极其重要的工作,他坐在伊甸园中来完成:他是上帝的抄写员和档案管理员。在《以诺二书》中,这个故事更加详细:上帝的天使长 Vrevoel[67] 给以诺带来了他的升天与晋升的好消息,然后是另一个天使,之后是上帝,亲自教他创世的秘密和天堂的秘密。这一部分相当于"创世之功"与"战车之功"。《亚伯拉罕遗训》(10:8—11:3)把以诺变成一个天使,基路伯(Cherubim)带着他的书籍和名册。后继的梅卡瓦文献给了以诺一个天使的名字梅塔特隆(Metatron)。《以诺三书》(15)生动地描述了作为人类的以诺变形为天堂之火做成的天使:他的肉和头发变成火焰,他的肌肉变成火,他的骨变成燃烧的木炭,他双眸变成余烬,他的四肢变成火翼。在一篇名为《摩西的启示》[*The Revelaion of Moses* (*Gedulat Mosheh*)]的希伯来文中世纪《启示录》中,这些在摩西身上也发生过。

171

不过梅塔特隆保留了以诺一项人的特征:他能坐。知道这一点很重要,天使不能坐,因为他们没有关节。当以利沙·本·阿布亚(Elisha ben Abuyah)到达天堂,他和以赛亚及前面提到的其他人一样,看到一个东西坐在光辉的宝座上,并把他误认为是上帝,他知道只有上帝能坐而天使不能。事实上,他被以诺-梅塔特隆给误导了,他成了一个二神论者,想:"也许——岂有此理! ——[天上]有两个神。"[68]

马加里奥斯(M.Margalioth)1966 年复原出来的《奥秘之书》(*Sefer ha-razim*)是个拼合成的文本,年代确定在公元 4 世纪到 7 世纪之间,包含梅卡瓦(战车)框架下的魔法诀窍。在这里对天堂秘密作虚构揭示的,不是一个圣经人物的幽冥之旅,而是先祖刻在宝石、蓝石头上的一部书,由天使拉结尔(Raziel)[69]传授给诺亚(Noah)。《奥秘之书》与宫殿文献的区别在于,后者把幽冥之旅变成自身目标,而前者则出于魔法目的而使用关于天堂诸存在的知识,即为了"事事成功"而询问天使。[70]

"诺亚从中学到了引起死亡和延续生命的礼仪,……解释梦境与异象,激励斗志,平复战争,统治神灵与魔鬼,役使它们如奴隶,查看地之四风,洞悉雷鸣之所说,分辨闪电之所言,预言每个月将发生的事,……理解天堂之歌"[71],这是圣活物(hayyoth hakodesh)之歌,它们是战车的兽形天使。[72]这正是所罗门王役使众神灵的著名魔法书。文本主体是对七重天穹天使长名字与能力——以及抚慰众天使的准备、仪式、表白——不厌其烦的描绘。这篇论文在理论上不具有占星学框架。[73]

沙勒姆注意到灵知派与早期犹太教神秘主义之间的相似性,认为后者来自前者,并把梅卡瓦神秘主义称作"犹太教灵知派"[74]。这个论点十分可疑,由于一系列原因我们将在下面再做分析。古伦瓦尔德(I.Gruenwald)从与我们不同的视角对这一观点提出了质疑。在梅卡瓦神秘主义研究中,他以前的著作《启示文学与梅卡瓦神秘主义》(Apocalyptic and Merkavah Mysticism, 1980)已经使其成为沙勒姆主要的接替者了。古伦瓦尔德在这本书中有重要发现,这些发现把梅卡瓦神秘主义与宫殿文献的研究置于新视野中。不过,古伦瓦尔德特别慎重,从不反抗前辈或夸耀自己的发现。

　　我们知道,沙勒姆的主要论点是:梅卡瓦神秘主义是犹太教灵知派的一种形式。他把这一假定建立在如下基础上:两者都存在字母置换技术、数字思辨以及对打开许多天堂住所大门的神圣名字、密码、标识的重视。显然,沙勒姆至少在一点上是错误的:上述特点就其自身而言远非灵知派的,他们在希腊化时的魔法中就已经存在。倒是可以假定犹太教神秘主义和灵知派都从这个希腊化魔法中有所借用,因而无法断言灵知派与梅卡瓦神秘主义谁具优先性。

173

　　不过,古伦瓦尔德在他最新著作的一些文章中(这些文章论述启示录、梅卡瓦神秘主义和灵知间微妙的界限),仔细论证了关于犹太教起源的理论可以解释许多灵知派主题。古伦瓦尔德与他的许多同仁不同,并不颠覆传统解释——传统解释认为灵知派发源于早期犹太教神秘主义。他的论据稳妥而具说服力,似乎加强了这样一个观点,即灵知派的历史起源问题实际上建立在一个理论谬误之上。但即使这是对的,如果只是因为这些论据中某一些的反犹态度假定了一种与犹太教的积极对抗〔这是皮尔逊(Birger Pearson)的论点〕,也并没抹杀灵知派从犹太教借入了一整套神秘主义主题的可能。因而,我认为古伦瓦尔德的立场在争论中是最持中的。他指出,"事实上,即使在灵知派使用犹太教的材料这种情况下,人们也不得不小心,不要把对犹太教资源的实际借入与对犹太教观念和圣经解释的简单共鸣与间接反思混为一谈。此外,犹太教不应被当作灵知派的唯一来源。有犹太教之外的其他因素对灵知派的形成有贡献……"[75]这一立场是在下列文章中提出的:《犹太教梅卡瓦神秘主义与灵知派》《拿戈·玛第灵知

派文本的犹太教起源?》《犹太教—灵知派争论面面观》《拉比
174 文献中的反—灵知派论辩》以及《灵知派抄本》V，4（2 ApJ）中
的哈拉卡（Halakha）材料?"[76]

只有对灵知派的幽冥之旅作一概览，才能表明古代晚期
这些宗教思潮中的主要升天模式在多大程度上是相似的。

灵知派的幽冥之旅

现今，卡萨迪厄（G.Casadio）对灵知派启示录的两个总
结[77]，以及对灵知派幽冥之旅的两个概览，是最新的，也是最完
整的。[78]任何进一步的研究都要考虑卡萨迪厄的全面分析。[79]

由于这些新近的研究，比起前几年，如今我们有了更好的
立场去理解灵知派为了获得对天国的熟知而采取的初步做
法。这些做法之一是想象。在灵知派学说——特别是3世纪
早期罗马异教研究者希坡律陀（Hippolytus）称之为赛特派
（Sethians）的灵知派团体的学说——的框架之外，我们是无法
理解这一方法的。[80]《琐斯特利阿奴》与《沙姆意解》这两篇拿
戈·玛第灵知派论文，显示了与这类灵知（Gnosis）的重要
联系。[81]

希坡律陀所称的赛特派（必定对摩尼教产生了根本影
响），认定了三个本原的存在：光、黑暗和灵（pneuma，spirit），
后者在前两者之间沉思。这三者也许来自亚里士多德心理
学，在那里灵（pneuma）是灵魂（soul）和身体（body）的媒介。[82]
如柏拉图的空间（*chrôa*）范型一样，这些本原是可知的（intelli-
gible）而非可感的（perceptible），它们只能通过沉思的做法来

理解。灵是扩散的，像一缕香气。

　　黑暗是由无理性的但自我反映（self-reflective）的水构成　175
的，焦虑地渴望与灵和光发生联系，以便不再"孤独、无形、无
光、无力、呆滞和虚弱"。[83]这就是为什么黑暗竭其所能在自身
中保持光的灿烂和灵的芬芳的缘由。

　　这三个本原在它们自身中包含无数永久碰撞的原子力。
由于它们的作用，模型和模式就出现了，这些模型与模式就像
亚里士多德的形式因，如"印章"或印痕一样作用于物质。这
些印痕之一是宇宙的形式，看起来像一个"内有 *omphalos*"的
巨大的子宫或母体（matrix）。如卡萨迪厄表明的，希腊词 *om-
phalos* 通常的意思是"肚脐"，这里是 *phallos*（阴茎）的委婉说
法。[84]通过沉思怀孕动物母体的形状来想象世界的母体，这是
可能的。赛特派认为，万物皆有一个此类的母体，这就为亚里
士多德关于形式的理论提供了一个独具一格的阐明。

　　进入受孕原则的分析，那导致世界在母体中产生的阴茎
（*membrum virile*），就是世界的德牧革（Demiurge）。德牧革是
一个可怕的蛇形弯曲（wind），在下面的雌水（female waters）
中搅起了巨大的波澜。我们理解这个波澜就是女性子宫，而
蛇就是插入其中的男根。在这个交合中诞生了一子，努斯
（Nous）或理智（Intellect），由光和灵（pneuma）构成，因而高于
其父母。悲剧的是他被此世捕获，因而他想摆脱此世的奴役。
他是"黑暗（Darkness）中的光明（Light），力图从身体获得解放
（*lythênai*），却找不到解放（*lysis*）或无法逃脱（*diexodos*）"[85]。
为了拯救包含在黑暗中的努斯，光明派遣逻各斯—基督通过
"进入神秘的母体"前去救他。[86]

赛特派灵知的通晓者可以通过类比和沉思理解这一宇宙起源过程。这种神秘活动的对象是眼睛的眸子和怀孕动物的子宫。眸子揭示了被明亮的灵所擦亮的黑暗的基础；子宫揭示了宇宙起源的过程，并让被禁欲的灵知派所挑动的性欲更显可憎。[87]

希坡律陀描述的另一个灵知派团体比拉特派（Peratae），则对天空的一个部分中的原始之蛇进行想象。[88]4世纪晚期的异教研究者，撒拉米（Salamis，塞浦路斯）的主教伊皮法纽（Epiphanius）给了我们与蛇相关的灵知派的进一步细节，尤其是所谓奥菲特派（Ophites，蛇派，来自希腊词 *ophis*，蛇）。[89]这些奥菲特派信徒拜蛇如拜神，因为蛇向人类揭示知识。蛇与自然物的外形之间有一系列的相似，伊皮法纽记录过其中的一则，"奥菲特派说，我们赖以生存和获取营养的肠子不是很像一条蛇吗？"[90]当然，崇拜比这走得更远。"他们有条真蛇，养在某种篮子里。他们举行秘密仪式时，就把蛇从蛇窝取出，围着桌子摆上面包，唤蛇出来。蛇窝打开，蛇就出来了。蛇于是……爬到桌子上盘在面包上。他们把这称作一个完美的献祭。而且……此外他们都要吻蛇。"[91]

许多灵知派通过仪式活动获得幽冥之旅。灵知派的马可（Marcus）以及晚期论文《比斯蒂·索菲亚》（*Pistis Sophia*）提到过某团体（也许是虚构的）举行多种洗礼。其他一些则诉诸频繁的性活动[92]，但这些活动遭到多数灵知派的反对，他们与前者相反，通常极端禁欲。（不过，伊皮法纽描述的这些性活动的特征难于确定，反而表明灵知派把这些活动看作禁欲主义的另一种形式，而不是看作"放荡的"。汉斯·约纳斯（H.

176

Jonas)在他著名的《灵知派宗教》一书中就这么认为。有个别的描述,提到过放荡的、公社制的灵知派教派,不过这个教派在多大程度上是"灵知派"则成疑问)这里我们对这类仪式不做描述。[93]巴西利德(Basilides)与灵知派的马可也使用与晚期犹太教卡巴拉在 gemmatria(数字命理学)、temurah(字母置换法)及 notarikon(词语派生法)名义下所用方法非常近似的语法技巧和数字命理学。这些不是典型的灵知派方法,通常属于希腊化时的魔法,从远古时代就已使用,亚述学家利文斯通(A. Livingstone)甚至把它们追溯到更早——许多亚述—巴比伦泥板已经使用数字命理学和置换语文学(字母置换技术)。[94]

177

在一篇最有趣的灵知派幽冥之旅报道中,洗礼仪式以一种属灵化的神圣形式重现,这篇报道包含在自传体的拿戈·玛第论文《琐斯特利阿奴》(抄本 8:1)中。歌德应该会喜欢它,因为琐斯特利阿奴(Zostrianos)和他的浮士德一样,处在精神崩溃的边缘,并在获得了终极启示后自杀了。

琐斯特利阿奴是个典型的知识分子,他一丝不苟地向公众宣扬严苛的禁欲主义(他是他那个团体中的重要人物),默默期盼他从未获得过的启明体验。让他绝望的是,他的许多伙伴诉诸性仪式,这让他与周围世界愈显隔膜。在冥思中,琐斯特利阿奴常常感到幽冥鬼魂的拜访,但这些冥思也极其抽象。它们关乎人类曾经提出过的最深问题:存在的事物为什么会存在? 为什么会有多样性?

琐斯特利阿奴无法回答这些问题,他缺乏关于高级实在的实际知识,因而感到苦恼和绝望。于是他进入沙漠,以便饥饿而死或被狮子吃掉。这一终极解决方案产生了预料的结

果:一位信使被光明世界派遣下界,这位信使责骂他不该自
杀,责令他回到公众中继续布道,但要与从前不同。信使给他
提供了一段灵知(gnosis)祥云上的幽冥之旅,祥云能在空中迅
速移动。琐斯特利阿奴在所有相继的神体(aeon)中受洗(即
被接受)后,达到了幽冥的顶峰,从伟大的奥斯罗尼奥斯(Au-
throunios)和一个被称作埃菲塞克(Ephesech)的光明存在那
获得了终极启示。

另一个带有幽冥之旅的灵知派《启示录》是《沙姆意解》
(抄本7:1),赛特派体系十分生动地出现其中。我们在这里遇
到了数不清的生有眼睛的母体,还有弯曲—母体(即阴茎—子
宫)和代表天国神体(aeon)的灵知彩云。[95]

从这些描写很容易看出,这类灵知派幽冥之旅似乎与犹
太教启示录或梅卡瓦神秘主义几乎没有任何共同之处。然
而,3世纪晚期两个称作第一和第二伊欧书(*First and Second
Books of Ieu*)[96]的抄本,在以下范围内确与梅卡瓦神秘主义类
似:它们都包含对天堂车站冗长琐碎的描述,通过这些天堂站
点,灵知派的灵魂能够找到它们的死后道路。

据说灵知派使用这些书籍,要记住60种这类天堂站点的
名字、地图、示意图。这些站点被称作"珍宝",其中住着至少
60位伊欧(Ieu),他们都来自一位原始伊欧(即耶和华,
YHVH)。记住每个珍宝的地形和每位伊欧的名字是不够的。
每个珍宝有一个名字、三个护卫、几个居住者、几个大门,每个
大门都有自己的守卫。每个站点都要求印章和魔法数字(*pse-
phos*)。练习记住所有这些规矩,必定超出多数灵知派信徒的
能力,因为在此书的末尾,救主怜悯他们,泄露了主要的强力

名字、数字和印章,这样就可以绕过所有其他的天堂习俗。因
而这本书最后把自己的有用性取消了。

《伊欧二书》也许译自希腊语(此书所含的希腊词语的数
量,甚至在灵知派文本的科普特语翻译中也不常见),但必定
源于埃及。我们环顾四周,会发现没有一种宗教像埃及那样
对幽冥之旅的描绘具有如此广泛的概述,更不用说对站点的
琐碎列举系统为两者所共有,与梅卡瓦神秘主义也很相似。
除了这一点:埃及的亡灵旅程是横向的,灵知派的是纵向的。

如果梅卡瓦神秘主义与某些灵知派文件有某些共同点,
那就是列举众名字与诸魔法程式以备幽冥之用。我们可以毫
无疑问地确定,这种方法首先在埃及的丧葬实践中应用。这
种方法非常可能被埃及灵知派借用。下面这个例子取自底比
斯《亡灵书(度亡经)》咒语第150条,是最不复杂的;其他的则
包含更多因素,包括颜色和程式。

> 芦苇地[埃及的天堂],Re-Horakhty[瑞和荷鲁斯的
> 结合]神居之。火之角,举火盆者居之。极高之山,众神
> 灵之山。山洞,Feller of Fish 神居之。Iseset、Hasret,高
> 居之神居之。Qahu 角、Idu,索提思神(Sothis)[天狼星]
> 居之。Wenet 山,居之之神乃灵魂粉碎者。水之角,至强
> 之神居之。Kheraha 山[在开罗以南],尼罗神(Nile)[尼
> 罗河]居之。燃烧之河、Ikesy,看、取之神居之。居神之美
> 丽西方者,处蛋糕(shens-cakes)和啤酒之上。[97]

把它和下面取自《伊欧一书》的段落相比较: 180

> 我们又来到第六十重珍宝:Oaxaex 走出来,这是我
> 和围绕我的位阶(Taxis)。我告诉我的门徒:"看这重珍

宝的结构：它周围有六个区位（Topos，复数 Topoi，地志），居中者是 Oaxaexo。他区位之上的这两条线是他所处区位的根基。另外两组两条线（其中全是 α）与此类似，一组在上一组在下，如果你想到达并进入父的区位，它们是你必须遵循的路线。这些 α 是拉在他（指父）前面的帷幔。"[98]

早期基督教的神秘主义

就幽冥之旅来说，埃及沙漠教父的神秘主义是犹太教神秘主义的基督教变形。在其中我们发现了许多与犹太教启示文学共有的主题：睡着、信使到来、天堂中预定地点的异象等。[99]重释这些主题的背景，尽管在信仰上很强大，在理智上却相当贫乏。一个革新是圣徒在殉教时能够体验幽冥之旅。圣优西比乌[100]被拷打至"血肉散落于地"，在天使沙利叶（Suriel）的陪伴下有一段幽冥之旅，天使沙利叶向他展示了宝座、王冠和荣耀。这个故事遵照了一个犹太教义人所期待的最简单模式。[101]同样情况在阿帕·拉卡罗尼斯（Apa Lacaronis）身上也发生过。[102]有时异象在弥撒中发生。

阿帕·米加利阿斯（Apa Macarius）传授某种原始的《亡灵书（度亡经）》，这是他被两个天使劫持到天堂上时学的。[103]天使把一位死去基督徒的灵魂从他的身体分离出来，置于空中 3 天，"随意去任何地方。如果灵魂想他的身体，就到坟墓里的身体旁待一段时间，这段时间是它所习惯的那种熟悉的联合。这 3 天过后，灵魂飞行、周游、寻找喜爱它的人，就像一只鸟寻找它的巢。一个正义的灵魂也以这种方式前往那些它习惯于

做义事的地方"。第 3 天,灵魂上升天界,崇拜上帝,在余下的
6 天里参观天堂。之后,还要看 3 天地狱(*sheol*)。在第 40 天,
灵魂在上帝审判之前回来,分配应得的死后命运。如果这个
灵魂不属于一个受洗的基督徒,则它的命运显然将是"磨难和
永久的痛苦"。对死后生命的这种表述当然是质朴的,在这个
意义上:它允许**任何**基督徒(无论多么罪恶)在审判之前的天
堂一瞥。这种幽冥观比起犹太教神秘主义和灵知派来,有无
限多的民主。

卡 巴 拉

卡巴拉(Kabbalah)是犹太教神秘主义的一种形式[104],一
方面扎根于写作学(grammatology)思辨与数字命理学(nu-
merology)思辨,从而产生了《创世之书》(*Sefer yetsirah*,也许
出现在 4 世纪);另一方面扎根于宫殿(*hekhaloth*)文学。卡巴
拉研究极大地受益于以戴尔(Moshe Idel)新近的著作,他把历
史中的卡巴拉思潮区分为两种:"神智学—法术"型卡巴拉与
"出窍"型卡巴拉。[105]

宇宙论体系成为卡巴拉的标准形式,《创世之书》已经以
宇宙论体系为特征。10 个萨菲罗斯(*sephirot*,星球)[106]大概对
应着十诫,而与它们相连的 22 条线路对应着希伯来字母表的
22 个字母。创世就通过这 32 个基本元素发生。《创世之书》
与宫殿文学是德国虔诚派犹太人(Hasidei Ashkenaz)[107]的理
智焦点,其中特别有名的是卡罗尼姆斯(Kalonymus)家族,包
括斯派尔[108]的撒母耳·本·卡罗尼姆斯(Samuel ben Kal-

onymus of Speyer,12 世纪)、他的儿子犹大·本·撒母耳
(Judah ben Samuel,约 1150—1217)以及他儿子的门徒,著名
的沃尔姆斯[109]的以利亚撒(Eleazar of Worms,约 1165—1230)。
不过,经典卡巴拉出现在普罗旺斯[110],主要是写作《巴海尔》
(Sefer ha-Bahir,光明之书)一书的塞法迪犹太人(Sefardi)[111]。
在这本书中,萨菲罗斯(sephirot,星球)第一次被指明为上帝的
属性。拉比波斯可艾尔[112]的亚伯拉罕·本·大卫(Abraham
ben David of Posquières,约 1120—1198)的儿子盲人艾萨克
(Isaac the Blind,约 1160—1235),是第一个研究《巴海尔》
(Bahir)的普罗旺斯神秘主义者。在加泰罗尼亚,[113]卡巴拉
在以斯拉·本·所罗门(Ezra ben Solomon)、阿兹列尔
(Azriel)以及著名的摩西·本·纳曼(Moses ben Nahman)或
纳曼尼德斯(Nahmanides,约 1195—1270)这些拉比们的赫罗
纳(Gerona)[114]圈子里风行。在基督教的卡斯蒂利亚[115],《佐
哈尔》(Zohar)[116]作者的直接先驱是雅各布·科恩(Jacob Co-
hen)和艾萨克·科恩(Isaac Cohen)兄弟。这个时期的卡巴拉
主义者使用 temurah(字母置换法)、gematria(数字命理学)、
notarikon(词语派生法),是对字母表中的字母进行置换与组
合的古老技巧和数字命理学。这些东西的原型似乎是希腊化
的,尽管它们在巴比伦王国已经被使用。

　　出窍型卡巴拉的主要代表是 13 世纪伟大的塞法迪神秘
主义者阿布拉菲亚(Abraham Abulafia),他的目标是与上帝
devekut 或 unio mystic(与上帝的出窍合一)。以戴尔认为,阿
布拉菲亚卡巴拉是迈蒙尼德(Maimonides)[117]亚里士多德主
义与苏菲(Sufi)神秘主义的理论综合,在实践上以一系列称

作专心（*hibodedut*）的方法为基础，包括语文学和对神圣名字的诵念。和在苏菲派中一样，对阿布拉菲亚来说，*unio mystic*（*devekut*）是人转变成上帝这样一种体验。[118]

阿布拉菲亚时代产生了两位经典卡巴拉的奠基者——约瑟夫·本·亚伯拉罕·吉卡提拉（Joseph ben Abraham Gikatilla，1248—1350）和莱昂的摩西（Moses of Leon，约1250—1305）[119]，后者是伪经《佐哈尔》（*Sefer ha-zohar*，光辉之书）的作者，他把这书归于公元 2 世纪坦乃英（导师）西蒙·巴·约哈伊（Simeon bar Yohay）。

经典卡巴拉把梅卡瓦文献的宇宙论整合进自上而下相继的四个属灵宇宙［即 *atsilut*（流出）、*beriyah*（创造）、*yetzirah*（构成）、*asiyah*（结构）］的一个中。*atsilut* 宇宙包含 10 个萨菲罗斯［*sephirot* 星球，Keter（王冠）、Hokhmah（智慧）、Binah（理解）、Gedullah 或 Hesed（慈悲）、Geburah 或 Din（严厉或力量）、Tiferet 或 Rahamim（美丽或平衡）、Netsah（胜利）、Hod（宏伟）、Yesod 或 Tsaddik（基础）、Malkhut 或 Shekinah（王国）］，全部来自原人（primordial）亚当·卡德门（Adam Kadmon）的天堂身体；*beriyah* 宇宙包含七重宫殿及战车；*yetzirah* 宇宙包含诸天使长；*asiyah* 宇宙是有形世界的原型。在 *asiyah* 这个宇宙中，10 个萨菲罗斯表现为彩虹、海浪、黎明、青草和绿树。

卡巴拉发展出许多神秘主义技巧，比如对色彩的想象等，目的是促进通达 *atsilut*（流出）。这很难操作，因为 *atsilut* 中存在"另一面"（*sitra ahra*）即邪恶。卡巴拉并无灵魂与身体的柏拉图式二元论或对此世的柏拉图式蔑视，至少在体系上不是这样的。性是好的，因为性能合并那些在灵魂向身体的下降中

183

被分裂开的实体。[120]卡巴拉主义者的活动有三个目标：*tikkun*，即一种原始统一与和谐的恢复（无论是在个体中还是在宇宙中）；*kavvanah*，即敛心入定；*devekut*，即与上帝的出窍合一。

以撒·鲁利亚（Isaac Luria，1534—1572），萨费德的圣狮［*Ari ha-kadosh*，*Ari*，"狮子"，是"Ashkenazi Rabbi Ishaq"（阿什肯纳兹·拉比·伊沙克)的首字母组合］[121]及其门徒［最重要的是哈伊姆·威塔尔（Hayyim Vital），1534—1620］创造了一个综合，把创世把握为上帝在自身内的一个收缩（*tsimtsum*，抽身）过程，邪恶是一种属灵废料（壳，*qelippot*）的积极存在，来自本应包含萨菲罗斯的管道（*shevirat ha-keim*）的破碎。鲁利亚积极评价灵魂的转生（reincarnation，metensomatosis），因为这可以让圣贤获得属于卓越人士的额外数目的灵魂或"灵魂火花"。

以戴尔在其新著《卡巴拉：新视角》中，对卡巴拉主义者实际使用的神秘主义技巧提供了令人兴奋的新描述，沙勒姆在他的《犹太教神秘主义主要思潮》中只是顺便提到了这些技巧中的一部分（如果实在要用）。这些技巧包括哭泣和访问墓穴[122]、升天[123]、组合神圣名字中的字母[124]，以及祈祷（*kavvanah*），这祈祷伴着直观化为颜色的 10 个萨菲罗斯（星球）的内在化。[125]

灵魂的上升在卡巴拉中的实践，是古老的神秘主义遗产——12、13 世纪德国虔诚派犹太人（Hasidei Ashkenaz）[126]保留的梅卡瓦文献——的一部分。和老的坦乃英一样，拉比天使米迦勒（Michael the Angel，13 世纪中期法国）"询问问题，而他的灵魂升天以便寻找答案"。他的身体像石头一样保持不动 3 天。[127]拉比蒙孔图尔的以斯拉（Ezra of Moncontour)[128]到天堂并听到了圣活物（hayyoth）的歌。在晚间，以撒·鲁利亚（Isaac Luria）的灵魂参观了天上著名坦乃英的叶史瓦（yeshivot）[129]。鲁利亚的门徒哈伊姆·威塔尔（Hayyim Vital）也在狂喜（swoon）中上升到了荣耀之座。[130]

晚期犹太教神秘主义

晚期犹太教神秘主义是与沙巴泰·泽维（Shabbetai Tsevi，1626—1676）联系在一起的，他是 17 世纪一位神秘主义者，但并非卡巴拉信徒。鲁利亚卡巴拉主义者拿单·本·以利沙·哈伊姆·阿什肯纳兹（Nathan ben Elisha Hayyim Ashkenazi，1643/1644—1680）把沙巴泰·泽维确定为期待中的弥赛亚，前者以加沙的拿单（Nathan of Gaza）这个名字闻名。他在神秘主义者士麦那（Smyrna）[131]身上发现了神圣拣选的标志，这些标志中就有比如人（character）的可预见的虚弱以及来自 qelippot [132]的诱惑。沙勒姆在其巨著《沙巴泰·泽维：神秘主义的弥赛亚》（1973）中重构了沙巴泰主义的历史。

185

1665 年沙巴泰被宣布为弥赛亚时，加沙的拿单用欢乐的盛宴代替追悼仪式来纪念沙巴泰，让正统犹太教公众错愕不已。拿单预言，这位弥赛亚将头戴土耳其苏丹的王冠成为世界之王。当沙巴泰 1666 年 2 月进入伊斯坦布尔时，苏丹逮捕了他。9 月，苏丹让他在绞刑和皈依伊斯兰教之间作出选择，沙巴泰选择了后者，但拿单和奥斯曼土耳其帝国的许多沙巴泰主义者接受了他的选择却并不放弃他们的信仰，并决定以对伊斯兰教形式上的皈依跟随他，而继续他们的反律法主义的活动。后来,激进的沙巴泰主义者弗兰克(J.Frank,1726—1791),认为自己是沙巴泰的转生,在波兰宣讲对《托拉》的弥赛亚式拒斥。[133]

波兰哈西德主义(Hasidism)是最近最丰富的犹太宗教综合,包含犹太教神秘主义所有思潮的要素。哈西德主义的奠基者是以色列·本·以利撒(Isreal ben Eliezer),称作巴尔·舍姆·托夫[Baal Shem Tov,首字母拼作贝施特(Besht),死于1760],是一位行神迹的人。贝施特的后继者是梅塞雷茨的马吉德(*maggid* of Meseritch)[134]——巡回布道者道夫·贝尔(Dov Baer,1710—1772)。在他的时代,哈西德运动赢得了许多信徒,令犹太教正统派(*kehillah*)大为光火,后者偏好启蒙运动意识形态[犹太教密那德派(*mitnagdim*)[135]是启蒙运动的代表]。经过一百年的冲突之后,两部分之间的差别消除了,哈西德派的革命冲动丧失了很多,密那德派在伦理学上得了个教训。

与传统阿什肯纳兹犹太人[136]虔诚派(由严苛的苦行主义构成)不同,哈西德教徒强调上帝全能之乐。他们把 *devekut*(与上帝的出窍合一)体验为 *aliyat ha-neshamah*(灵魂升入神性光明)。他们在身体的最卑贱活动中确证上帝的存在并践行肉身上的崇拜(*avodah ba-gashmiyut*),不止在祈祷和神圣仪式中,而且也在诸如交媾、吃饭、睡觉这些不洁活动中赞美上帝。任何在心中实现 *devekut* 的活动都能导致出窍。这样,出窍式舞蹈、歌曲,甚至那些狂舞托钵僧的旋转运动,都能看到 *devekut*。有造诣的哈西德派教徒从入定的高处下降来挽救他的公众,实践 *yeridah le-tsorekh aliyah*(因上升而下降)。

升天实践常见于哈西德派创建者贝施特(巴尔·舍姆·

托夫)。在给他内弟的一封信中,他写道:

> 在 4407(1746)年的犹太教新年(*Rosh ha-Shanah*),为了
> 灵魂的上升我念咒作法⋯⋯在那异象中我看到了奇异之
> 事⋯⋯但当我回到低层天堂,我看到生者和死者的灵魂,
> 有的认识有的不认识,⋯⋯数不过来,前后运动,从一个世
> 界升入另一个世界⋯⋯我问跟我一起的老师也是我的主人,
> 前往并升入天上世界风险巨大,自我获得觉悟后我从未升到
> 那里去过。所有我一级一级上升,直到进入弥赛亚之地。[137]

灵魂的上升(升天)尽管在马吉德(*maggid*)[138]及其后继
者治下并不流行,但卢巴维特奇的道夫·贝尔(Dov Baer of
Lubavitch,1773—1827)在他的一篇论文[《论出窍》(*Qunteros
ha-hithpa 'aluth*)]中阐述了一种出窍理论。道夫·贝尔是哈
西德运动(Hasidism)哈巴德(Habad)派的领袖[139],这个教派
是他父亲列迪的施努尔·扎尔曼(Schneur Zalman of Liady,
1747—1813)创立的。[140]哈巴德派像其他哈西德信徒一样,并
不反对人为导致的出窍,比如歌唱、舞蹈、饮酒。道夫·贝尔
的继承者是他的女婿孟德尔(Menahem Mendel)。"在他的信
徒围坐他的桌子时会大量饮酒,并阐述最深奥的哈巴德论
题"。[141]然而,卢巴维特奇的道夫·贝尔在他的小册子中,并
不讨论获得出窍的方法,但音乐和歌唱除外。他写到,分清真
出窍(灵魂的出窍)和假出窍("外在的出窍",肉体和"自我崇
拜"的出窍)很重要。[142]"外在出窍"伴着"怪异之火的刺激性热
情,而这怪异之火只能来自血的刺激性,并不拥有任何上帝之
火"。[143]有 5 种类型的真出窍或"灵魂的出窍",正如有 5 种类型
的灵魂和人的 5 种类型的心理。深刻的、本真的出窍完全是无

187

意识的。道夫·贝尔出色的论文中也有来自卡巴拉甚至文艺复兴时期柏拉图主义的常见题目。他赞扬忧郁与痛悔，相信经历过出窍之高级形式的神秘主义者追寻自我之湮灭，并对诸如"名望、服饰、美食以及其他粗俗欲望"等世俗价值变得了无牵挂。[144]

注　释

[1]　John J.Collins ed., *Apocalypse*：*The Morphology of a Genre*，见 *Semeia*：*An Experimental Journal for Biblical Criticism* 14(1979)。［按：《神迹：圣经批评实验期刊》是实验性质的圣经研究系列期刊，1974 年开始出版，目前已出到第 91 辑。Semeia 是 sign(神迹)的希腊拼法，字面的意思是记号、兆头。]这一期包括 J.J.Collins(introduction，Jewish apocalypses，Persian apocalypses)、Adela Yarbro Collins(early Christian apocalypses)、F.T.Fallon(Gnostic apocalypses)、A.J.Saldarini(rabbinical literature and Jewish mysticism)的文章。尽管近来发表的有关启示论的观点变化很大，但 Collins 编的这一辑仍然有其价值。犹太教、基督教以及其他的文本中对升天的论述，在 Alan F.Segal 的"Heavenly Ascent in Hellenistc Judaism，Early Christianity and their Environment"中也有讨论，载 *Aufstieg und Niedergang der römischen Welt*(Berlin：De Gruyter，1980)，vol.2，23.2，pp.1222—1294。

[2]　Collins 为 *Apocalypse*：*Morphology* 写的导论，此书第 9 页。

[3]　(一)在犹太教中(按 J.J.Collins)：《亚伯拉罕启示录》(*The Apocalypse of Abraham*)、《以诺一书》(*1 Enoch*)1—36[守卫者之书(*Book of the Watchers*)]、《以诺一书》(*1 Enoch*)72—82[天文之书(*Book of the Heavenly Luminaries*)]、《以诺一书》(*1 Enoch*)37—71[以诺寓言书(*The Similitudes of Enoch*)]、《以诺二书》(*2 Enoch*)、《利未遗训》(*The Testament of Levi*)(旧约伪经《十二族长遗训》中

的一卷)、《巴录三书》(3 Baruch)及《亚伯拉罕遗训》(The
Testament of Abraham)(旧约伪经《三族长遗训》中的一卷);(二)
在拉比犹太教与犹太教神秘主义中(按:A.J.Saldarini):《大宫殿》
(Hekhalot Rabbati)、《战车之书》(Merkaba Rabba)、《以诺三书》(3
Enoch)或《宫殿之书》(Sefer Hekhalot)、《以利亚启示录(希伯来
语)》[The Apocalypse of Elijah(Hebrew)](《旧约》伪经,有希伯来
语和科普特语两种)、《耶拉篾的编年史》(The Chronicles of Jerah-
meel)、《约书亚·本·利未的启示》(The Revelation of Joshua ben
Levi)及《摩西升天记》(The Ascension of Moses)(《旧约》伪经);
(三)早期基督教中(按 Adela Yarbro Collins):《以赛亚升天记》
(The Ascension of Isaiah)、《保罗启示录》(The Apocalypse of Paul)、
《以斯得拉启示录》(The Apocalypse of Esdras)[以斯得拉是希伯来
语以斯拉(Ezra)的希腊读法,和以斯拉指同一个人,即尼西米的
同侪。]、《童女马利亚启示录》(The Apocalypse of the Virgin Mary)、
《佐息末的故事》(The story of Zosimus)[佐息末的故事/利甲人史述
(The Story of Zosimus/History of the Rechabites)]、《神的圣母的启示
录》(The Apocalypse of the Holy Mother of God)、《雅各启示录》(The
Apocalypse of James)、《圣使徒约翰和圣母的神迹》(The Mysteries of
St. John the Apostle and Holy Virgin)、《复活书》(The Book of Resurrec-
tion)及《赛德拉克启示录》(The Apocalypse of Sedrach)[《新约》伪经;
(四)在灵知派中(按:F.T.Fallon):《沙姆意解》(The Paraphrasis of
Seem)、《琐斯特利阿奴》(Zostrianos)、《保罗启示录》(The Apocalypse
of Paul)及《伊欧二书》(Two Books of Ieu)。——译者注

[4] 关于 The Ascension of Isaiah[or his vision],参见我的"La Visione di
Isaia e la tematica della 'Himmelsreise'",载 M.Pesce 编,Isaia, il
diletto e la Chiesa(Bologna,1983),pp.95—116。

[5] 见我的 Psychanodia,pp.6—7。

[6] 犹太教启示录译文的文集有：J.H.Charlesworth 编，*The Old Testa-
　　　ment Pseudepigrapha*，vol. 1：*Apocalyptic Literature and Testaments*
　　　(Garden City，Doubleday，1983)，更老的译文见 R.H.Charles 编，
　　　The Apocrypha and Pseudepigrapha of the Old Testament，vol.2：*Pseu-
　　　depigrapha*(Oxford：Clarendon Press，1913)。参见 J.H.Charles-
　　　worth，*The Pseudepigrapha and Modern Study with a Supplement*
　　　(Chico，Calif.：Scholars Press，1981) 及 J. J. Collins，*The
　　　Apocalyptic Imagination：An Introduction to the Jewish Matrix of Chris-
　　　tianity*(New York：Crossroads，1984)。

[7] 这个文本是 *Paralipomena Jeremiae*(*3 Baruch*) 3.3—5[按：即通常所称
　　　的《巴录四书》]，见 J.R.Harris，"The Rest of the Words of Baruch"，
　　　载 *Haverford College Studies* 2 (1989)。耶利米送亚比米勒
　　　(Abimelech)到亚基帕(Agrippa)的葡萄园去采集无花果。亚比米
　　　勒在一棵树下酣睡 66 年。参见我的 *Psychanodia*，p.63，n.16。

[8] J.梅尔(Johann Maier)，生于 1933 年，研究犹太教的学者。他是奥
　　　地利人，在德国教书，所以作者下文说他是德国学者。他是科隆
　　　大学马丁·布伯犹太教研究所的创建者(1966)，长期担任所
　　　长。——译者注

[9] 即《以斯拉二书》的 3—14。——译者注

[10] Mary Dean-Otting，*Heavenly Journeys：A Study of the Motif in
　　　Hellenistic Jewish Literature*(Frankfurt，Bern，and New York：Peter
　　　Lang，1984).

[11] *De vita Mosis* 2.28ff.

[12] Josephus，*Jewish Antiquities* 4.326；Dean-Otting，*Heavenly Journeys*，
　　　p.5.[按：约瑟夫斯全名提图斯·弗拉维奥·约瑟夫斯(Titus Fla-
　　　vius Josephus，37—100)，简称约瑟夫或约瑟夫斯，或译作约瑟法
　　　斯或约西弗斯，1 世纪著名的犹太历史学家。著有《犹太古史》

《犹太战史》《驳斥阿比安》和自传《人生》，对了解犹太人在古代和罗马统治时期的面貌有重要参考价值。]

[13] 见 Michael A.Knibb, *The Ethiopic Book of Enoch : A New Edition in the Light of the Aramaic Dead Sea Fragments*, 2 vols.(Oxford：Clarendon Press，1970)。作者此书的基础是 33 篇埃塞俄比亚语手卷，其中最老的写于 15 世纪。在库姆兰（Qumran)发现的 11 篇关于以诺的手卷残卷中，有 196 行是埃塞俄比亚语版本的全部 1062 行中没有的。部分阿拉姆语残卷与埃塞俄比亚语版本区别很大。希腊语版的 *1 Enoch* 有 4 个来源，参见 Matthew Black, *Apocalypsis Henochi Graece*(Leiden：Brill，1970)。3 篇最重要的希腊语手卷的年代可以上溯到 4 世纪至 6 世纪。《以诺书》是埃塞俄比亚教会的正典，4 世纪至 6 世纪间从希腊语翻成埃塞俄比亚语。

[14] J.T.Milik, *The Books of Enoch : Aramaic Fragments of Qumran Cave 4*(Oxford：Clarendon Press，1976).

[15] Dean-Otting, *Heavenly Journeys*, p.41.

[16] Johann Maier, "Das Gefährdungsmotiv bei der Himmelsreise in der jüdischen Apokalyptik und 'Gnosis'", 载 *Kairos* 5（1963)，pp.18—40。[按：*Kairos*(凯洛斯)的意思是时机]

[17] 梅塔特隆(Metatron)，也译为梅丹佐，是被天使米迦勒迎接升天后的以诺的名字。字面的意思是"次于(meta-)王座(thrones)"，即最靠近王座者。梅塔特隆是上帝的使者，是神的显现，地位很高。犹太人认为《圣经》中《创世记》(32)、《出埃及记》(23：20)等处中神的使者或显现可能就是他。——译者注

[18] Collins 提到过一个"以诺运动"，构成了 *1 Enoch* 的不同部分。(Collins, *Apocalyptic Imagination*，pp.56—63。)

[19] 巴柯巴(Bar Kochba)，犹太民族被罗马帝国征服后，有两次起义。

第一次是奋锐党人起义(66—70)，失败后第二圣殿被毁；第二次即巴柯巴起义(132—135)，罗马皇帝哈德良镇压巴柯巴起义后就把犹太行省废除了。有学者认为，巴柯巴的意思是"星之子"，是弥赛亚的称谓，所以本书作者称他为弥赛亚巴柯巴。——译者注

[20]　Collins, *Apocalyptic Imagination*, p.196.

[21]　《圣经》中没有出现过天使长的复数形式，但犹太教次经伪经特别是《多比传》则叙述共有 7 位，《以诺一书》更指出这 7 位的名字，第一个就是乌利尔。但只有米迦勒和加百列在《圣经》正典中出现过。——译者注

[22]　文本见 M. de. Jonge, *Testamenta Ⅻ Patriarchorum* (Leiden：Brill，1964)；评释见 H.W.Hollander 和 M. de. Jonge, *The Testaments of the Twelve Patriarchs：A Commentary* (Leiden：Brill，1985)。这篇东西最早的未佚的希腊文手稿，年代确定在 10 世纪，尽管最早提到 *Testaments* 的是亚历山大的奥利金(Origen，卒于 254 年)。这篇东西，无疑是以某个古老的犹太教传说为基础的，但从目前的形式看是基督教的。*The Testament of Levi* 的阿拉姆语残卷很长时间以来就为人所知；在库姆兰(4 号洞穴)出土了关于利未的一个卷轴，而其他一些残卷是在 1 号洞穴中发现的。不清楚现在这个 *Testaments* 最初是什么语言写成的。像 M. de. Jonge 这样的学者认为它是直接用希腊语写的，其他一些学者则倾向于认为最初用的语言是希伯来语甚至是阿拉姆语。

[23]　Dean-Otting, *Heavenly Journeys*, pp.80—81.

[24]　比列(Beliar)，《圣经》对撒旦的称呼。《旧约》中原本称为"匪类"，在两约中间犹太启示文学中逐渐指撒旦，保罗在《新约》中按此意思使用。——译者注

[25]　*Testament of Levi 3.3*，译文见 Hollander 和 Jonge, *Patriarchs*, p.136。

[26]　文本见 J.-C. Picard, *Apocalypsis Baruchi Graece* (Leiden：Brill，

1967）；A.-M.Denis，*Concordance de l'Apocalypse grecque de Baruch* (Louvain：Institut Orientaliste，1970)。[按：《希腊语巴录启示录》就是《巴录三书》的希腊语版]

[27]　天使法内力（Phanuel），基本上等同于天使乌利尔（Uriel）。——译者注

[28]　Dean-Otting，*Heavenly Journeys*，pp.98—152.

[29]　Matthias Delcor 编辑文本的 *The Testament of Abraham*（Leiden：Brill，1973）；文本和译文见 Michael E.Stone，*The Testament of Abraham*（Missoula：Scholars Press，1972）。讨论见 George W.E. Nickelsburg Jr.编，*Studies on the Testament of Abraham*（Missoula：Scholars Press，1976）。尚存两个希腊语校订版（一长一短），以及其他几种语言的版本。多数学者倾向于把《亚伯拉罕遗训》的时代确定在 1 世纪。

[30]　亚当夏娃先生该隐再生亚伯，亚伯被该隐所杀。——译者注

[31]　可参看黄根春编：《基督教典外文献——旧约篇》第四册，香港基督教文艺出版社 2001 年版，第 297 页。——译者注

[32]　Martha Himmelfard，*Tours of Hell：An Apocalyptic Form in Jewish and Christian Literature*（Philadelphia：Fortress，1985）.

[33]　特别参看我的 *Expériences de l'extase*，p.20。

[34]　有关原始资料和二手文献参见我的"Visione di Isaia"，pp.95—111。

[35]　亚基巴·便·约瑟（Akiba ben Joseph），拉比犹太教的奠基人之一，是《塔木德》口传律法米示拿的著名作者（坦乃英，tannaim）之一。——译者注

[36]　参见我的"Visione di Isaia"，p.104.

[37]　但 *The Ascension of Isaiah* 尚存版本的最新编者是不接受这一假定，见 *Corpus Christianorum：Series Apocryphorum*（Belgium：Brepols）。[按：教父著作原文迄今最完整的版本是 19 世纪法国天

主教神父米涅(Jacques Paul Migne,1800—1875)编辑的《教父著作全集》(Patrologiae Cursus Completus),卷帙浩繁。近代学者鉴于其中存在的讹误,开始编定与原文更接近、更精确的现代版本。其中,比利时 Brepols Publishers 出版社出版的教父著作原文全集《基督教著作全集》(Corpus Christianorum)是其中著名的一种。(参见魏连岳,《教父著作原文权威版本及英文译本简介》)〕

[38] Joseph Dan, *Gershom Scholem and the Mystical Dimension of Jewish History*(New York and London: New York University Press, 1987), p.39.

[39] Ithamar Gruenwald 的两本书:*Apocalyptic and Merkavah Mysticism* (Leiden and Cologne: Brill, 1980)和 *From Apocalypticism to Gnosticism: Studies in Apocalypticim, Merkavah Mysticism and Gnosticism* (Frankfurt, Bern, New York, and Paris: Peter Lang, 1988)是早期犹太教神秘主义研究领域的两部主要著作。

[40] 梅卡瓦(*merkabah*)字面的意思就是战车(chariot)。20 世纪以色列复国以来,即以梅卡瓦命名其主战坦克。——译者注

[41] Michael A.Morgan trans., *Sefer ha-razim: The Book of Mysteries* (Chico: Scholars Press, 1983).

[42] 这些文本的结集见 Peter Schaefer, *Synopse zur Hekhalot-Literatur* (Tubingen: Mohr, 1981)。

[43] 见 P.Alexander, "3(Hebrew Apocalypse of) Enoch",载 Charlesworth, *Pseudepigrapha*, vol.1, pp.223—315。

[44] Ira Chernus, "The Pilgrimage to the Merkavah: An Interpretation of Early Jewish Mysticism",载 *Early Jewish Mysticism: Proceedings of the First International Conference on the History of Jewish Mysticism* (Jerusalem: The Hebrew University of Jerusalem, 1987)。

[45] 见 Gruenwald, *Apocalypticism to Gnosticism*, p.63。

[46] 潘贝底沙(Pumbeditha)在今伊拉克,当时主要拉比学术中心之一。拉比学院(rabbinical Yeshiva),直译拉比叶史瓦,纽约有叶史瓦大学,即犹太教塔木德学院。——译者注

[47] 译文见 David J. Halperin, *The Merkabah in Rabbinic Literature* (New Haven: American Oriental Society, 1980), p.3。

[48] 坦乃英(Tannaim)是坦乃(Tanna,或译坦拿)的复数,希伯来语原意是"教师",指犹太教《米示拿》(Mishnah)的作者。活跃在公元70年至公元200年间,共有数百人,陆续在巴拉斯坦编纂口传律法。他们的后继者称为"阿摩拉"(3世纪至6世纪)。——译者注

[49] 见我的 *Expériences de l'extase*, p.157。

[50] Ibid., p.154.

[51] 原文见 Peter Schaefer, *Synopse*,译文见 Naomi Janowitz, *The Poetics of Ascent: Theories of Language in a Rabbinic Ascent Text*(New York: SUNY Press, 1989), pp.31—36。

[52] the Angel of the Countenance(《以赛亚书》63:9),等同于 the Angel of the Lord。——译者注

[53] *Maaseh Merkabah*, v.714—718,见 Janowitz, *Poetics*, p.51。

[54] *Pirkei Hekhaloth* 15:2,见 David R. Blumenthal, *Understanding Jewish Mysticism: A Source Reader; The Merkabah Tradition and the Zoharic Tradition*(New York: Ktav, 1978), p.57。希伯来语文本基于 *Hekhaloth Rabbati*)第15—29章,见 S.A. Wertheimer, *Batei Midrashot*, Lauen Grodner 译, D. R. Blumenthal 编(Jerusalem: Mossad Harav Kook, 1968), vol.1, pp.90—114。

[55] *Pirkei Hekhaloth* 22:3,见 Blumenthal, *Understanding*, p.73。

[56] Ibid., 16:4, p.60.

[57] *Hekhaloth Rabbati*, 17:2—7, Blumenthal, *Understanding*.

[58] Ibid., 20:4, p.67.

[59]　Ibid., 23:5, p.76.

[60]　这里的三个概念 hayyot、Cherubim、Ophanim，需要略作解释。
　　　（一）基路伯（Cherub，复数写作 Cherubim）是《圣经》中出场的第
　　　一个天使，神面前侍立的有翅膀的天上活物。希伯来传说说它四
　　　翼四脸，搬运神的御座、驱驰神的战车，后世比如弥尔顿的《失乐
　　　园》，也取此说。（二）在卡巴拉教义中，这一活物称为 hayyot
　　　（Hayyoth，也作 Chayyoth），希伯来文的意思是"生物"、"活物"。
　　　这一形象来自古代亚述和巴比伦神殿、宅第门口作护卫用途的
　　　一种神像（karabu），通常为狮身人面或鹰面，长有翅膀，也就是现
　　　在所说的"格里芬"或"鹰狮"（狮鹫）。瑞典萨伯公司的 JAS-39 战
　　　斗机即以此命名。（三）Ophanim 或 Galgallin（Ophanim 是战车，
　　　Galgallin 是车轮、眼睛的意思）是由天使组成的有着百眼、水苍色
　　　的神的车轮，即文中所谓"战车的天使之轮"。在后世的天使系统
　　　中，基路伯（Cherub）或 hayyot 被称作智天使，Ophanim 或
　　　Galgallin 被称作座天使（Thrones）。——译者注

[61]　*Hekhaloth Rabbati*, 24:2.

[62]　*Tosefta Hagigah*, 113; *Jerushalmi Hagigah*, 2.1.77b; *Babli Hagigah*,
　　　14b; 见 Maier, "*Gefährdungsmotiv*", 载 *Kairos* 5(1963), p.28.［按：
　　　亚基巴就是死于巴柯巴起义的那位著名坦乃英。*Tosefta Hagigah*、
　　　Jerushalmi Hagigah、*Babli Hagigah* 以及下面的 *Babli Baba bathra*，皆为
　　　《塔木德》篇章。］

[63]　*Babli Hagigah*, 15b; 见 Gruenwald, *Apocalyptic and Merkabah*,
　　　p.87。

[64]　*Babli Hagigah*, 51b; *Babli Baba bathra*, 4a; 见 Maier, "*Gefährdungs-
　　　motiv*", p.35。

[65]　因其叛教而厌恶直呼其名，称之为他者。——译者注

[66]　《禧年书》（*Book of Jubilees*），旧约伪经，基本上是圣经从创世记到

出埃及记前几章的复述,前二世纪早期用希伯语编成。可以参看黄根春编,《基督教典外文献——旧约篇》第四册,香港基督教文艺出版社 2001 年版,第 2—142 页。——译者注

[67]　前文中说,Vrevoel 可能是乌利尔(Uriel),见前注。——译者注

[68]　见我的 *Expériences de l'extase*, pp.72ff,有参考文献。

[69]　拉结尔(Raziel),天使名,传说中有一部《天使拉结尔之书》。——译者注

[70]　Michael A.Morgan,*Sefer ha-Razim*, 5, p.17.

[71]　Ibid., 11—17 p.18,Morgan 的译文有一些变化。

[72]　关于天堂中的歌曲,特别参看 Gershom Scholem,*Jewish Gnosticism, Merkabah Mysticism and Talmudic Tradition*(New York:Jewish Theological Seminary, 1965)。

[73]　见我的"Ascension",载 L.E.Sullivan 编,*Death, Afterlife, and the Soul*(New York:Macmillan, 1989),p.113。

[74]　特别参看他的 *Jewish Gnosticism*。

[75]　见 Gruenwald,*Apocalypticism to Gnosticism*, p.195。

[76]　2 ApJ 指拿戈·玛第文库中的《雅各第二启示录》。哈拉卡(Halakha),也可拼写为 Halakah 或 Halachah,犹太教名词,指自《圣经》记事年代以来逐步形成的有关犹太人的宗教仪礼、日常生活和行事为人的全部律法和典章。哈拉卡有别于《五经》的律法,专为保存口传传统。这些口传传统在公元 1 至 2 世纪开始整理,到了 3 世纪汇编完成《米示拿》。巴勒斯坦和巴比伦的犹太学者对《米示拿》的评注称为《革马拉》,《革马拉》和《米示拿》合成《塔木德》。——译者注

[77]　Francis T.Fallon, "The Gnostic Apocalypses",见 Collins 编,*Apocalypse:Morphology*, pp. 123—158;Madeleine Scopello, "Contes apocalyptiques et apocalypses philosophiques dans la bibliothèque de

Nag Hammadi"，载 Claude Kappler 编，*Apocalypses et Voyages dans L'au de là*，pp.321—350。

[78] 见我的 *Expérience de l'extase*，pp.11—17；以及 Giovanni Casadio，"La visione in Marco il Mago e nella gnosi di tipo sethiano"，载 *Augustinianum* 29，1989，pp.123—146。

[79] 众所周知，美国学者忽视欧洲在灵知派领域和对晚期古代的探索。这种忽视对他们非常不利。

[80] Giovanni Casadio 最近在他一篇很精彩的文章 "Anthropologia gnostica e antropologia orfica nella notizia di lppolito sui sethiani"中，翻译并评释了希坡律陀(Hippolytus)主要著作 *Refutatio omnium haeresium* 的 5.19—22，载 F. Vattioni 编，*Sangue e antropologia nella teologia*(Rome：1989)，pp.1295—1350。我参考了他的译文。

[81] 这里我们不参与有关"赛特派灵知派"(Sethian Gnosticism)冗长误解的讨论，这是现代异教研究者的一个发明。"赛特派"这个称呼，我们只把它用在希坡律陀系统中的意义上。我这一立场的清晰表述，见 *Les Gnoses dualistes d'Occident*(Paris：Plon，1990)。

[82] 见我的 *Eros and Magic*。

[83] 参见 Casadio，*Antropologia*，p.1313。

[84] 见同上书第 1329 页以下的讨论。Casadio 认为，赛特派的宇宙起源论来自古老的奥尔弗斯教(Orphic)的宇宙起源论。

[85] Ibid.，p.1315。

[86] 见我的 *Expérience de l'extase*，pp.13—14。

[87] 见 Casadio，*Antropologia*，p.1322。

[88] *Refutatio omnium haeresium* 5.17；见我的 *Expériences de l'extase*，pp.15—16。

[89] Epiphanius，*Panarion*，37，Flank Williams 译，*The Panarion of Epiphanus of Salamis*，book 1(secs. 1—46)(Leiden：Brill，1987)，

pp.241ff.。

［90］ Flank Williams 译,*Panarion*, 4.4, p.244。

［91］ Ibid., 5.6—7, p.245。

［92］ 有关这些仪式的描述,见我的 *Expériences de l'extase*, pp.128—129。

［93］ 不过可以参看 Casadio, "Visione di Marco。"

［94］ Alasdair Livingstone, *Mystical and Mythological Explanatory Works of Assyrian and Babylonia Scholars*(Oxford: Clarendon, 1986).

［95］ 有关幽冥之旅的其他灵知派报道,特别参看 Casadio, Visione di Marce。

［96］ Carl Schmidt 和 W.Till 合编, *Koptish-gnostische Schriften*, Part 1: *Die Pistis Sophia*, *Die beiden Bücher des Jeu*, *Unbekanntes altgnostisches Werk*(Berlin: Akademie, 1954);同样的科普特文本,有英文翻译,见 Violet MacDermont 译, *The Books of Jeu and the Untitled Text in the Bruce Codex*(Leiden: Brill, 1978)。

［97］ 载 Raymond O.Faulkner 译, *Egyptian Book of the Dead*, p.145。

［98］ 见我的 Expériences de l'extase, pp.127—128。

［按:类似下图,但中间是 Oaxaex:］

[99]　证据是 Violet MacDermont 的这本书搜集的：*The Cult of the Seer in the Ancient Middle East：A Contribution to Current Research on Hallucinations Drawn from Coptic and Other Texts*（London：Wellcome Institute of the History of Medicine，1971），pp.538—574。

[100]　圣优西比乌（Saint Eusebius），卒于 309 年或 310 年，意大利籍罗马主教，天主教第 31 任教宗，在位仅数月，被罗马皇帝流放，不久逝世，被尊为殉道者。——译者注

[101]　Violet MacDermont，*The Cult of the Seer in the Ancient Middle East*，pp.541—542.

[102]　Ibid.

[103]　Ibid.，pp.551—553.

[104]　犹太民族被罗马帝国统治后爆发过两次起义。第一次犹太战争公元 70 年失败，第二圣殿被毁；第二次犹太战争 135 年失败，犹太行省被取消，犹太人被驱逐出耶路撒冷，开始大流散。拉比犹太教是这种形势下重建犹太人宗教信心的产物。除了原来的《五经》，从巴比伦之囚时代积攒下来的大量口传律法，到 5 世纪最终汇编为《塔木德》。到了 8 世纪，世界各地犹太社区开始出现对拉比犹太教的质疑与反思，发展为两股完全不同的宗教思潮：理性主义与神秘主义。理性主义的代表人物是 12 世纪的迈蒙尼德；神秘主义的代表就是卡巴拉主义。因而卡巴拉主义实际上是对拉比犹太教的反动。犹太教在中世纪继续受到迫害和驱逐，从 16 世纪起，大批犹太人被迫东移，东欧（主要波兰、立陶宛、土耳其和俄罗斯）成为犹太民族的近代活动中心。17 世纪中期，波兰犹太人继续遭到残杀，东欧犹太人生活日益艰难，末日情结和弥赛亚期盼兴起，出现以沙巴泰·泽维为代表的弥赛亚运动。1648 年波兰大屠杀事件后，犹太民族惶惶不可终日。贝施特（以色列·本·以利撒）开始走出卡巴拉神秘主义，放弃

鲁利亚卡巴拉庞大的救世计划,要以色列人以轻松快乐的心情看到残酷的现实,这就是哈西德运动。被卡巴拉神秘主义忽略的犹太律法重又恢复了权威,因而哈西德运动实际上是对卡巴拉神秘主义的反动。18世纪欧洲启蒙运动风起云涌,哈西德主义集体祈祷的心灵之舞已不能抚慰犹太人躁动的灵魂,摩西·门德尔松出现。(参看李天一:《犹太教传奇》)——译者注

[105]　特别参看 Moshe Idel 的著作: *Studies in Ecstatic Kabbalah*（Albany: SUNY Press, 1988）、*The Mystical Experience in Abraham Abulafia*（Albany: SUNY Press, 1988）,以及二者的综合 *Kabbalah: New Perspectives*（New Haven and London: Yale University Press, 1988）。

[106]　萨菲罗斯(*sephirot*,星球),萨菲罗斯,也有人根据学说体系译为源体、源质,或圣质等。——译者注

[107]　德国虔诚派犹太人(Hasidei Ashkenaz),字面的意思是哈西德派阿什肯纳兹人。阿什肯纳兹人即德系犹太人,详注见后。哈西德(Hasid)的意思是"虔诚",哈西德派即虔诚派,通常指希腊化、罗马时代犹太教教派运动时的哈西德派和18世纪的哈西德派(Hasidism)。12、13世纪德国莱茵兰地区德系犹太人中的虔诚派运动(Hasidei Ashkenaz)与18世纪的哈西德运动(Hasidism)不同。——译者注

[108]　斯派尔(Speyer),莱茵兰地区的德国古城。——译者注

[109]　沃尔姆斯(Worms),莱茵兰地区德国城市。——译者注

[110]　普罗旺斯(Provence)是罗马帝国的一个行省,现为法国东南部的一个地区,毗邻地中海,和意大利接壤。——译者注

[111]　赛法迪犹太人(Sefardi 或 Sephardim),即"西班牙系犹太人"。公元1世纪犹太人在罗马帝国的第二次起义失败后,犹太行省被取消,开始大流散。在长期的跨国流动和民族融合中,犹太人

的面貌和生活习惯等也有了很大不同,通常划分为阿什肯纳兹犹太人(Ashkenazim,又称"德国系犹太人",阿什肯纳兹在希伯来语中意为德国)和赛法迪犹太人(Sephardim,又称"西班牙系犹太人",赛法迪在希伯来语中意思是西班牙或伊比利亚半岛)以及生活在中东和北非的米兹拉希犹太人(Mizrahim,又称"东方系犹太人",米兹拉希在希伯来语中意为东方),东方系犹太人多是10世纪前后从西班牙迁过去的,因而米兹拉希犹太人有时也被称为"赛法迪人"。——译者注

[112] 波斯可艾尔(Posquières),即今天的法国南部城市沃维尔(Vauvert)。——译者注

[113] 加泰罗尼亚(Catalunya,通常写作Catalan,也译成"卡塔卢尼亚"),指加泰罗尼亚人、加泰罗尼亚语、加泰罗尼亚地区。历史上包括了西班牙东北部的赫罗那(Girona)、巴塞罗那(Barcelona)、塔拉戈那(Tarragona)、莱里达(Lérida)等区域。加泰罗尼亚与卡斯蒂利亚既不同文也不同种,一直有独立倾向,称作加泰罗尼亚独立主义(Catalanism),1979年12月18日通过自治法令,成为自治区,是西班牙最富有和工业化程度最高的部分,首府巴塞罗那。——译者注

[114] 赫罗纳(Gerona),西班牙东北部城市,古时名Gerunda。——译者注

[115] 卡斯蒂利亚(Castilla),或译作卡斯提尔,是西班牙历史上的一个王国,逐渐和周边王国融合,形成了西班牙王国。这个过程也就是天主教逐渐把穆斯林赶走从而"光复"西班牙的过程。卡斯蒂利亚文化是西班牙文化的主体。——译者注

[116] 《巴海尔》(Bahir)和《佐哈尔》(Zohar)是前后出现在西班牙系犹太人中的两部卡巴拉经典。《巴海尔》(Bahir或Sefer HaBahir),意思是"光明之书",是一部匿名著作,出现在12世纪,通常归于

1 世纪的拉比 Nehunya ben HaKanah,后来成为卡巴拉的早期经典。《佐哈尔》(*Zohar* 或 *Sefer ha-zohar*)的意思是"被点亮的光辉",是卡巴拉的基本经典,出现在 13 世纪末。我把《巴海尔》译作"光明之书"而把《佐哈尔》译作"光辉之书",以作区别。——译者注

[117]　迈蒙尼德(Maimonides),1135—1204,已见前注。8 世纪,犹太社区开始出现对拉比犹太教的质疑与反思,发展为两股完全不同的宗教思潮——理性主义与神秘主义。理性主义的代表人物就是迈蒙尼德,著作很多,有人称他是犹太教的朱熹。——译者注

[118]　见 Nathaniel Deutsch 对 Moshe Idel *Studies in Ecstatic Kabbalah* 一书的评论,载 *Incognita* 1(1990),pp.91—93。

[119]　莱昂(Leon),西班牙西北部的省,也是莱昂省省会名称。——译者注

[120]　见 Moshe Idel,《卡巴拉中的性隐喻与性实践》(Métaphores et pratiques sexuelles dans la Cabale),选印本。

[121]　萨费德(Safed),今以色列南部城市。——译者注

[122]　Moshe Idel, *Kabbalah*: *New Perspectives*, pp.75—88.

[123]　Ibid., pp.78—96.

[124]　Ibid., pp.97—103.

[125]　Ibid., pp.103—111.

[126]　已见前注。——译者注

[127]　Moshe Idel, *Kabbalah*, p.91.

[128]　蒙孔图尔(Moncontour),法国北部维埃纳省夏特罗市的一个区。——译者注

[129]　叶史瓦(*yeshivot*),学院的意思,已见前注。——译者注

[130]　Moshe Idel, *Kabbalah*, pp.92—93.

[131] 士麦那(Smyrna),土耳其西部港市伊兹密尔(Izmir)的旧称。——译者注

[132] qelippot 是所有邪恶的根源,字面的意思是外皮或外壳。隐含的意思是诱陷生灵的物质形体。——译者注

[133] 弗兰克(Jacob Frank),原名雅各·本·犹大·莱布。生于波兰的波多里亚。他对神秘主义感兴趣。1751 年去土耳其游历,宣称自己是沙巴泰·泽维转世化身,执行上帝救世使命。4 年后他回到波兰,创立弗兰克教派,鼓吹上帝拣选的人不受道德律法的约束,拒绝接受《塔纳赫》,否认《塔木德》,而以《佐哈尔》(《光辉之书》)为经典。1756 年,他和他的追随者被犹太拉比革除教籍。——译者注

[134] 梅塞雷茨(Meseritch 或写作 Mezhirichi),乌克兰西部罗夫诺州村庄名,马吉德(maggid),东欧犹太教的巡回布道者。——译者注

[135] 密那德(mitnagdim)的意思是"反对者",即哈西德派的反对者。——译者注

[136] 阿什肯纳兹(Ashkenazi),即德国系犹太人,已见前注。从词源看,阿什肯纳兹(Ashkenazi)来自圣经里雅弗的孙子亚实基拿(Ashkenaz)(创世记 10.2)。上文加沙的拿单的原名里就有这个词。——译者注

[137] 译文见 Moshe Idel, Kabbalah, p.94。

[138] 这里专指"梅塞雷茨的马吉德"即梅塞雷茨的道夫·贝尔(1710—1772)。——译者注

[139] 卢巴维特奇(Lubavitch)是白俄罗斯的城镇名,在俄语中的意思是"有兄弟般爱的城市"。哈巴德(Habad 或 Chabad)是智慧(Hokhnah)、理智(Binah)和知识(Da'at)这三个概念首字母的组合。哈巴德—卢巴维特奇运动,或简称哈巴德派,是哈西德主义

的分支。——译者注

[140]　Louis Jacobs 译, *On Ecstasy*: *A Tract by Dov Baer* (New York: Chappaqua, 1963)。[按: 列迪(Liady)也是白俄罗斯地名]

[141]　见 Jacobs 为 *On Ecstasy* 写的导论。

[142]　Louis Jacobs 译, *On Ecstasy*, p.68。

[143]　Ibid., p.69.

[144]　Ibid., p.165.

第十章　星际之旅：柏拉图式太空梭，从普罗提诺到费奇诺

灵魂作为太空梭

灵魂，从黄道与银河的交点开始了它向下的运动，直到下面相继的行星。当它通过这些行星，不只……在每个行星里通过靠近一个发光体而穿上了外套，而且获得了以后将发挥作用的各种属性，如下：在土星中获得了理性（*logistikon*）和理解力（*theoretikon*）；在木星，行动力（*praktikon*）；在火星，勇气（*thymikon*）；在太阳，感觉—感知（*aisthetikon*）和想象力（*phantastikon*）；在金星，激情（*epithymetikon*）；在水星，说话和解释的能力（*hermeneutikon*）；在月球，身体的播种与生长力（*phytikon*）。[1]

以上是公元 4 世纪晚期拉丁柏拉图主义者马克罗比乌斯在他对西塞罗《西庇阿之梦》的《评释》[2]中所写。他是一位怀旧的罗马贵族，和西玛库斯[3]及那些绝望地试图复兴多神宗教的人类似——多神教在罗马帝国正面临宗教极权主义的扫荡，事实上，所有这些多神异教，在 381—392 年间都遭到禁止。

马克罗比乌斯当然不是我们所谓"柏拉图式太空梭"的发明者。[4]

这一影响深远的理论的历史就是本章的主题。从本质上讲,这一理论说的是灵魂在降入身体时,被包裹在行星的星力中,构成了一个载着灵魂向下的"载具",从而使灵魂能够具有躯体。反过来,身体死后,"载具"载着灵魂离开,穿过诸行星时,逐渐被抛弃掉,诸行星重又捡回它们原先贡献出来做成灵魂外套的东西。灵魂从"载具"解放出来以后,就前往它的发源地,等待重生或者也许是更好的命运。

这一怪诞而又重要的学说,塑造了直到 17 世纪的星际旅程观念。为了理解这一学说的背景,我们需要从时间上回溯几个世纪,到这个阶段:从 2 世纪早期到 4 世纪晚期。2 世纪最杰出的哲学家——基督教灵知派的巴西利德(Basilides)、努墨尼奥斯(Numenius)、塞尔苏斯(Celsus)以及两位朱利安[迦勒底的朱利安(Julian the Chaldaean)和他的儿子施魔法的朱利安(Julian the Theurgist),他们是《迦勒底神谕》(*Chaldaean Oracles*)的作者]——都被一个问题迷住,虽然这个问题现在已失去了大部分吸引力。这个问题就是:灵魂如何从它的天国下降而化身入躯体,它又通过何种方式返回它的源头?

灵知派的"伪灵"

第一个融贯地回答这个问题的是灵知派,这些激进团体通常是基督教柏拉图主义者,是——柏拉图主义和犹太教——传统世界秩序的反叛者。他们宣称此世及其创造者,如果不是邪恶的，至少也是低等的，而人类高于这个世界及其创造者。灵知派并非由大的组织组成，而是由小的独立团体构成，留下了无数论文，其中有一些保存在科普特文翻译中，在 19 世纪和 20 世纪被学者们发现。[5]其中有一篇，现存 4 个科普特语版本，就是《约翰密传》（*Apocryphon of John*）。Apocryphon 的意思是"秘密之书"，而约翰就是使徒约翰。[6]

在《约翰密传》中，在人类起源（"人类的诞生"）之前，有一个在天堂中的很长的序幕。只要提到索菲亚（Sophia）的悲叹被处于高处的丰满（普雷若麻，*pleroma*）听到就够了。她是一位孤独的女性，位于神性诸流出的普雷若麻（丰满）的边缘。两位重要的神体（aeon）被派遣来挽救亚大巴奥-奥萨德（Ialdabaoth-Authades）创造的世界。亚大巴奥-奥萨德是傲慢自大的创世者，索菲亚流产的儿子。这两位神体被称作原人和人子，后者已被一个水中倒映的形象预示。

众统治者（archons）看到了这一形象并相互转告，"让我们按照上帝（God）的形象造与他（或与我们）相似的人"[7]。于是他们模仿（*mimesis*）水中反射的形象——不过是完（*teleios*）人的一个不完美的幻影——制作了一个生物（*plasma*）。[8]这个生物的名字就是亚当。7 位神（*exousiai*）中的每一位为他建一个魂（*psyche*），因而诸天使随后可以在这个结构的基础上建立他的天上的身体。神性（Divinity）建了骨的魂，权威（Lordship）建了纤维或神经的魂，妒忌（Jealousy）[或火（Fire）]建了肉（*sarx*）的魂，天意（Pronoia）建了骨髓和体形的魂，王权（Kingship）建了血液的魂，智力（Synesis）建了皮肤的魂，智慧（Sophia）建了头发的魂。[9]从 7 位神（*exousiai*）奠定的属魂基础开始,360 个天使建立了天上亚当的肢体(*melos* , *harmos*)——从头顶到脚趾尖。[10]从技术上讲,这一解剖学的"人体占星学(*melothesia*)"[11]长篇,把身体各部分的属性与希腊化占星学中的 7 行星和黄道十二宫联想在了一起。显然,对《约翰密传》所属这类文本(如果我称之为"赛特派"估计会受到很大反对)的推测是,7 位宇宙统治者就是诸行星;这里不需要证明。[12]当我们读到 30 魔鬼归属于身体的不同部分,这就很清楚了,我们论述的是基本的灵知派反占星学论辩[13],30 是每个占星学(黄道)宫的度数。其他道德说教观念也被结合进这一幕中,塔迪厄(M. Tardieu)认为这些观念来自斯多葛派(Stoicism)。[14]

191

  这个故事的下文通常与——关于无生气的和不完美的原人的——拉比传统有关。不过,人们可能不愿就这个故事的犹太教起源下任何断语。这个神话是如此普遍而且在如此多的语境中被发现,完全不必非得在一个具体传统中寻找它的起源。简单说,这个剧本是这样的,这个天堂亚当没有足够的能力讲话,这显示了 7 个统治者、360 个天使、30 黄道魔鬼的创造能力是何等有限。只是在索菲亚的干预之后,至高之父才告诉亚大巴奥激活这个小泥人[15]的秘诀:向他脸上吹一些从索菲亚那遗传来生气(灵, *pneuma*)。只是在此时,亚当才站了起来。[16]由于这源自丰满(按:即普雷若麻)的生气,亚当变得比制造他的 7 位天神甚至比亚大巴奥自己还要高级。获悉这些以后,众统治者打算除掉他并把他下放到与丰满截然相反的物质(*hyle*)领域(*meros*)。

  此时,非生之父表现了对遭放逐的亚当的同情,他把自己的呼吸（Breath）——理智（*epinoia*）或光明，也就是佐伊（Zoe）或生命（Life）——送给亚当作为帮助（*boethos*）。[17] 众统治者看192 到亚当身上灵（spirit）光闪现，就想了另外的办法，让他成为物质的囚徒——他们为他创造了一个肉身。

亚当的肉身由四种物质元素（土、火、水、风）组成，又加上黑暗和情欲（*epithymia*）。"这是作为被型塑的身体的坟墓！这就是那些作恶者给亚当穿上的衣服，这个滑稽的东西（造成）遗忘！他于是就变成了一个终有一死的人。这就是原始的堕落和原始的失败！"[18] 此时，一个关键因素加进了统治者们的这一蹩脚的创造中，无论在灵知派中还是在摩尼教和后期新柏拉图主义中，这都是一个至为重要的因素：邪灵（*antikeimenon pneuma*），或更常见更确切地说，伪灵（*antimimon pneuma*，BG，2）。

伪灵（counterfeit spirit），这一基本的灵知派观念，被定义为邪恶的星界诸神的本质（quintessence）[19] 和命运（*heimarmene*）的缩影。德牧革亚大巴奥"会见了他的众神。他们生了命运（Fate），用尺度（measures）、时机（moments）、机会（times）把众天神、众天使、众魔鬼和人束缚住，这样他们都将被命运（Fate，他统治一切事物）的枷锁捆住。一个多么险恶和致命的计划"。[20] 而且，"实际上，从这个命运（Fate），所有的不公、厌恶和诽谤就都来了，还有仇恨和无知的枷锁，同样还有暴君的命令、暴虐的罪恶和巨大的恐惧。这样，天地万物就被蒙上了眼睛，无法再认识到万物之上的上帝"。[21]

其他地方对伪灵的解释更为详细：它是源自星界的基因信息，伴随来到世间的每个灵魂。一个人与伪灵的关系决定着灵魂在肉身死亡后接受审判的结果。[22]

《约翰密传》可能比其他灵知派论文更乐观,它否认灵魂转生(metensomatosis):所有灵魂将共享拯救,包括那些被伪灵导入歧途的灵魂,尽管这些误入歧途的灵魂需在那些拥有活灵(Living Spirit)的灵魂的引导后才能获得拯救。[23] 只有对灵(Spirit)的亵渎将受永罚。

193

伪灵进一步表现为罪恶之树(不公之树),这是星界宿命(astral fatality)的枷锁的典范;同时也表现为决定个人命运最具影响的因素。在这个意义上,它具基督教灵知派巴西利德(Basilides)"附属物"(prosartêmata)的特征[根据亚历山大的克莱门的《杂篇》(Stromata)[24] 2:112]。这些附属物是把灵魂向邪恶引诱和推动的行星的攒积。克莱门还援引了以西多(Isidorus,巴西利德的儿子或主要信徒)一本散佚的著作(2:113.3—114.1)的名字,叫《论附加的灵魂》(Peri Prosphyoùs phychês)。在这个文本中,以西多反对地道的灵知派观念:星界宿命可能妨碍人类理性的自由意志。注意这个关于自由意志的讨论发生在公元 150 年之前。我们有足够的理由认为以西多是一个基督教灵知派信徒,他也参加了反对其他灵知派的争辩。这其他灵知派,也许就是《约翰密传》所表明的那种灵知派信徒,他们把伪灵变为自由意志的一种严重障碍。以西多已经采取了贝拉基(Pelagius)或埃克拉农的尤里安(Julian of Eclanum)的态度,这两位都是 5 世纪初奥古斯丁的反对者。《约翰密传》的立场应与后来的摩尼教及奥古斯丁接近。

我在两本书和一系列文章中已经分析过新柏拉图主义关于灵魂的星际载具(óchêma)学说的扩散。[25] 巴西利德被尊为这一学说的奠基者。20 世纪 70 年代末 80 年代初，这一理论是我和弗雷门特(J.Flamant)争辩的对象，争辩是心平气和的。博学的弗雷门特是《马克罗比乌斯与 4 世纪末拉丁新柏拉图主义》一书的作者。这一争辩的许多方面我们都在文章中概述过，编在比安奇(U.Bianchi)和费尔马瑟伦(M.J.Vermaseren)合编的关于古代晚期神秘主义宗教中的拯救观念的书中。分歧在于中古柏拉图主义者阿帕梅亚的努墨尼奥斯(Numenius of Apamea)是否为以下颇具影响的学说的创始人——人类灵魂经由行星通道，在这一通道中，灵魂获得了某些性质，或者换个说法，从行星获得了某些恶习。在我的《出窍经验：从古希腊到中世纪的出窍、升天和异象叙事》一书中收集和讨论了这一时期的所有证据。否定说法主要存在于赫尔墨斯文献《人的牧者》(*Poimandres*，第 25 章)和语法学家塞尔维乌斯(Servius)[26] 的几个费解的段落中［《埃涅阿斯纪》[27] 注疏(*Commentary on the Aeneid*)］。塞尔维乌斯是马克罗比乌斯(Macrobius)的同代人，年轻一些。在辩论的后期，弗雷门特和我赞同，尽管努墨尼奥斯不是这一学说的创始人（亚历山大的巴西利得已经知道这一学说），但他持有这一学说的确凿变体应无疑问。

　　这给我们这样的印象：灵知派是灵魂行星通道学说的创始者。不过，这种解释似乎不太可能，因为灵知派通常通过语义倒转对某些原本以肯定方式出现的柏拉图主义理论作出反应。换句话说，很可能首先是在浸淫于赫尔墨斯占星学的中期柏拉图主义圈子里，这样一种理论就已经被提出来了，就是要去理解诸行星是如何把它们的品性传递给人类灵魂的。这个问题之后被灵知派以某种否定方式重释，因而更易理解。我们确实知道在努墨尼奥斯之前灵知派就对灵魂的行星通道学说作出过论述。而这意味着，这一理论起源于公元 2 世纪早期甚至公元 1 世纪晚期是很有可能的。

无论是谁首先提出了这一理论，但这一理论的灵知派版本反映了一场持续的反占星学辩论，处在灵知派与摩尼教要旨的核心。这场辩论最详尽的结果是晚期论文《比斯蒂·索菲亚》(*Pistis Sophia*)，它与摩尼教的关系还有待进一步研究。在《比斯蒂·索菲亚》中，伪灵理论显然是宇宙论、人类学和救世神学间的主要联系。

伪灵(*antimimon pneuma*)首先出现在《比斯蒂·索菲亚》第二卷第 111 至 115 章。伪灵来自宇宙众统治者的道德败坏行为，并把灵魂推向同样败坏的冲动的满足，这冲动对伪灵就像食物(*trophai*)一样："伪灵找出所有的邪恶(*kakia*)、情欲(*epithymiai*)和罪恶"[28]，以迫使灵魂犯错。肉身死亡之后，伪灵依然强盛的灵魂再次被派到转世的循环中，使罪恶得以保持。灵魂在通过降临于她的最后一个循环之前将无法跳出一再发生的转生(*metabolai*)。[29] 相反，当伪灵变弱，灵魂可以在向上通过星界宿命统治者的行星时，在脱掉其尘世化身时也脱掉伪灵。如此这般被解放的灵魂将被交给善的萨巴奥，并最终达到光明之珍宝(Treasure of Light)。为了把灵魂从伪灵的枷锁中解放出来，《比斯蒂·索菲亚》提供了两种方法：一是洗礼——洗礼就像涤罪之火，解脱了灵魂所担罪恶的封条，把灵魂与其伪灵分离开来；[30] 一是代死者祈祷的祷告。[31]

把灵魂与伪灵编织在一起的神话，这个文本的第 131 章

195

及以下各章的叙述最为详尽。[32]这是对柏拉图《蒂迈欧篇》（41d 以下）的一个模仿，给人以深刻印象。星界宿命（heimarmene）的五个统治者把事先存在的灵魂送到世界中来或者创造新的灵魂。第一种情况，他们从邪恶（kakia）的种子（sperma）和遗忘之杯（Cup of Forgetfulness）所盛的贪婪（epithumiai）中给降世的灵魂一杯饮料。从其他一些资料（我另作讨论）看，遗忘之杯简直可以等同于巨爵（星）座。这杯致命的饮料变成了某种包裹灵魂（psyche）的肉体（soma）。这就是它为什么被称为伪灵，它就像灵魂的一件衣服。[33]

　　第二种情况，即众统治者创造新的灵魂。星界宿命（heimarmene）的五位统治者（诸行星：土星、火星、水星、金星、木星）[34]从他们所有天堂同僚的汗水、泪水以及呼吸（大概是坏的嘘气）中创造了一个新灵魂。这个东西，包含来自每个行星外加许多天上魔鬼（他们是占星学概念的人格化）的部分内容，进一步混合、压缩、揉成"面团"，切成"面包片"——他们是依然包裹在他们个人伪灵中的个体灵魂。

　　就像《约翰密传》人类起源神话中的亚当，诸新灵魂没有足够的力量站立，这意味着他们无法激活一个身体。因而五位行星统治者（Rulers）还有他们的同僚太阳（Sun）和月亮（Moon）把他们的嘘气吹到诸灵魂上。随着他们的嘘气，灵的一个火花将穿透诸灵魂，使他们去探寻那永久的光明（Light）。[35]

　　伪灵带着诸统治者的印记（sphragides）附在灵魂上。它迫使（anankazein）灵魂把自己沉浸在所有激情（pathe）和不公（anomiai）中，并在灵魂向新身体的所有转世（metabolai）中把灵魂置于自己的控制之下。诸统治者把这些灵魂传送给众

365 神体的公使（*lietourgoi*）。众公使根据灵魂（*typos*）的结构 197
建立了一个能接受各个个体"包裹"的身体模具（*antitypos*）。

　　我们很快就会看到，一个包裹包含几样东西。众公使先
把这个包裹派送给中层统治者，中层掌权者在其中放入它的
命运（*moira*）——准确地说，它的地上行为，包括它的死期，完
全是预先注定的。每个包裹由命运（*moira*）、混合物（*migma*）、
灵（spirit）、灵魂（soul）、伪灵（counterfeit spirit）组成。每个包
裹被分成两部分，男人女人各取其半："他们把一部分给男人，
另一部分给女人，把它藏在食物（*trophe*）、微风、水或别的可以
喝的东西中。"[36]男人女人即使相距遥远，也必须在世上（*kos-
mos*）相互寻找，直到他们发现对方，认识他们基础上的一致
（*symphonia*）。不过显然，这种寻找自己配偶的漫游是被天上
众公使秘密预定的。伪灵于是流入男性的精子，再从这里进
入女性的子宫（*metra*）。

　　这时 365 公使渗入子宫，把两部分重新聚合，以妈妈的血
滋养他们 40 天。在之后的 30 天形成婴儿的肢体（*mele*）。众
公使对伪灵、灵魂、混合物（*migma*）、命运（*moira*）进行分配，并
最终把它们封在一个标有它们印记的新身体中。怀孕日期标
在左手掌，肢体完成日期标在右手掌。其他纪念日期的记号
则标在头顶、两太阳穴、后颈、脑以及心脏上。最后，体现灵魂
年龄的记号被印在额头。众公使在完成这些繁琐活动之后，
把这些印记委托给众复仇统治者（Avenging Achons），他们派
送惩罚（*kolaseis*）和审判（*kriseis*）。这些复仇者又把这些印记
传给收集者（*paralemptai*），他们的职责是根据人的命运 198
（*moira*），在人们遭遇死期时分离灵魂与身体。[37]

此外，伪灵学说在摩尼教中极具影响，这是波斯人摩尼（216—274）创建的激进灵知派宗教。摩尼教占星学是个复杂的题目，迄今只作了最低限度的论述。占星学本身是个需要详细论述的部分。[38]熟悉希腊化占星学的学者们迄今无法理解灵知派中的反占星学论辩与摩尼教分类系统的基础之间的深刻联系。

两本新著或多或少对这个体系提出了新见解：塔迪厄（M.Tardieu）的《摩尼教》（*Le Manichéisme*，1981）和布莱德（P. Bryder）的《摩尼教的中国变形》（*The Chinese Transformation of Manichaeism*，1985）。塔迪厄的书认识到以5为基础的分类系统是理解摩尼教体系的形式上的钥匙之一。摩尼是从一个五元素的基本图式开始的，这可以帮助我们理解所有进一步的分类是如何建立的。布莱德的力作进一步列举了摩尼教文本四种主要传统中的五元组。这四种传统即西方、近东、中东和远东（分别发现于罗马、北非、麦地纳·马地[39]、吐鲁番和敦煌）。

这里我将分三步展开。首先，我将引证我对灵知派文本的一些研究，这些研究证明，灵知派的最基本学说之一，也即伪灵学说，来自占星学。其次，我将引证试图建立摩尼教占星学的主要摩尼教文本，这些文本尽管被扭曲了却并非不可识读。第三，我将证明，摩尼教以5或5的系列来分类（这对作为一个整体的摩尼教系统是本质性的），只是灵知派关于伪灵学说的一个版本以及灵知派反占星学论辩的一个变种。

因而，我在这里试图证明的是，摩尼教分类的形式体系，从根底和论辩上讲，来自占星学并建立在伪灵学说之上，伪灵学说是我所谓"柏拉图式太空梭"或灵魂载具的最古老版本。

我搜集了希腊化、古代晚期、中世纪中有关幽冥之旅的证据,发现这些东西很少出现在遵循现代研究标准的德国宗教学派(宗教历史学派)的理论中,这个学派一度深具影响。从1978年起我在一些书和文章中就试图证明这一点。[40]这里我只概括我在一个领域的研究成果:把先在灵魂的化身(embodiment)和脱壳(disembodiment)看作经由7个行星的通道这样一种理论。如上所说,从年代上讲,最先使用这一理论的是基督教灵知派亚力山大的巴西利德,继承者是他儿子(或主要学生)以西多。后来使用这一理论的是中期柏拉图主义者阿帕梅亚的努墨尼奥斯。这一理论确定存在于《约翰密传》的一些部分中[早于伊里奈乌(Ireneus)的《驳异端》]和伊里奈乌180年左右概述的其他灵知派学说中。这一理论变成了开始于杨布里科斯(Iamblichus of Coelé-Syria)的新柏拉图主义中的共同动机,也出现在希腊新柏拉图主义者普罗克洛斯(Proclus)、希洛克勒(Hierocles)、达马希乌斯(Damascius)、辛普利西乌斯(Simplicius)、雅典的普里西安(Priscianus of Athens)以及亚历山大的赫米亚斯(Hermeias)和奥林比奥道罗斯(Olympiodorus)的作品中。这个理论在拉丁新柏拉图主义者马克罗比乌斯和他年轻的同代人塞尔维乌斯(Servius)那里也非常重要。这个理论对赫尔墨斯主义至为重要,以一种修正过的版本存在与摩尼教中,并在晚期论文《比斯蒂·索菲亚》中渗透进最丰富多彩的灵知派神话。最后,这一理论还重现在鲍革米勒派神话一些零散的情节中。

我将概述这一理论的所有变体。

1. 可能是在中期柏拉图主义中而确定是在新柏拉图主义中，这一学说仅仅意味着，灵魂出生时，从银河通过七行星下降，并——为了在尘世生存的新存在——从每个行星采用某种属性。这些行星属性是那些通常被希腊占星学归于七行星者。

2. 在灵知派中，从巴西利德（他并不直接使用伪灵这一表达，而是使用等价的"附属物"）开始，这一学说是消极的：灵魂在其化身过程中从 7 位行星统治者采用了来自其伪灵的 7 种恶习。在这一方面赫尔墨斯主义可以认为是灵知派的一个简单变形。

3. 在新柏拉图主义关于灵魂载具（óchêma）的学说中，我们发现了伪灵的一个正面版本，这个版本在普罗提诺那里模糊存在，并构成柏拉图式亚里士多德主义因素与占星学因素的混合。

这一学说的源头是伪赫尔墨斯论文《潘纳里托斯》(Panaretos)，属于赫尔墨斯占星学标准文本，年代也许可以确定在公元前 2 世纪，已佚。但在亚历山大的保罗的《导论》(Eisagogika)中有概述（写于公元 378 年之后）[41]，在海利欧多鲁斯[Heliodorus，普罗克洛斯(Proclus)的一个雅典学生]写的对亚历山大的保罗的评释中有进一步的解释（写于 475—509 年间）。波尔(Boer)和诺伊格鲍尔(Neugebauer)于 1958 年、1962 年分别出版了这两部著作。[42] 概言之，《潘纳里托斯》涉及的是不同行星的运气（kleroi）这样一种理论，即行星赋予人类的某种性质。这些运气可以在一些并不十分复杂的数学运算之后从对星象的解读推导出来。据说太阳的运气是一个人

的好的保护神(*agathos daimon*);月亮的运气是好的时运;木星
的运气决定一个人的阶级和社会地位;水星的运气决定一个
人的"自然需求";金星的运气决定一个人的情欲生活;火星的
运气决定一个人的勇气和冒险精神;土星的运气决定一个人
无可逃脱的命运(*nemesis*)。

现在让我们来看摩尼教的证据。我将简要概述其中的一
部分,关注和本文有关的那些。[43]科普特文《克弗来亚》[44] 57
"论亚当的问题",详细阐述了黄道带的 5 类领袖。这些是广
义上的时间的统治者(kronocratores,但不是这个词在前 2 世
纪的占星学中获得的技术上的意义),他们与作为占星学一部
分的时间的测量有关。

《克弗来亚》47"论四个伟大事物"提到绑在黄道上的某级
领导者。《克弗来亚》69"论黄道十二宫与五星"把黄道十二宫
和统治者中的五领袖(不过是 5 个行星,下面我们会看到为什
么是 5 个,不是 7 个)绑在黄道上,置于监督者(*apaitetes*)的监
督之下。*Apaitetes* 与灵知派论文《比斯蒂·索菲亚》中使用的
paralemptes 同义[45],说明此文深受摩尼教的影响。

5 个统治者(archons)是五元素的隐秘统治者:木星管烟、
金星管火(这是具有讽刺意义的,因为在传统占星学中金星是
富含水的)、火星管风、水星管水、土星管黑暗。这个名册还有
两个增加物,对应于天龙星座的龙头和龙尾,通称为 *Katabiba-*
zontes。

5 个掌权者是黄道十二宫的统治者,不过所依据的分配
次序还是十分独特,出自摩尼自己的手笔。烟统治双子宫和
人马宫,火统治白羊宫和狮子宫,风统治金牛宫、宝瓶宫和天

秤宫，水统治巨蟹宫、室女宫和双鱼宫，黑暗统治摩羯宫和天蝎宫。太阳和月亮，已经说过，是绝对仁慈的。

我们知道这 5 个和这 12 个到底是谁了，就可以进入对摩尼教创世记的分析。奥古斯丁和他的学生埃伏第乌斯（Evodius）报道过一个非常普通的摩尼教神话，这个神话说 12 德行出现在天中以便挑起众统治者的欲望。这个目达到了，男性统治者变得疯狂：他们纵声尖叫，变得狂躁，他们的汗水大量向尘世倾泻（这是为下雨和风暴提供解释）。埃伏第乌斯进一步指出这种性欲唤起状态以射精（*per genitalia*）结束。众统治者的精子（或灵魂）包含光明，由第三信使收集，他是至高之父的使者。第三信使区分光明与黑暗并把残余物倒到地上。这些东西进一步区分，落到干地上的部分长出五树；落入水中的部分长成怪兽，这是黑暗之王的尘世化身。

这里我们看到的是一个灵知派学说的变形。五树就是伪灵［在灵知派文本中被定义为罪恶之树（不公之树）］，即 5 个邪恶行星、12 个邪恶黄道宫以及天上众统治者所有部队的负面影响。人类作为最坏的植物和动物的一个典型，同时也是伪灵的一个典型。

综上所述，我们知道，5 这个数字在摩尼教的分类中是一个恒定的基础：我们有 5 棵树、5 个统治者、5 个元素、5 颗行星等等。这是灵知派所谓伪灵——来自行星的消极面——的系统表达。这样 5 行星在摩尼教系统中具有支配作用，并把这个数字压给通常不以 5 元组模式分类的现实诸领域。比如 4 元素在摩尼教显然变成了 5 元素。

这样，5 这个数字首先是黑暗、邪恶的行星统治者的数字。这个数字进一步扩展到光明世界。光明世界被看作一个预表（*typos*），黑暗对它说来就是一个本体（*antitypos*）或模具。[46]

如果在摩尼教系统中光明和黑暗是同样永恒的，我们可以确定地说，在摩尼的心里，黑暗首先出现。

摩尼教神话还有一个晚近的续篇，比它的原型更令人反感。[47]

公元 1050 年前后，圣母修院的优西米乌（Eutymius）教士在君士坦丁堡报道了拜占庭鲍革米勒派的以下神话。此世的统治者制造了亚当的肉身并希望把灵魂注入其中，灵魂一进入嘴中就从肛门中跑出来，而当从直肠导入时就又从嘴里跑出来。三百年来亚当的身体一直没有灵魂，直到统治者（Ruler）灵光一闪，吃了一些不洁的动物比如蛇、蝎、狗、猫、蛙，把它们可怕的混合物吐到灵魂上。之后，堵住亚当的肛门，把灵魂吹入他的口中。由于这一令人作呕的包裹，灵魂就留在身体中了。

如果我们从中看到伪灵这一古老学说的一个歪曲版本，可能就不会对这个粗鄙的神话感到困惑。这里我们有了关于洁净的、理智的、新柏拉图主义的灵魂载具（*óchêma*）以及最终关于亚里士多德的 *proton organon*（灵魂被导入身体以前包裹灵魂的星界身体）的一个通俗的消极版本。

灵 魂 的 载 具

在古代晚期，人们广泛相信灵魂会升天，无论是死后还是作为某些指点的结果;也无论是特别爱好,还是因为事故。这一信仰可能广泛到就如我们确信我们随时可以前往机场并飞往我们想去的地方——尽管不是以同一类经验证据为基础。

本书前两章,分别论述了希腊—罗马和犹太教的幽冥之旅,足以给我们一个整体的一般观念。这里我们还要增加一些证据,这些证据我在别处作过大量分析。[48]

首先,古代晚期的所有秘密仪式无一例外地向它们的会员承诺某种死后的天堂不朽。但从历史上看,这一学说可能挺奇怪,因为当人们想到这些秘密仪式中的一些神,比如库贝勒(Cybele,或译西布莉)和珀耳塞福涅(Persephone),传统上都是阴间的女神。现在,她们被重新安置在天上某处,行使天堂之主的职责。

在古代晚期,秘密仪式教派激增,据说来自近东,而实际上代表的是一种对喜爱外来事物和秘传教义、柏拉图主义及占星学的罗马混合。一个秘仪教派,比如雅典人实践的厄琉息斯(Eleusis)古代秘仪,是一个传授秘密会员的组织。[49]泄密总是不完全的,因而对这些秘仪的最终目标,我们缺乏可靠的信息。不过,还是出现了许多对候选者或新会员幽冥之旅的影射。

这种个案之一是埃及女神伊西斯(Isis)的秘仪教派。非洲马达乌拉城的阿普列尤斯(Apuleius of Madaura)用拉丁语写作,他在小说《变形记》或《金驴记》中,用神秘而生动的笔触描写了卢齐奥斯(Lucius)入了伊西斯的教门。[50]"我穿过死亡之界,来到帕尔塞福涅的门槛前,我返回,经过风吹雨打;我在深夜看见了光辉灿烂的太阳;我来到下位和上位众神面前并从近处膜拜他们。"[51]迄今为止,学者们也没能解决1900年德国学者德容(K.H.E.De Jong)在一篇论文(用拉丁文写成)中指出的困难,即无法描述这一段的意义。简单说来,这里有三个假定:借助于贵重的工具,入会者实际上被展示了一些超自然景色,就如我们从其他一些神秘主义教派所知道的;入会者通过被暗示做到经历风吹雨打而不受伤害(看似不可思议);或者所有这些的意义是为入会者提供了一段作为幻觉体验的幽冥之旅,而穿过恶劣天气不过意味着他在见到月球上的珀耳塞福涅之前穿过了月下区(sublunar zone)。一些学者甚至为这则幽冥之旅找到了一个埃及原型,不过他们的努力至今也没有说服力。

更令人费解的是来自多神教柏拉图主义者塞尔苏斯(Celsus,2世纪下半叶)《真言》(True Discourse)中的一段,被基督教柏拉图主义者亚历山大的奥利金(Origen)保留下来。这一段涉及密特拉(Mithra)秘仪,密特拉是个罗马神,除了名字外和伊朗无关。

柏拉图教导说,为了从天堂下降尘世以及从尘世上升天堂,灵魂穿过诸行星。波斯人在他们的密特拉秘仪中表达了同样的观念。他们有个象征,代表了发生在天堂中的两个运动,即恒星运动和行星运动;还有另一个象征,描绘了灵魂穿过天体的旅程。这后一个象征是个带有7道门(heptapylos)很高的梯子,第8道门在这些门之上。第1道门由铅做成;第2道门由锡做成;第3道,铜;第4道,铁;第5道,合金;第6道,银;第7道,金。他们把第1道门归于土星,铅指出了这个行星的慢;第2道门归于金星,与锡的光泽和柔软有关;第 3 道门由铜构成,只有这样才够坚固,归于木星;第 4 道门归于水星,像人群中一个精明而机敏的工人,像铁一样;第 5 道门,由不同的金属构成,是不定的和易变的,归于火星;第 6 道门归于月球,白如银;第 7 道门归于太阳,它的光线让人想起黄金的颜色。这不是随意配置的,而是按照某种音乐关系配置的。[52]

由于这个段落费解之处甚多,我必须再次引用我以前的评释。[53]只有一点应在这里强调:行星诸"门"是以与工作日(星期)相反的次序排列的,行星的星期(week)在公元前 1 世纪已经出现,到塞尔苏斯时代已变得很普通。这一颠倒的次序与宇宙中任何已知的行星次序都不一致。不过,这确实解释了塞尔苏斯提及的"音乐关系",因为被认为支配星期 7 天的行星秩序,可以通过两个操作从宇宙中的行星秩序获得,其中一个与毕达哥拉斯的天上音乐有关。因此,要么塞尔苏斯通过行星用密特拉教梯子指称灵魂升天的假定不对,要么他对问题的描述是错误的。不过,对梯子的张冠李戴或误释是可能的。学者们最近试图就一种不知名的伊朗学说来解释梯子,但这些理论都没有得到普遍的认可。

而且,关于梯子的行星秩序与另一个密特拉教义——把行星的监护(tutelae)归于入会仪式的 7 个等级——也不匹配。[54]

对应的系列如下:

1 水星:科拉斯(Korax,大乌鸦)

2 金星:纽帕斯(Nymphus,新娘)

　　3　火星：迈尔斯（Miles,士兵）

　　4　木星：里奥（Leo,狮子）

　　5　月亮：帕撒斯（Perses,波斯）

　　6　太阳：海路德米斯（Heliodromus,太阳—信使）

　　7　土星：佩特（Pater,父亲）

　　尽管土星（离地球最远的行星）掌管最高级的入会仪式,并被赋予了无与伦比的尊崇,其他行星不是以任何已知的次序安置的。弗雷门特（Jacques Flamant）足智多谋,认为我们论述的是一个埃及系列,这个系列分成两部分,按并不固定的次序调整。他的这一观点也没法完全解决我们的问题。[55]

　　对我们故事的这一部分作个结论：根本无法肯定密特拉秘仪中的入会仪式是否真的模仿了某类星际旅程,尽管这并非完全不可思议。

　　在神奇的莎草纸文献中有个文件,被错误地称作"密特拉祈祷书（礼拜仪式）"（不过与密特拉秘仪毫不相干）,描绘了入会者死后——在天极（the celestial pole）之外甚至恒星之外直到（推动北斗七星运动的）至高上帝的宝座——的幽冥之旅。[56]

　　更有趣的证据与2世纪朱利安父子（迦勒底的朱利安、施魔法的朱利安）的《迦勒底神谕》有关。这个残篇中的两则建议灵魂不要往下看峭壁（大概是地球?）,因为峭壁"从遥远的带有7条道路（*heptaporos*）的门槛（*bathmidos*）"引诱灵魂。[57]公元11世纪拜占庭柏拉图主义者迈克尔·普塞路斯（Michael Psellus）这样解释这一难解的段落："带有7条道路的门槛代表诸行星。这样,当灵魂从上界(*neusasa goun anothen*)往尘世摇摆而下,灵魂穿过 7 个行星(携带星气)至于地上。"[58]汉斯·莱维(H.Lewy)怀疑普塞路斯解释的真实性,因为在《迦勒底神谕》的其他地方,灵魂的下降并不穿过诸行星,而是穿过 4 个区域:以太(太空)、太阳、月亮和空气。灵魂的上升次序相反,而且是新会员生活中的例行程序,并非死后发生。有关需要告知天堂守卫的暗号的知识,和太阳的帮助(借助太阳光线入会者才能爬上天堂)同样重要。[59]

在对所有这些证据做了简要的考察后,新柏拉图主义(奠基人是普罗提诺 205—270)力图完善灵魂下降上升的学说并使之尽可能的"科学化"就不奇怪了。这一结果是通过采取一种公元 3 世纪初在医学界就存在的理论获得的。

亚里士多德发明了一种对灵魂的包裹,由星界之火构成,可以使灵魂进入身体(《论动物生成》,736b)。[60]这可能是得自柏拉图的暗示(《法律篇》,898c)。[61]3 世纪初主要的医学权威盖伦(Galen)[62]认识到了这种"似光、似以太的灵"的存在,甚至指称灵魂的外部包裹的术语载具(*ochema*)早在 2 世纪就被发明了。[63]普罗提诺知道关于这个精巧身体(*leptoteron soma*)的学说,但并不采纳"载具"这个词来描绘它,他的学生波菲利(Porphyry)也是这样。只是在杨布里科斯(Iamblichus)之后,像雅典人普罗克洛斯(Proclus)、达马希乌斯(Damascius)、辛普利西乌斯(Simplicius)、普里西安(Priscianus)以及亚历山大人赫米亚斯(Hermeias)、奥林比奥道罗斯(Olympiodorus)这样的后期新柏拉图主义者才使用这个称呼。普罗克洛斯(5 世纪晚期)在他的《神学要义》中对这一学说(作为一个整体)

作了综合表述：

> 每个特定灵魂的载具通过增加越来越物质化的外衣
> 而下降；在灵魂进行类比后，通过脱掉所有物质外衣并恢
> 复其固有形式而伴着灵魂上升。灵魂通过获得生活的非
> 理性原则而下降；通过脱掉那些趋向时间过程（灵魂借助
> 这个时间过程在下降中被包裹）的能力而上升，并变得清
> 澈，而不再有所有那些服务于那个过程的能力。[64]

这样，这个柏拉图式太空梭被不断完善。这个太空梭的
目的是把灵魂从其天堂居所带向尘世并从尘世带回它的源
头。它开始于希腊化时代的占星学，被桀骜不驯的灵知派采
用，而在后期新柏拉图主义中达到高潮。由于马克罗比乌斯
（他是用拉丁语写作的），这个柏拉图式太空梭在基督教中世
纪的早期从未完全被遗忘。而在意大利文艺复兴中它再一次
变得极具影响。

早期现代欧洲的世界观

亚里士多德的"第一工具"（*proton organon*）由灵（*pneuma*）
或星界之火（stellar fire）构成，灵魂在与感觉世界的交流中使
用它。[65]在这一功能中，它位于心脏，被称作"一般感官"或"内
感官"。它的职责是搜集来自外部感官的所有信息。这些信
息在心脏中被转变成灵魂中的理智能够接受的语言，也就是
转变成形象（*phantasmata*）。因为灵魂"没有形象的帮助（*aneu
phantasmatos*）就没法进行理解"。直到 17 世纪，这一学说依然
风行。阿奎那在他的《神学大全》中概括这一学说："（感觉信

息)不转变为形象(*phantasmata*)，灵魂就无法进行理解。"[66]

这一知觉"合成器"，有时位于心脏，有时位于大脑，是斯多葛主义和古代医学所有学派的中心概念。医生不相信存在非物质的灵魂。但亚里士多德派的哲学家相信。亚里士多德派的哲学家倾向于把这个合成器变成一个双重器官，既能把外部知觉转变为形象，也能对超感官世界实施相似的功能，而使超感官世界成为可认识的。灵魂载具乃是充当媒介的器官，这种观念和新柏拉图主义者杨布里科斯一样古老。这个观念在新柏拉图主义者辛奈西斯(Synesius of Cyrene，公元 4 世纪末)的论文《论梦》中得到完善，在这篇文章中，"内感官"是这样被赞美的："我不知道这种感官是否不如其他感官神圣，恰是因为这种感官我们才能与神交流，或者通过看、通过交谈，或者通过其他方式。对很多人来说，梦是他们最珍贵的财富，人们不应对此感到奇怪。比如，如果一个人安静地睡着，睡眠期间与缪斯[67]交谈，并聆听她们所说，醒来时，可能意外地成了一位好诗人。"[68]

费奇诺(M.Ficino，1433—1499)，文艺复兴时期最具影响的哲学家，他的学说被七星诗社[69]的诗人和英国伊丽莎白女王一世时期的诗人翻译成了韵文。费奇诺把自己关于魔法的理论建立在辛奈西斯(见上)的观点之上。费奇诺坚信"柏拉图的太空梭"，他把灵魂的化身和脱壳过程描述如下：

> 灵魂通过巨蟹宫[70]从银河降入身体，把它们自己包裹进天上的、发光的遮盖物中，以便穿上这个遮盖物进入它们的尘世身体。因为自然要求通过一个纯洁载具的中

介作用,最纯洁的灵魂才能与最不纯洁的身体结合。这个纯洁的载具,不如灵魂纯洁,但比身体纯洁。这被柏拉图主义者认为是结合灵魂及其尘世身体的最方便方法。正是因为这一下降,行星的灵魂与身体,分别在我们的灵魂和身体中,确证和巩固了上帝赋予我们的 7 种原始天赋。7 类恶魔实施了同样的功能,在天上众神和人类之间起到中介作用。土星通过土星恶魔加强了沉思这种天赋;木星通过木星恶魔的作用加强了政府和帝国的实力;同样,火星通过火星恶魔培养了灵魂的勇气。太阳在太阳恶魔的帮助下,培养了感觉和评价的明晰,这些感觉和评价使悟性(divination)成为可能;金星通过金星的恶魔,激起了爱。水星通过水星的恶魔唤醒了解释和表达的能力。最后,月球通过月球的恶魔增强了灵魂的生殖力。[71]

读者很容易发现,这个段落来自马克罗比乌斯,尽管费奇诺做了一些改变(比如,他从通俗魔法中引入了"行星恶魔")。

尽管这一学说在天主教会眼里十分可疑(实际上,费奇诺在别处把这一学说表述为一个"柏拉图式寓言"),但或者恰恰因为这个原因,它在佛罗伦萨柏拉图哲学学术圈里极具影响,而在 16 世纪末之前就已闻名整个欧洲。但是,在宗教改革后的一段时期内,欧洲不愿意把它接受为一种科学学说。不过它在文学和秘传教义圈子里又留存了很长一段时间,在 19 世纪的神秘学(occultism)[72]和神智学中还能找到它。这一学说在西方文化史中存在了已有两千年。

注　释

[1]　Aurelius Theodosius Macrobius，*Commentary on the Dream of Scipio*
1.12.13—14，William Harris Stahl 英译（New York：Columbia
University Press，1952），pp.136—137，稍有改动。

[2]　西塞罗（Cicero），公元前 106—公元前 43，公元前 63 年当选罗马
执政官。他是古罗马的文化名人，著作很多。《西庇阿之梦》也是
他的名作，西庇阿是第三次布匿战争时的罗马名将。在《西庇阿
之梦》中，西庇阿梦见自己在高高的天上，发现地球只是宇宙中的
一个小星球，而罗马帝国不过是地球表面一个小点儿，地球表面
可以划分成五大气候带。马克罗比乌斯是罗马帝国的一个高官。
在 430 年左右，他在西塞罗《西庇阿之梦》的基础上写了本《〈西庇
阿之梦〉评释》。在中世纪欧洲，《〈西庇阿之梦〉评释》一书流传很
广，现存的抄本大约有 230 多种，时代从 9 世纪至 15 世纪，这些
抄本中的附图至少超过了 150 幅。正是通过这部著作，古代希腊
罗马天文学、地理学等方面的一些知识被带入了中世纪，产生了
深远的影响。（参见龚缨晏，欧洲中世纪的"气候带图"）——译
者注

[3]　西玛库斯（Symmachus），曾做过罗马的市政长官，在奥古斯丁还
是个摩尼教徒时，他曾委任奥古斯丁做米兰的雄辩术教授。——
译者注

[4]　有关 Macrobius，参见 Jacques Flamant 一本很精彩的书，*Macrobe et
le néo-platonisme latin à la fin du IVe siècle*（Leiden：Brill，1977）。
［按：全名为《马克罗比乌斯与四世纪末拉丁新柏拉图主义：对罗
马帝国中东方宗教的初步研究》（*Macrobe et le néo-platonisme latin à
la fin du IVe siècle Etudes préliminaires aux religions orientales dans
l'empire romain*）］

[5]　在我的 *Les Gnoses dualistes d'Occident* 中对灵知派的原始资料和文

献目录有一个全面概述。

[6]　*Apocryphon of John*（以下略作 AJ），引自 Michel Tardieu, *Ecrits Cnostiques*: *Codex de Berlin*（Paris: Cerf, 1984）; Berlin Codex（以下略作 BC），引自 W.Till 编译的 *Die gnostischen Schriften des koptischen Papyrus Berolinensis 8502*（Berlin: Academie, 1955）。如果不做特别说明，以下其他灵知派论文引自 J.M.Robinson 编，*The Gnostic Library*（San Francisco: Harper & Row, 1988）。

[7]　或按我们的形象；AJ 2: 15, Tardieu, *Ecrits*, pp.1—4; BC, Till 编译, *Gnostischen Schriften*, p.137。

[8]　BC, Till 编译, *Gnostischen Schriften*, p.138。

[9]　Ibid., p.139.

[10]　AJ 2 和 4, Michel Tardieu, *Ecrits*, pp.125—127。

[11]　人体占星学（melothesia），把星座和宫位与人体的部位连结在一起的系统。比如白羊座和第一宫位与头部相关，金牛座和第二宫位与喉咙相关等等。——译者注

[12]　见我的 *Expériences de l'extase*, pp.122ff。

[13]　AJ 2 和 4, Michel Tardieu, *Ecrits*, p.128。

[14]　Ibid., pp.311—314.

[15]　戈莱姆（Golem），犹太民间传说中有生命的泥人。——译者注

[16]　BC, Till 编译, *Gnostischen Schriften*, p.142。

[17]　Ibid., p.146.

[18]　AJ 2 和 4, Michel Tardieu, *Ecrits*, p.137。

[19]　古代和中世纪哲学中认为除空气、火、水、土以外充满一切事物并构成天体的第五要素，第五本质，以太。——译者注

[20]　Michel Tardieu, *Ecrits*, pp.157ff, 以及 Till 编译, *Gnostischen Schriften*, p.184。

[21]　AJ 2, Michel Tardieu, *Ecrits*, pp.157ff.

[22]　BC, Till 编译, *Gnostischen Schriften*, p.174。

[23]　Ibid., p.178, 以及 Michel Tardieu, *Ecrits*, pp.33ff、p.154。

[24]　原指地毯,是克莱门的剪贴集。——译者注

[25]　见我的 *Psychanodia*, 以及 *Expériences de l'extase*, pp.117—144。

[26]　4 世纪晚期拉丁柏拉图主义者。——译者注

[27]　《埃涅阿斯纪》(*Aeneid*),也译《伊尼德》,维吉尔的长篇史诗,有杨周翰中文译本,已见前注。——译者注

[28]　*Pistis Sophia*, Schmidt 和 Till, *Koptish-gnostische Schriften*, p.183; 以及 Violet MacDermont 译, *Book of Jeu*, pp.283ff。

[29]　Schmidt 和 Till, *Koptish-gnostische Schriften*, ch.113, p.191。

[30]　Ibid., ch.115, pp.193ff.

[31]　Ibid., ch.111, pp.183—189.

[32]　*Pistis Sophia*, Schmidt 和 Till, *Koptish-gnostische Schriften*, pp. 217ff; Violet MacDermont 译, *Book of Jeu*, pp.331—346。

[33]　*Enduma*, ch.131, Schmidt 和 Till, *Koptish-gnostische Schriften*, p.219。

[34]　Schmidt 和 Till, *Koptish-gnostische Schriften*, ch.136ff, pp.234ff。

[35]　Ibid., ch.131, pp.219ff.

[36]　Ibid., ch.132, p.223.

[37]　Ibid., ch.132, pp.224—226; Violet MacDermont 译, *Book of Jeu*, pp.342—345。

[38]　见我的"Astrology",载 *The Encyclopedia of Religion* (New York: Macmillan, 1987)。

[39]　20 世纪 30 年代,埃及麦地纳·马地(Medinet Madi)发现大量摩尼教早期文献。——译者注

[40]　特别参看我的 *Psychanodia* 和 *Expériences de l'extase*。后者第 173 页,简述了我 1984 年之前发表的多数文章。从那以后,我在 The

Encyclopedia of Religion 上发表过关于"Ascension"的词条；为 *Reallexikon fur Antike und Christentum* （RAC）写 过 关 于 "Himmelsreise"（heidnisch）词条，我理解这个词条现在应该写作 "Jenseitsreise"。我也为 RAC 写过题目为"Hypostasierung"的 词条。

[41] 亚历山大的保罗（Paul of Alexandria），罗马帝国后期的一位占星 学作者，著有《导论》（*Eisagogika*），此书尚存，论述了 4 世纪罗马 帝国所用占星学中的主要问题。——译者注

[42] 见 我 的 *Psychanodia*, pp. 48—54，以 及 *Expériences de l'extase*, pp.119—152。

[43] 有关分析和文献，参看我的 *Gnoses dualistes*, ch.7。

[44] 《克弗来亚》（*Kephalaion*），摩尼语录。——译者注

[45] 这两个词字面的意思都是税收员。——译者注

[46] 预表（*typos*）和本体（*antitypos*），这是基督教释经学术语。这种观 点认为，旧约中包含不少预表，这些预表在新约以某种方式阐明 出来。新旧约是预表（types）与本体（antitypes）、影像（shadow）与 实体（fulfillments）的关系。——译者注

[47] 在其背景中对这个神话的全面阐述，见我的 *Gnoses dualistes*, ch.9。

[48] 特别参看我的 *Expériences de l'extase*, pp.79ff，以我的这篇文章为 基础，"L'Ascension de l'âme dans les mystères"，载 U.Bianchi 和 M.J.Vermaseren 合编的 *La soteriologia dei culti orientali nell'Impero Romano*（Leiden：Brill, 1982）, pp.276—302；我的 *Expériences de l'extase*, pp.93—101，以我的这篇文章为基础，"Le vol magique dans l'Antiquité tardive"，载 *Revue de l'Histoire des Religions* 198 （1981）, pp.57—66；我的 *Expériences de l'extase*, pp.119—144，以 我的这篇文章为基础，"Ordine e disordine delle sfere"，载 *Aevum*,

55(1981)，pp.96—110。

[49] 厄琉息斯秘仪,是古希腊时期位于厄琉息斯的一个秘密教派的年度入会仪式,崇拜得墨忒耳和珀耳塞福涅。厄琉息斯,即现在的埃勒夫希那,位于雅典西北约30公里的一个小镇。——译者注

[50] 《金驴记》又名《变形记》,阿普列尤斯(Lucius Apuleius)的主要作品。已见前注——译者注

[51] *Metamorphoses* 11.23，我译的。[按:参看刘黎亭译文,"而我抵达了死亡之界;我踏上了冥后帕尔塞福涅的门槛;我在归途中穿过了宇宙间的一切元素;我在深夜看见了光辉灿烂的太阳;我伫立在地下和天上的众神面前;我从近处完成了顶礼膜拜。"《金驴记》刘黎亭译,上海译文出版社,1988年版,第312页]

[52] Origen，*Against Celsus* 6.22，M.Borret版(Paris:Cerf，1967)，vol.3，p.233,我的翻译。

[53] 见我的 *Expériences de l'extase*，pp.86ff。

[54] David Ulansey 对密特拉教有个巧妙的解释,见他的 *The Origins of the Mithraic Mysteries*: *Cosmology and Salvation in the Ancient World*(New York and Oxford:Oxford University Press，1989)。

[55] Flamant 的文章见 U.Bianchi 和 M.J.Vermaseren 合编的 Soteriologia。

[56] 见我的 *Expériences de l'extase*，p.130。

[57] 残篇164,见 Edouard des Places, *Oracles chaldaïques*: *Avec un choix de commentaries anciens*(Paris:Belles Lettres，1971)，p.106;还可参见 Hans Lewy, *Chaldaean Oracles and Theurgy*(Paris:Etudes Augustiniennes，1978)。

[58] 见 Edouard des Places, *Oracles Chaldaïques*，p.169。这一段是我译的。

[59]　见我的 *Expériences de l'extase*，p.129。

[60]　参见苗力田主编《亚里士多德全集》第 5 卷第 262—264 页，中国人民大学出版社。——译者注

[61]　张智仁、何勤华译《法律篇》第 338—339 页，上海人民出版社 2001 年版；王晓朝译《柏拉图全集》第 3 卷，人民出版社 2003 年版，第 663 页。——译者注

[62]　盖伦（Galen，全名 Claudius Galenus），古罗马时期最著名最有影响的医生和解剖学家，被认为是仅次于希波克拉底（Hippocrates）的第二个医学权威，著作对中世纪医学有重大影响。——译者注

[63]　见我的 *Expériences de l'extase*，p.138。

[64]　Proclus，*Elements of Theology*，209，E.R.Dodds 编译（Oxford：Clarendon，1963），p.182。

[65]　前文的表述：亚里士多德的 *proton organon*，乃是灵魂被导入身体以前包裹灵魂的星界身体。——译者注

[66]　*I Quaestio* 89aI；见我的 *Eros and Magic*，p.5。

[67]　缪斯（Muses）是古希腊神话中科学、艺术女神的总称，数目不定，有三女神之说，也有九女神之说。——译者注

[68]　这是 Margaret Cook 和我译的，见我的 *Eros and Magic*，p.115。

[69]　七星诗社（Pléïade）是 16 世纪中期法国的一个文学团体，是由七位人文主义诗人组成的文学团体。他们的主要贡献是对于法语改革的主张。——译者注

[70]　黄道十二宫中的第 4 宫。——译者注

[71]　Ficino，*De Amore* 6.4，Margaret Cook 译，见我的 *Eros and Magic*，pp.42—44，稍有改动。

[72]　指对撒旦学、占星学、神灵学、占卜学、炼丹术和巫术等的信仰和研究。——译者注

第十一章 幽冥之旅的顶峰：
从穆罕默德到但丁

早期基督教的幽冥之旅

在中世纪基督教中，保罗是最著名的出窍者之一。他的《启示录》，最初是 3 世纪用希腊语写成的，被翻译成许多当地语言：法语、普罗旺斯语、英语、威尔士语、德语、丹麦语、保加利亚语、塞尔维亚语以及罗马尼亚语。在翻译过程中，这个《启示录》往往被扩充。至少有两个早期的拉丁译文通过副本和变体留了下来。[1]

叙事的结构描述了保罗自己记录下来的异象，与他的使徒鞋一起藏在一个盒子里，埋在他在大数（Tarsus）[2]住宅的地基下。一位天使向住在这所房子的一位"可敬的人"启示圣物的存在。在某种意义上，基督教《启示录》的发现模式与后来西藏伏藏文本的发现的晚期传统非常接近。

在这个《启示录》中，上帝选择保罗做他的发言人，提醒人们生活在罪恶中。所有事物——太阳、月亮和大海——都抱怨人类的罪恶。一位天使带走保罗并向他显示无底地狱的可怕异象。天使于是把保罗带到第一重天,邪恶而可怕的天使住在这里,他们负责降邪恶于人类以及地狱中的拷问。"有遗忘(它欺骗并向它自身驱动人心)、有诽谤之灵、淫乱之灵、愤怒之灵、傲慢之灵;有邪恶之君。"这些天上存在形同恶梦,"獠牙暴露、眼似晨星",电光石火,从他们的头发和嘴中发出。[3]

与许多其他《启示录》一样,《保罗启示录》是一部并不复杂的基督教《亡灵书(度亡经)》。它的目的并非是要揭露"居间状态"[4]的幻觉特征,而是要创造一个人生前行为死后报应的幻觉。当死者的灵魂通过天堂的较低区域,邪恶诸天使查看其中是否有各邪恶天使赋予并代表的任何邪恶痕迹。如果没有,灵魂就通过,并被善的天使接受,之后由护卫天使引导到上帝面前。相反,当邪恶的灵魂被邪恶天使截住,护卫天使对他就一筹莫展了。一位天使法官把他发送给黑暗之君接受永罚。如果该灵魂死前忏悔至少一年以上,这将不会发生。

导引天使把保罗领到第三重天,来到正义之宫,他在这里遇到了以诺(Enoch)和以利亚(Elijah)。之后他被引到新耶路撒冷,在那里他看到大卫王在弹竖琴并唱哈利路亚。之后详细参观了环绕世界的大洋之外的巨大的西方地狱。最后,保罗见到了天堂,受到圣母玛利亚的问候。　214

事件的数目及其发生次序在《保罗启示录》最常见的拉丁语版本中稍有差异。《保罗启示录》广为人知,是被大量模仿的对象。其中最有趣的一种来自贝居安女修会一位女性神秘主义者马格德堡的麦克希尔德(Mechthild,约1207—1282)[5],她有时会到天堂旅行。按她的记述,她在地上乐园遇到了以诺和以利亚,在第一重天她发现了另一个乐园,在第二重天她发现了天使们居住的多层建筑,在第三重天她发现了上帝自己的宫殿和宝座、还有基督的洞房——在一种亲密结合中基督在此接待处女们的灵魂。麦克希尔德自己被接待,并获轻柔一吻,这一吻使她升至所有 10 级天使之上。还有一次她进入了"爱之床",被基督脱掉了所有"恐惧、羞耻以及所有外在价值的外衣"。[6]

《保罗启示录》和《以赛亚升天记》(参见前面第九章)一起,构成早期基督教包含幽冥之旅的天堂启示中最重要的篇章。不过,《保罗启示录》只是玛莎·西麦尔法(M.Himmelfarb)在她一本很漂亮的书里分析过的近 20 种犹太教、基督教"地狱之旅"中的一种。[7]其中有许多(比如《彼得启示录》)并不建立在幽冥之旅的基础上。基督教在其早期时代,它的天堂观念在两个不同概念之间摇摆。一种以公元 2 世纪晚期著作家伊里奈乌为代表,他是高卢地区里昂(Lyons)的主教。伊里奈乌把天堂看作某种"荣耀的物质世界"。这种观点,除了其中的人类特别长寿多子外,看起来与马克思主义的技术乐园观念非常相似。另一种随希波(Hippo)的奥古斯丁(354—430)而流行,把天堂描绘为一个柏拉图式属灵化王国,"完全没有人的作用和家庭的关怀",后来被修正为"半属灵的天国",其中已进天国者有社会交往,甚至还有对女人美丽身体的无欲的赞赏。[8]

早 期 中 世 纪

公元 594 年,教皇格列高利一世(称作大格列高利,590—

604 年在位)写了一篇《有关意大利教父生活与奇迹的对话》(*Dialogi de vita et miraculis partum Italicorum*),对早期中世纪研究具有无与伦比的重要性。[9]在他报道的许多奇闻异事中,有3 例濒死体验,用来表明并非所有在异象中看到来世的人都对地狱极度恐惧或忏悔,并因而改善了他们的死后命运。两个濒死体验是相互交织的:据说一位无名战士在死亡之际在异象中见证了一个名叫斯蒂芬(Stephen)的人的厄运,这位斯蒂芬 3 年前曾窥见地狱,但他并未忏悔。这位战士报道说在地狱中他看到一座桥横跨"一条烟河之上……肮脏恶臭,不可忍受"。这座桥导向"怡人的芬芳草地",草地散发着"那样一种清新的气味,芬芳的气息令在这里居住行走的人心旷神怡。"如在晚期伊朗《阿尔达维拉夫集》(参见本书第七章)中一样,善与恶、天堂与地狱间的主要对立,具有强烈的嗅觉特征,表达在芬芳与恶臭的感觉对立中。桥很有趣,和在维拉夫的中古波斯异象中一样,桥会变宽以便义人通过,变窄以便把恶人扔进阴世之河。"任何企图通过的恶人都会跌入黑暗恶臭的河中。而那些正直、不为罪恶羁绊之士则会安全从容地到达彼岸那些怡人芬芳之地。"[10]这位幻觉战士看到斯蒂芬的灵魂冒险登桥,"他想通过,但滑了一跤,身体于是跨桥两侧悬挂在桥上(按桥已变窄)。怪兽从河中涌出,拽住他的腿把他拉入河中",但善的天使还是为这不幸的灵魂斗争。[11]我们在早期中世纪文献中遇到的最早的"窄桥"主题早于公元 577 年,出现在修道院院长朗当(Randan,位于法国多姆山省)的桑钮福斯(Sunniulfus)的地狱之旅中,见历史学家图尔的格列高利(538—594)的《法兰克人史》。[12]

216

如果上述诸异象显示了犹太教—基督教末世论与伊朗末世论之间存在某种联系，却很难（如果不是不可能）确定谁先出现，因为这均需依赖《阿尔达维拉夫集》中一个独特主题即"窄桥"主题的时代确定。[13]另一则早期中世纪异象表明，在这些相对隔绝的时代，对柏拉图式末世论的记忆仍然得以保留。实际上，爱尔兰人福尔苏斯[14]所见的异象——教会历史学家可敬的比德（Bede the Venerable，672—735）报道并确定在公元前633年——不但建立在广为人知的《保罗启示录》之上，也建立在（对比德来说）无法见到的喀罗尼亚的第马克的异象之上，第马克是普鲁塔克对话录《苏格拉底的保护神》中的主人公。福尔苏斯有过两次脱体经验。第二次脱体期间，带他到上界的天使向他展示下界的景象，"好像一条黑暗而朦胧的山谷……他还看到空中有四堆火，彼此相隔不远。他于是问天使这些火是什么，他被告知这些是将要点燃并烧毁世界的火……这些火，逐渐扩大，彼此相遇，连成一体，变成一堆巨焰"。天使解释说这是天上的炼狱之火，此火"依据其功德审判每个人"[15]。这里发生的这一幕太过典型以至于不能被解释为一种偶然的巧合。普鲁塔克的启示录必然以某种方式在公元7世纪的英格兰幸存了下来。

一些细节据说证实了福尔苏斯的故事。有个恶魔向他投掷了一个该入地狱的灵魂的燃烧的身体（背景是福尔苏斯没有拒绝来自此恶魔的一件礼物），福尔苏斯被严重烧伤。福尔苏斯复苏后，没法再穿任何厚点儿的外衣，甚至在严冬中也出汗。

比德描述的另一个异象，也包含一个存在于《第马克启示

录》中的情节，是诺森伯兰郡[16]坎宁安（Cunningham）一个叫
迪塞姆（Drythelm）的人濒死体验的一部分，据说发生在公元
696年。[17]迪塞姆和普鲁塔克作品中的另一个人物索利的忒
斯比休斯一样，在他的家人认为他已去世后有一个异象，之后
他就过一种虔诚的生活。[18]复苏后，他给了妻儿一笔钱，把财
产的三分之一分给了穷人，自己成了特维德河上梅尔罗斯修
道院[19]的一名修士，终生过着宁静的生活。按照通常的模式，
迪塞姆被一位导引天使带到天上，天使首先向他展示了地狱
边境（limbo）的情况，里面的灵魂并未邪恶到要被送往地狱，
这些灵魂通过冷热的交替被净化。之后天使把他带到一处漆
黑之地。

> 当我们走过黑夜的阴间，在我们面前不断突然出现
> 黑色的火球，从一个大洞中升起而后又跌落回去。当我
> 被导向此处，我的向导突然消失，只留我一个人在黑暗和
> 这恐怖的异象中，而那些相同的火球交替飞升再跌进深
> 渊之底，并无停歇。当它们上升时，我看到所有的火焰都
> 充满人的灵魂。这些灵魂有时像带烟飞扬的火花一样被
> 高高抛起，而当火的烟雾散尽重又跌进下面的深渊。[20]

当这些灵魂坠落，它们跌入恶臭的深渊。与此相仿，普罗
塔克的第马克看到众灵魂在天堂火河中似火球般升降，幸运
的爬到月球表面，其他的则跌入重生的循环。[21]在一阵浓郁的
芬芳后，迪塞姆进一步被展示极乐世界（Elysian Fields），这是
享受天国之福者的宅第，其中有一处是为他死后准备的。此
地如此之美以至于迪塞姆不想再回到他的尘世生活，但他不
得不回。为了能够尽快返回天堂，他践行霍迪尼[22]式的苦修：

218

他在冰冷的河水中祈祷，而"当他走上岸来，并不脱掉他冰冻的外套，直到这些衣服在他身上变暖蒸干"[23]。

赖兴瑙修道院[24]修士怀第（Wetti）的地狱之旅发生在公元824年11月3日，被黑陶[25]记录下来，表现了对人的天性中的性欲的罪恶特别的关注，但并不包含一个天堂之旅。[26]《布伦丹游记》[27]和《奥德赛》一样，可以解读为一个幽冥之旅，而且也许是以关于海上旅行[《航海述闻》（imrama）]的凯尔特人叙事模式为基础的，尽管在10世纪，这个传说似乎是原创的，其他类型的航行却仍然可用。[28]

关于登霄（米尔拉吉）的穆斯林传说

伊斯兰教创立者的幽冥之旅传说围绕一个核心形成。先知穆罕默德的夜行登霄据说发生在7月27日，在《古兰经》第17章中。称作夜行，似乎暗示了"夜晚的旅程"。

在9世纪，关于夜行（伊斯拉）有两个传说，而关于登霄（米尔拉吉）有三个不同传说。[29]夜行情节简单。其中一个说，穆罕默德和犹太教启示录中的人物一样，睡着时有个人拉着他的手到了一座山，他们一起爬了上去。在山顶，他被显示地狱的酷刑和天堂的欢乐。抬眼望天，他看到了亚伯拉罕、摩西和耶稣。按其他版本，穆罕默德被两个人或天使带到耶路撒冷，在路上他碰到了那些因生前作恶而被拷打的人。他还看到天堂花园一棵大树下的亚伯拉罕，还有信徒和殉教者的住处。此时，穆罕默德的两个向导自报身份说是加百列[30]和米迦勒。这位先知往上看，凝视死后将属于他的天堂宫殿。

登霄的三个版本要复杂一些，并包含升天。泰伯里[31]（839—923）在他的《古兰经解总汇》中搜集了关于这位先知夜间旅行的 26 种传说。其中一种依赖早期权威阿布·胡莱拉（Abû Huraya），属于第一个类型的登霄版本，类似于 9 世纪传统主义者布哈里（Bukhârî）和穆斯林（Musilim）给出的版本。天使长吉卜利勒（Jibrîl）[32]与米迦勒（Mîkâil）给了穆罕默德一次游历。米迦勒从圣泉——麦加的渗渗泉（Zamzam of Mecca）——取水，吉卜利勒打开穆罕默德的胸腹，取出他的心脏，在水中洗 3 次，装入善、智慧、信念、确信和伊斯兰（islâm，对上帝的服从），在他双肩之间标上预言能力（khâtîm almubuwa）的印记。这一幕（具有真正的萨满教味道）之后，这位先知登上他著名的布拉克（Burâq）——有翼、人面的母驴——并随吉卜利勒到各地，那里的人或者为他们的宗教热情得到奖赏，或者为他们的懒惰而受到惩罚。在耶路撒冷，穆罕默德与犹太教传统最著名代表的灵魂谈心，比如亚伯拉罕、摩西、大卫、所罗门和耶稣自己，据说耶稣能创造一只黏土做成的鸟，并用他自己的嘘气赋予它生命。之后吉卜利勒带领这位先知走上一段天堂之旅：在第一重天他遇到了亚当；在第二重天他遇到了耶稣和传福音的约翰；在第三重天他遇到约瑟；在第四重天他遇到易德立斯-以诺（Idrîs-Enoch）；在第五重天他遇到亚伦；在第六重天他遇到摩西；在第七重天他遇到亚伯拉罕。随后，他们来到极界树（sidrat almuntahâ）[33]，在这儿穆罕默德凝视上帝的光辉并和祂交谈，从祂那儿得到信使（rasûl，启示的使者）的使命，以及真正宗教的八个部分：服从上帝（islâm）、麦加朝觐（hajj）、圣战（jihâd）、布施、例行祈祷、斋月以及行善避恶的戒

220

律。创世的上帝命穆罕默德使信众每天诵祷 50 次，不过摩西知道人类的脆弱，按照摩西的建议，这个数字锐减到 5 次。[34]

在关于登霄的不同传说中对布拉克有各种各样的描绘。在拉齐（Abû'l Futîh al-Râzî）于回历 510 年或公元 1116 年汇编的波斯版本中，布拉克是公的，是"一匹马，比驴大但比骆驼小。有骆驼的尾巴、马的身体、人脸、骆驼的四肢、牛蹄，胸是红宝石一样的红色、背是珍珠一样的白色……有孔雀一样的双翅而且迅疾如电"[35]。

登霄的第二个版本与上述第一个类似，但插入了很长的一幕，其中由一个巨大的火焰天使（他是地狱之主）向穆罕默德展示了七层地狱的第一层。第三个版本也许有其波斯想象力上的来源，也是最长的一个。天堂的结构也不同，穆罕默德在经过七处站点后到达第八处也是最后一重天堂，这是上帝的居所。

221 这一穆斯林传说从 9 世纪起进入了基督教的西班牙。登霄两个版本的第一个概述是从布哈里（Bukhârî）和穆斯林（Musilim）借入的，而且使托莱多（Toledo）的大主教罗德里戈·希梅内斯·拉达（Rodrigo Ximenez de Rada，1170—1247）《阿拉伯人史》第 5 章更加生动。一个叫亚伯拉罕·阿尔法奎姆（Abraham Alfaquim）的人（一个皈依的犹太人）1246 年按阿方索十世（智者）的命令，把登霄的一个长篇版本从阿拉伯语翻成了卡斯蒂利亚语。[36]锡耶纳的文书波拿文彻[37]把卡斯蒂利亚语版翻成了拉丁语。之后又出现了翻自拉丁语的法语译本。[38]15 世纪末，一个皈依的神学家安德烈斯·加提瓦（Andrés de Jativa）向西方基督教世界介绍了登霄的第三种、不同的版本。我们无意描述这些传说的多种变化。它们的普及程度无疑可与许多犹太教和基督教的《启示录》相比。在伊斯兰教的早期历史中,它们成为苏菲神秘主义者寓言解释最喜爱的主题之一。

在苏菲派中,波斯人比斯塔米[39]自己的登霄无疑最为著名,他是出窍型或"陶醉"型苏菲派的创建者。比斯塔米据说能在空中飞行能在水上行走,并记述了他的天堂之旅,有两个版本保留下来,一个来自波斯诗人阿塔尔(Farîd al-Dîn 'Attâr,卒于约1220—1230年间)[40],另一个来自萨拉吉(al-Sahlajî)。[41]

许多其他神秘主义者根据苏菲派的方法来解释穆罕默德的登霄,把穆罕默德在他升天中游历的客观层次变成神秘主义努力的内在层次。其中最伟大的是吉利('Abd al-Karîm ibn Ibrâhîm al-Jîlî,约 1365/1366—1406/1417),他把登霄与《神曲》结合起来并把穆罕默德的天堂游历解释为天文学上的诸行星。[42]苏菲派长老筛海(shaikh,或译谢赫)通常把个人比如巴耶济德[43]的升天与对穆罕默德登霄的寓言解释结合起来。比如努尔-巴克什(Imâm Muhammad Nur-Bakhsh)长老,他是克什米尔努尔-巴克什教会的创立者,按穆赫辛·范尼[44]的解释,他是 17 世纪莫卧儿王族苏菲派王子达拉·舒科[45]的同代人。[46]

222

我们稍作评论以结束对登霄传统的这一简要描述。登霄传说最初是以犹太教和基督教启示录为基础的,但并不缺少自身的来源。我们在别处分析过这些启示录的许多变体[47],但与穆罕默德穿过的等同于行星的八到十重天都不沾边。

对登霄的大量寓言解释表明,它们在伊斯兰教中比各种

《启示录》在基督教中享有更崇高的地位。苏菲派使用神秘主义解释学，把自己与伊斯兰教大众的、通俗的传统疏远开来，就获达与上帝结合的阶段提出了他们自己的观点。

12 世纪的文艺复兴

随着"派系国王"（泰法国王）[48]时代穆斯林势力的衰落，1085 年，北部西班牙的基督教军队征服了托莱多城。托莱多是西班牙西哥特王国[49]的前首都，是伊比利亚半岛统治权的象征。这一事件标志着西班牙穆斯林力量终结的开始。尽管有两个柏柏尔王朝的长期占领[50]，到 1250 年，除了从格拉纳达到直布罗陀再跨越到休达的狭长地带[51]，西班牙全部都已被基督徒征服。结果是，穆斯林文化深深地渗入了基督教欧洲。尽管在叙利亚、君士坦丁堡和西西里，只零星有些阿拉伯语或希腊语的翻译作品出现，但 11 世纪末，托莱多成为以阿拉伯语译文和评释方式传播希腊—罗马文化的主要中心，这些方式现在拉丁欧洲一展身手。

稍后，征服托莱多之后更为重要的是对耶路撒冷的征服（1099），耶路撒冷几年后变成了一个十字军王国。一个半世纪以前，修道院制度已经经受了一次重大变革。到克莱尔沃的伯纳德（1090—1153）[52]出生时，欧洲主要的知识变革已经开始了，这被称作 12 世纪的文艺复兴。

这个时代（在 13 世纪结出了果实），看到了圣母崇拜、哥特式大教堂的建立、亚里士多德哲学的风行、新的宗教社的建立（有些是军事性的）、穷人异端和清洁派异端的萌芽、宫廷爱情和亚瑟王传奇的出现、"炼狱的出现"（这是雅克·勒高夫[53]在一本颇具影响的书里的说法）、圣礼的解释（包括婚礼）等。伴随这些不寻常变化的，是对幽冥启示和幽冥之旅的兴趣的复燃，并在但丁的杰作《神曲》中达到高峰。

很难确定穆斯林的登霄传说在多大程度上影响了 12 世纪的幽冥之旅。非常有影响的似乎是《保罗启示录》的一个修订，称作《保罗的异象》。[54] 12 世纪之前，还有些《启示录》，是对被称作《以斯拉四书》的希伯来语或阿拉姆语次经的今已不存的希腊语译文的修订。[55]因而从阿拉伯传说借入的假定似乎是多余的，尽管在某些情况下也不是不可能。

224

这些情况之一是《卡西诺山的阿伯里克的异象》（Vision of Alberic of Monte Cassino），是以发生于 1111 年或之后一个 10 岁男孩的濒死体验为基础撰写的。[56]阿伯里克生于卡塞塔省（Caserta）索拉（Sora）教区赛特弗拉第（Settefrati）的城堡，他复苏后很快就成了一位本笃会[57]修士。吉拉多（Girardo，1111—1123）当时是卡西诺山（Montecassino）修道院的院长，他让一个教友圭多（Guido）记录这个男孩的故事。这故事到 1127 年已经有两个本子，但阿伯里克自己认为并不可靠。阿伯里克和他的一位青年朋友彼得执事（Peter the Deacon，1107—1160）一起，进一步修订了对他幽冥之旅的报道。可以看出，圭多插入了一些虚假的情节，这些情节是从诸如《亚当和夏娃的生平》（Life of Adam and Eve）这类次经及《布伦丹航海》借入的。[58]不过，即使在删改时，阿伯里克的《异象》似乎也只是另一部《启示录》老生常谈的汇编，其中只有一个情节具有真正的萨满教味道。显然，在对阿伯里克在修道院长大后已多半忘记的孩提经验的再解释中，互文（intertextuality）起了重要作用。[59]

在我们继续讨论之前，我们应该注意到，至少在这个例子中，是可以貌似合理地讨论伊斯兰教的影响的。非洲的君士坦丁（Constantine the African，1020—1087），是把医学著作从阿拉伯语翻成拉丁语的最伟大的翻译家，他在卡西诺山的修道院度过了他生命最后的 17 年。[60]他的朋友彼得执事曾协助阿伯里克整理《异象》的 1127 年版本，在医学史上以把君士坦丁著作表格化闻名。当然有这种可能：在卡西诺山可能已经存在某种口头传说，而这种传说可以回溯到君士坦丁自己。君士坦丁浸淫伊斯兰教文化已久，必然知道登霄的传说，并且可能还谈论过它。

225 　　然而，阿伯里克的《异象》并无清晰的伊斯兰教传说印记。这个男孩看到了一只鸭子一样的鸟把喙插入他的嘴中，从他肚子里拽出了什么东西（灵魂？）。之后这只鸟用喙叼住他的头发并把他带离地面，向他展示了地狱的酷刑和天堂的欢乐。在地狱中，他看到了"窄桥"，从 10 世纪拉丁文的《以斯得拉的异象》（*Vision of Esdra*）开始，这已经变成了那时基督教《启示录》的一个标准特征。[61]

比阿伯里克的《异象》更具影响的是 12 世纪另外两个启示录，《唐达尔的异象》（*Vision of Tundal*）和《圣帕特里克的炼狱》（*Purgatory of Saint Patrick*）。[62]唐达尔（Tundal）的异象是 1149 年爱尔兰修士蒙斯特的马克（Marc of Munster）为雷根斯堡[63]圣保罗修院的女院长写的。男主角是来自爱尔兰南部城市卡舍尔（Cashel）的一位绅士唐达尔（或 Tnugdal），经历了

3 天的濒死体验,复苏之后把财产分给穷人并加入了一个隐
修会。[64]根据这个故事,经过在一个丑恶的人群中的一段混乱
后,一个像明亮的星星一样的天使把唐达尔的灵魂带上了一
段地狱和天堂之旅。唐达尔通过牵着一头野牛通过一座两英
里长的桥来补偿他在尘世的一些罪过。桥窄如手掌,布满能
割烂双脚的尖钉(双脚被割碎后立刻又会复原)。他对自己罪
过的进一步补偿是:被有"燃烧的铁头和最锋利牙齿"的野兽
吞食,在铁炉中被烘烤,被抛入一个深、黑、恶臭的洞中,那里
住着幽灵之王路西菲尔(Lucifer)。唐达尔的灵魂得到宽恕,
首先被带到炼狱区域和生命之源,之后再被带到圣人与义人
的天堂居所。另一个濒死体验的叙事遵循了类似的模式,这
个濒死体验据说 1196 年发生在英格兰伊夫舍姆(Evesham)隐
修会的一位修士身上。[65]

　　《圣帕特里克的炼狱》是修士萨尔特里的亨利(H. of Sal-
trey)1189 年左右写的,以爱尔兰的德格湖边(Lough Derg)一
个著名山洞的存在为基础,类似于位于勒巴狄亚的特洛佛尼
乌斯山洞(见本书第八章)。[66]有关这个产生异象的山洞的奇
异特性的描述前后跨度有一千年,1479 年终止,被教皇亚历
山大六世临时性地关闭。之后关于它的描述又恢复,一直延
续到 18 世纪。参观许可很难得到。它的名声来自基督向圣
帕特里克显形的传说。在《圣帕特里克的炼狱》中,在斯蒂芬
王[67]统治期间,爱尔兰骑士欧文(Owein)获得主教许可经历
一段炼狱历程,他先在教会中祈祷 15 天。在为他举行弥撒和
圣餐礼之后,副院长领他进入山洞并遣他上路。欧文叨念耶
稣基督,抗拒了大量要把他拽入寻常烦恼的魔鬼,进入一个燃

烧的恶臭洞穴，最后到达一座长、窄、高、滑的桥，这桥架在"一条宽广恶臭的河上，河面硫磺燃烧，河中魔鬼充盈"[68]。之后他到达尘世乐园，并被显示天堂乐园之门。回到教会后，欧文依然祈祷 15 天，之后他到耶路撒冷朝觐。返回后他被斯蒂芬国王送往爱尔兰岛担任英国侨民修道院的翻译。

　　在《图尔基尔的异象》(*Vision of Thurkill*)(1206)中，天堂与大教堂在结构上严格对应。[69]图尔基尔(Thurkill)是埃塞克斯郡[70]屯斯蒂德(Tunsted)的一个贫苦工人，被圣尤里安(Saint Julian)带到一个死者灵魂的聚集地，图尔基尔发现，阴间看起来像"一座结构宏伟的教堂"，奉献圣母。天使长米迦勒和使徒彼得与保罗在其中审判死者，用天平称他们灵魂的重量。地狱恶臭的洞穴在北墙外，炼狱之火位于"教堂两墙之间的东侧"，而快乐之山在冰湖对面，只有通过一座桥才能到达，而这座桥上"布满荆棘和鹿砦"。

　　在其他例子中，天堂看起来像一座城市。城市化是 12 世纪文艺复兴的另一特点。据麦克丹奈尔(C.McDannell)与伯恩哈德·朗(B.Lang)，1150—1250 年间欧洲城市中心的发展伴随着具有高度城市特征的天堂观念的提升。这一时期大型哥特式教堂的建造是城市化天堂观念的体现。[71]作为这种潮流的一个例证，两位作者提到了卡马多萨[72]第三修会会员[73]比萨的吉拉德斯卡(Gherardesca da Pisa，1210—1269)的异象，他看到了耶路撒冷的天堂城市，街道由"最纯的黄金和最昂贵的石头"建城，两侧种植金树，圣母玛利亚 7 座富裕的城堡环绕全城，其中是为所有天堂居民准备的座椅。两位作者的结论是，吉拉德斯卡的新耶路撒冷，看起来像意大利北部的一个县（*contado*，行政区），或一座堡垒环绕的城市。[74]然而，这个结论不能被推广到这个不寻常时期的所有《启示录》文本。相反，其中最重要的一些并无城市化背景。我们已经检查了《圣帕特里克的炼狱》，它是建立在山洞孵化这种古代模式上的。另一个例子是戈特沙尔克（Gottschalk）的异象。

戈特沙尔克是个贫苦多病但自由的德国农民，13世纪下半叶住在荷尔斯泰因[75]。1189年12月12日，星期二，他的领主，萨克森和巴伐利亚的海因里希·杜克（Heinrich Duck），征他入伍帮助包围他敌人达赛尔的阿道夫（Adolf of Dassel），阿道夫守卫塞格尔堡（Segerberg）要塞的士兵，但戈特沙尔克正在住处病得厉害，12月20日，他的灵魂完全离开了身体。12月24日（圣诞节前夕），应征入伍者带着他们这个快没命的同伴开拔。他用了5周时间恢复，但此后频发幻觉和头疼，而且他在幽冥之旅期间造成的创伤也给他带来极度的痛苦。他已经不再是一个正常的人了：他的腿卡在烟囱里，火却伤不了他。有两位修道者对他的异象感兴趣，做了两份记录，一长一短，但两者之间并无明显差异。[76]

戈特沙尔克的灵魂离开身体后，被两位身穿雪白袍服的天使拦下，他们带他往南到一个灵魂的大聚会，这些灵魂看起来像人类。其中一位天使从一棵酸橙树的树冠里取下14双鞋，把它们递给聚会中的14个人。其他人，包括戈特沙尔克，不得不痛苦地赤脚穿过一片两英里长的布满荆棘的原野。不一会儿，戈特沙尔克就跌倒在地无法再走。这位天使可怜他，给了他一双鞋。在原野的另一端，25位罪人的伤口奇迹般地愈合，这是他们悔悟的标志。

228

之后他们来到一条宽阔的河边，除了从剑尖和矛尖上通过并无其他方法可以过河。但对 14 位义人和 25 位悔改者来说，河上有木筏，因而他们可以安然无恙。其他人不可思议地致残了，其中只有 6 位因为真心悔悟得以复元，进入义人的团队。这些人于是来到一个十字路口，得到鞋子者中有 5 位直接进入天堂，变身为一种光辉的存在。其他多数人取了一条通往炼狱的"中间道路"。只有戈特沙尔克和 6 位罪人被天使领去观看地狱之火中令人生畏的酷刑。戈特沙尔克在那里看到他所在地区的几个人，多是声名狼藉的罪犯。但惩罚看来并不总是永久的。在被连续地烘烤冷却多次后，有些罪人就被释放了。天使、戈特沙尔克及一路随行的 6 位中的两位，继续走上一条绿色的中间道路，这条道路慢慢开始变宽。他们走过 3 所宅第，每所都比前一所漂亮，尊贵之士在里面唱着荣耀和赞美的圣歌。之后他们来到应许之地，芬芳的气息预示了此地的壮美的景色。看到浓郁的山谷和环绕他同伴的光明，戈特沙尔克想到他将不得不离开此地而重回病体，于是深感苦恼。但在离开之前，他还有时间去看一座辉煌的修道院，其中义人在传福音的圣约翰（使徒约翰）的看护下，用他们所有的时间来做快乐的祈祷。众使徒对他们做定期的巡查，现在轮到圣安德列[77]，戈特沙尔克看到他正在指挥被祝福者的合唱。他们所有人看起来都年轻而平和。他们正在等待复活的日子，届时他们将前往天堂，以便享受某种形式的生存，比在炼狱中荣耀 9 倍。在他回到他同伴看护他身体的地方之前，他还有时间去看一座赞美义人的壮美之城。他们的房子实际上没有墙，任何事物都在一种坦率的、非世俗的公有中向任何人开放。

《神曲》

对于幽冥之旅的流行，没有人比佛罗伦萨诗人但丁（1265—1321）做得更多。他的杰作《神曲》，是一部入地狱上天堂的经典。天堂被分成 7 层，对应于 7 个行星。但丁首先受到拉丁诗人维吉尔的幽灵的引导，之后是比阿特丽斯[78]，一个神秘的天上存在，她在尘世的对应者是一个很年轻就死去了的女子，但丁立誓要给她神秘的爱和奉献。诗人穿过地狱的所有阶层，达到路西菲尔自己的黑暗洞穴。他重又出现在炼狱的山上，之后逐层游历天堂。《神曲》是无与伦比的精巧诗思与巨大神学复杂性的产物，是被反复阐释的对象。

我无意在《神曲》"起源"的争论中采取某种立场。在一定意义上，我们前面列举的所有《启示录》都是它的"来源"。当然，极度缺乏案例证明《神曲》来自登霄传说。但丁剧本最接近的早期对应物也许是《保罗的异象》以及其他许多当时可用的地狱之旅。把行星变成圣人居所的观念，古老而有名。但丁的沉思也复活了亚里士多德-托勒密式宇宙，这个宇宙在托马斯·阿奎那（1225—1274）的《神学大全》中得到清晰地描述。此外，现代学术还有个错误，就是认为但丁可能通过"天文学诸天"从登霄传说借入了这一旅程。原因很简单，这些传说中的诸天与诸行星并不相干。

到但丁为止，我们对幽冥之旅的概览就告一段落了。令人惊奇的是，这完全是一个循环的结论，此书的结束又把我们

带到了它的开端。剥去但丁故事的文化情结，这个故事似乎
又落入了我们在开始我们的历史概览之前就查看过的一个模
式。这是关于一个被早已死去的诗人的魂灵光顾的男人和一
个被赋予了超自然神力的女人的故事。这二者围绕幽灵世界
向他显示。在这个幽灵世界中，但丁遇到了他自己镇上的许
多因罪恶被拷问的人，也见证了进入天堂的义人荣耀的命运。

　　但丁的故事简化到它的核心，乃是一个萨满教故事，可以
在任何地点、空间或时间背景中发生，其中一些我们在前面已
做概述。在一个对脱体经验与濒死经验的兴趣并不小于 13
世纪的时代里，这也许是它依然吸引我们注意的原因。尽管
我们有自己关于濒死经验与脱体经验的通俗文献，但丁的诗
歌依旧动人。

注　释

[1]　见 Claude Kappler，"L'Apocalypse latine de Paul"，载 Claude Kap-
　　　pler 编，*Apocalypses et Voyages*，pp.237—266。最常见的篇幅最长
　　　的版本是 E.Gardiner 翻译的，见 *Visions of Heaven and Hell before
　　　Dante*（New York：Italic，1989）。

[2]　塔尔索（Tarsus），又译大数，位于今日土耳其的小亚细亚半岛的
　　　东南部，是罗马帝国时期基利家省的首府、使徒保罗的出生
　　　地。——译者注

[3]　*Apocalypse of Paul*，Gardiner 译，见他的 *Visions*，p.18，稍有改动。

[4]　居间状态（intermediary state），在基督教神学里，这个术语用来描
　　　写人在死亡与复活之间所处的状态。——译者注

[5]　贝居安女修会（Beguines）是 12 世纪在荷兰成立的妇女团体，半
　　　宗教性教派，奉行苦修，但可以拥有私人财产，允许自由离开团

体,1311 年被判为异端。马格德堡(Magdeburg)位于易北河畔,现在是德国萨克森-安哈尔特州的首府。——译者注

[6] Colleen McDannell 和 Bernhard Lang, *Heaven*: *A History*(New Haven and London: Yale Universtiy Press, 1988), p.100。

[7] Martha Himmelfarb, *Tours of Hell*。Himmelfarb 分析的文本包括: *Apocalypse of Peter*(2 世纪中期)、*Acts of Thomas* 的第 6 章(3 世纪上半叶)、科普特语 *Apoclypse of Zephaniah*(4 或 5 世纪)、*Apocalypse of Paul*、埃塞俄比亚语 *Apocalypse of Mary*,来自 *Apocalypse of Paul*、埃塞俄比亚语 *Apocalypse of Baruch*(550 年以后,依赖 *Apocalypse of Paul*)、埃塞俄比亚法拉沙人的 *Apocalypse of Gorgorios*、希腊语 *Apocalypse of Mary*(9 世纪之前)、*Ezra Apocalypse*(10 世纪)、*Testament of Isaac*,尚存科普特语、阿拉伯语、埃塞俄比亚语版本,依赖 *Testament of Abraham*、科普特波希利语 *Life of Pachomius*、罗滕堡的梅厄的希伯来语 *Darkhei Teshuvah*(13 世纪)、*Isaiah Fragment*,依赖 *Babylonian Talmud*、希伯来语 *Gedulat Moshe* 以及 *Elijah Fragment*。[按:法拉沙人(Falasha 亦作 Felasha)又称比塔以色列人,即信奉犹太教的埃塞俄比亚人,是世界上唯一的黑皮肤犹太人,多数已移民到以色列。波希利语(Bohairic),一种幸存的科普特语方言。罗滕堡的梅厄(Meir of Rothenburg),1215?—1293 年,原名 Meir ben Baruch 德国犹太教学者。在法兰西学习以后,曾在德意志一些教会担任拉比,尤以在罗滕堡时间最长,以拉比法典的权威闻名。]

[8] Colleen McDannell 和 Bernhard Lang, *Heaven*。

[9] 拉丁版见 Umberto Moricca, *Gregorii Magni Dialogi*(Rome: Tipografia del Senato, 1924);英文版见 Edmund G.Gardner, *The Dialogues of Saint Gregory*(London: Philip L.Warner, 1911)。

[10] 见 E.Gardiner, *Visions*, pp.48—49。

[11]　同上书,pp.49—50。

[12]　见 Gregory of Tours, *History of the Franks*, 2 vols., O.M.Dalton 译(Oxford：Clarendon, 1927)。我在我的 *Psychanodia* 第 60 页中引过这一段的拉丁文。

[13]　Gignoux 突出强调了这个问题,见"Apocalypses"。

[14]　爱尔兰人福尔苏斯(Furseus the Irishman),即圣福尔赛(Saint Fursey),他的名字也写作 Fursa、Fursy、Forseus、Furseus,死于 650 年,对基督教在不列颠群岛特别是在东英吉利的建立有贡献。——译者注

[15]　见 Venerable Bede, *The Ecclesiastical History of England*(London：Dent, 1916), pp.132—137；现代译文见 E.Gardiner, *Visions*, pp.57ff。

[16]　诺森伯兰郡(Northumberland)是英国英格兰最北部的一个镇。——译者注

[17]　Venerable Bede, *The Ecclesiastical History of England*, pp.241—250,现代译文见 E.Gardiner, *Visions*, pp.57ff。

[18]　参看本书第 8 章普鲁塔克作品中的濒死与脱体经历一节。——译者注

[19]　梅尔罗斯(Melrose),苏格兰边境小镇,位于特维德(Tweed)河谷地区,距爱丁堡约 50 公里。梅尔罗斯修道院始建于 1136 年,后经毁坏,15 世纪重建,但终始没有完工,现存废墟。——译者注

[20]　同上书,现代译文见 E.Gardiner, *Visions*, p.59。

[21]　见我的 *Psychanodia*, p.45。

[22]　哈里·霍迪尼(Harry Houdini),1874—1926,美国魔术师,生于匈牙利,以能从镣铐、捆绑及各种封锁的容器中脱身的绝技而闻名,著有《奇迹传播者及其方法》等。——译者注

[23]　见我的 *Psychanodia*, p.63。

[24]　赖兴瑙(Reichenau)修道院是一座建于 724 年的本笃会修道院。赖兴瑙岛,位于博登湖上,属德国巴登-符腾堡州,现在岛上仍有多座修道院建筑,被称为"修院之岛"。——译者注

[25]　黑陶(Heito),763—836,天主教修士,生于施瓦本,5 岁时进赖兴瑙修道院。——译者注

[26]　译文见 E.Gardiner, *Visions*, pp.65ff。

[27]　《布伦丹游记》(*Voyage of Brendan*)是一本写于公元 800 年左右的古书,讲述中世纪爱尔兰修士布伦丹(Brendan,约生于公元 484 年)乘坐牛皮舟从爱尔兰前往美洲的故事。这是中世纪一本很著名的书。——译者注

[28]　见 J.Marchand 译, *L'autre monde au Moyen Age*: *Voyages et visions*; *La Navigation de Saint Brandan*; *Le Purgatoire de Saint Patrice*; *La Vision d'Albéric*(Paris: 1940);见我的"Pons subtilis: Storia e significato di un simbolo",载 *Iter in Silvis*, pp.127ff。

[29]　见我的 *Expériences de l'extase*, pp.161ff。原始资料和文献目录见第 210—211 页的注释。

[30]　加百列(Gabriel),犹太教传统天使长之一。在《旧约》中两次向但以理讲解异象,在《新约》中则宣布施洗约翰和耶稣的诞生。——译者注

[31]　泰伯里(Abû Ja'far Muhammad al-Tabarî),伊斯兰教著名经注学家、圣训学家、法学家和史学家。一译"塔百里",本名穆罕默德·伊本·哲利尔,号艾布·贾法尔。生于里海南岸的泰伯里斯坦的阿莫勒,故以泰伯里为姓。著有《古兰经解总汇》《历代先知和帝王史》等。阿拉伯史学家称泰伯里为"伊斯兰经注学的长老"、"阿拉伯历史学的奠基者"。——译者注

[32]　即加百列。中国的穆斯林俗称"哲布勒伊来天仙"。与米卡勒、伊斯拉菲勒和阿兹拉伊勒并称为安拉的"四大天使"。因其在众天

使中品位最高,故有"天使长"之称。——译者注

[33]　极界树,是一棵巨大的枣莲,标记着七层天的边界,没有任何受造物能跨过那个边界。——译者注

[34]　见 Etienne Renaud, "Le recit du mi râj: une version arabe de l'ascension du Prophète dans le Tafsîr de Tabarî",见 Kappler, *A-pocalypses et Voyages*, pp. 267—292。我在我的 *Expériences de l'extase* 第 161 页分析过其他版本。这个故事在布哈里和穆斯林那儿的版本,译文见 Miguel Asín Palacíos, *La Escatalogia musulmana en la Divina Commedia*, 2d ed. (Madrid and Granada: Editorial Cristianidad, 1943), pp.430—431。[按:《古兰经》出现后兴起了庞大的注释体系,称为塔夫希尔(Tafsir),即"经注学"]

[35]　见 Angelo M.Piemontese, "Le voyage de Mahomet au paradis et en enfer: une version persane du mi'râj",载 Claude Kappler 编, *Apoc-alypses et Voyages*, pp.293—320。

[36]　卡斯蒂利亚(或译作卡斯提尔),是西班牙历史上的一个王国,逐渐和周边王国融合,形成了西班牙王国。这个过程也就是天主教逐渐把穆斯林赶走从而"光复"西班牙的过程。卡斯蒂利亚文化是西班牙文化的主体。已见前注。——译者注

[37]　锡耶纳(Siena),意大利锡耶纳省首府,在佛罗伦萨以南。波拿文彻(Bonaventure),约 1217—1274,著名神秘主义者,已见前注。——译者注

[38]　在我的 *Expériences de l'extase* 第 164 和 201 页引用了各个版本。拉丁文本由 E.Cerulli 于 1949 年编辑,法文本由 P.Wunderli 于 1968 年编辑。两人在其他著作中都分析、评释过这些版本。

[39]　比斯塔米(Abû Yazîd al-Bîstâmî),卒于约 874—877,伊斯兰教早期苏菲主义学者、教义学家,又以巴耶济德(Bayazid)这个名字闻名。——译者注

[40]　见 Farid al-Din Attar, *Muslim Saints and Mystics*: *Episodes from the Tadhkirat al-Auliya*, A.J.Arberry 译（London：Routledge & Kegan Paul, 1966）, pp.104ff。[按：阿塔尔（Farid al-Din Muhammad Attar）, 1145—1230, 波斯伊斯兰教苏菲派著名诗人和思想家。]

[41]　见 R.C.Zaehner, *Hindu and Muslim Mystics*（New York：Schocken, 1969）, pp.198ff。

[42]　见 Reynold A.Nicholson, *Studies in Islamic Mysticism*（Cambridge：Cambridge University Press, 1980）, pp.122ff。

[43]　巴耶济德，即比斯塔米，已见前注。——译者注

[44]　穆赫辛·范尼（Mohsin Fani）, 1615 年生于波斯，历史学家，旅行家和神秘主义者。——译者注

[45]　达拉·舒科（Dara Shikoh）, 1615—1659, 莫卧儿王朝五代帝沙贾罕（1627—1658 在位）的皇储，泰姬·玛哈尔（就是那个著名建筑泰姬陵的陵主）之子。——译者注

[46]　David Shea 和 Anthony Troyer 译，*The Religion of the Sufis*：*From the Dabistan of Mohsin Fani*（London：Octagon Press, 1979）, pp.44ff。[按：*Dabistān-e Mazāhib*（教义学校）是穆赫辛·范尼的一部著作，对 17 世纪中期南亚各个宗教教派做了比较考察。]

[47]　见我的 *Expériences de l'extase*。

[48]　"Party kings"（*reyes de taifas*）, "派系国王"（泰法国王）。8 世纪，阿拉伯人占领整个伊比利亚半岛，成为阿拉伯帝国的一部分（中国古代称"绿衣大食"）。到了 11 世纪，王族之间（39 个王子）不断内讧，这是穆斯林西班牙的派系小国时期，这些小国国王就被称作"Party kings"（*reyes de taifas*）, 穆斯林西班牙开始走向分裂败落。——译者注

[49]　西哥特王国（418—714）, 西哥特人在西罗马帝国境内高卢西南部和西班牙建立的日耳曼国家。穆斯林占领西班牙就是从击破西

哥特王国开始的。——译者注

[50] 阿尔摩拉维德王朝（11—12 世纪）和阿尔摩哈德王朝（12—13 世纪），这是北非的柏柏尔人（Berber）建立的两个王朝，曾侵入西班牙。——译者注

[51] 格拉纳达（Granada）是西班牙南部城市，格拉纳达省省会；直布罗陀（Gibraltar）基本在伊比利亚半岛最南端，原也是西班牙城市，由于与英国战争的失败 18 世纪初割让给了英国；休达（Ceuta）在北非的摩洛哥，属西班牙。直布罗陀与休达隔直布罗陀海峡相望。——译者注

[52] 克莱尔沃的伯纳德（Bernard of Clairvaux），1090—1153，法兰西熙笃会（Cistercian）修士及神学家，克莱尔沃修道院院长。他是当时教廷举足轻重的人物。曾在教廷和法兰西国王的授权下为第二次十字军募款。——译者注

[53] 雅克·勒高夫（Jacques Le Goff），生于 1924 年，法国历史学家，中世纪史专家，年鉴学派代表人物之一。——译者注

[54] 拉丁文各版本的经典版本和研究当属 Theodore Silverstein, *Visio Sancti Pauli: The History of the Apocalypse in Latin Together with Nine Texts*（London and Toronto: Christophers，1935）。

[55] 见 O. Wahl 编, *Apocalypsis Esdrae*; *Apocalypsis Sedrach*; *Visio Beati Esdrae*（Leiden: E.J.Brill，1977）。

[56] 卡西诺山（Monte Cassino），意大利罗马东南约 130 公里处的一个小镇。附近的卡西诺山是本笃会的创会之地。——译者注

[57] 本笃会（Order of St.Benedict），缩写作 O.S.B.。天主教修会组织，意大利修士圣本笃 529 年在意大利中部卡西诺山创立，迄今仍是很有影响的修会。——译者注

[58] 见我的"Pons subtilis"，p.130，n.6。

[59] Francesco Cancellieri 编译, *Visione del Monaco Cassinese Alberico*

（Rome：F.Bourlie，1984）。最近 Peter Dinzebacher 用德文出版了一本关于中世纪异象的很好的选集：*Mittelalterliche Visions-lit-eratur*（Darmstadt：Wissenschaftliche Buchgesellschaft，1989）。

[60] 见我的 *Psychanodia*，pp.61—62。

[61] 见我的 *Psychanodia*，p.61。

[62] 圣帕特里克（385—461），英格兰传教士，被称作到爱尔兰传教的使徒。爱尔兰国庆日（3 月 17 日）即圣帕特里克日。——译者注

[63] 雷根斯堡（Regensburg），多瑙河边历史悠久的小城，现属德国巴伐利亚州。——译者注

[64] 这个文本的翻译，见 E.Gardiner，*Visions*，pp.149ff。

[65] 同上书，pp.197ff。

[66] 有关 Lough Derg 圣帕特里克的炼狱的文本和历史传说，Michael Haren 和 Yolande de Pontfarcy 把它们收集在以下著作中：*The Medieval Pilgrimage to St. Patrick's Purgatory and the European Tradi-tion*（Enniskillen：Clogher Historical Society，1988）。感谢 Carlo Zaleski 让我注意到这本书。

[67] 斯蒂芬王（King Stephen），罗马人撤走后，英国 7 世纪开始形成封建制度，小国之间相互攻伐，后来统一于威塞克斯王朝（829—1016）。1066 年位于现在法国的诺曼底公爵威廉征服英格兰，开始了诺曼底王朝（1066—1135）。诺曼底王朝亨利一世（威廉幼子）去世后，斯蒂芬（1096—1154，威廉的外甥）最先赶到英格兰继承王位（1135—1154 在位）。他原是法国的布卢瓦伯爵，所以这个英格兰王朝称作布卢瓦王朝，他称作布卢瓦的斯蒂芬。——译者注

[68] 译文见 E.Gardiner，*Visions*，p.142。

[69] 同上书，pp.219ff。

[70] 埃塞克斯（Essex），英国英格兰东南部的郡。——译者注

[71] Colleen McDannell 和 Bernhard Lang, *Heaven*, pp.73ff。

[72] 卡马多萨(Camaldolese)当时佛罗伦萨的一座修道院。——译者注

[73] 第三修会(tertiary),基督教教会用语,通常为认同某教会组织的平信徒。——译者注

[74] Colleen McDannell 和 Bernahard Lang, *Heaven*, pp.76—77。

[75] 荷尔斯泰因(Holstein),位于基尔和汉堡之间。——译者注

[76] C. Vellekoop,见 R. E. V. Stuip 和 C. Vellekoop 合编的 *Visioenen* (Utrecht: Hes Uitgevers, 1986)。

[77] 圣安德列(Saint Andrew),耶稣的 12 门徒中最早蒙召的一位。——译者注

[78] 比阿特丽斯(Beatrice),《神曲》中理想化了的一位佛罗伦萨女子的名字。——译者注

结　　论

　　本书的目的，是依据空间和时间来概览幽冥之旅，结论也并不特别。不过，这里研究的多数传统（如果不考虑它们的多样性），拥有一些共同特征。首先，相信一种"自由灵魂"的存在，这是可以在死后存在的鬼魂。这种灵魂可以在某些情况下与身体分离并游历鬼域。晕厥、梦、濒死体验、通过致幻手段导致的意识状态改变、感觉剥夺或其对立面感觉轰炸，是存在这种分离的某些情况。

　　萨满是这种分离的专家，因而具有招魂者的功能。招魂是我们在所有人类古代传统中不断碰到的一种行为。由于反复造访鬼魂的住所，萨满精确地知道冥界的路线。萨满能够描绘这一路线并把与亡灵的遭遇戏剧化。在灵媒对新加坡招魂术中的阴间和对但丁《神曲》中的阴间的描述之间，只存在话语和神学上的一些区别，两者都具有地狱惩罚的观念以及与熟悉鬼魂对话的叙事机制。

　　这是不是说幽冥之旅的源头必须从萨满教中寻找呢？认为这源头先于萨满教综合体的形成更合理。实际上，幽冥之旅也许起源于旧石器时代。

　　如何解释它从远古到今天的连续性？在这种情况下，寻找一个历史传流的普遍模式是没用的。所有人类传统都从相似的前提平行发展出来，尽管信仰不可避免地相互作用和融合。结果是多样性中令人惊奇的一致。

　　这个多样性构成了大量的冥界类型，构成了亡灵世界中令人眼花缭乱的惩恶扬善的种类。这些冥界与奖惩的存在，其观念非常广泛。

　　一种宗教越复杂，它的冥界就越复杂。在某些情况下，来世概念受到极其复杂的解释。比如，在藏传佛教中，除了其具体表现，死后生活恰是对心灵的另一种创造。通晓这种方式可以使人避开死后生命中的陷阱并离开这个世界。在某种意义上，我们这里有的是一个广泛传播的"二次死亡"观念，在佛教中，这是一个被努力追求的重要目标，而在其他宗教中，这是某些不幸亡灵遭遇的可怕命运。

　　研究属于同一个传统的幽冥之旅的复杂系列，可能得到某种类型学的结论。比如，犹太教传统似乎有一些不变的特征，最重要的比如那些被展示幽冥的人并不服药，也不以任何方式设定某种异象。他不过躺在一张长椅上睡去，通常在一种沮丧的状态中。另一方面，在希腊传统中，对幽冥的造访通常存在于某种濒死状态中，或者是某种孵化的结果；而在伊朗传统中，致幻剂的使用是方案的一部分。早期基督教启示录只是犹太教方案的某种延续，而晚期中世纪幽冥意象多由濒死体验获得，这成为 12、13 世纪启示录的标准特征。

　　以上我们考察的多数幽冥之旅描写可以满足审美情趣，但今天看来，它们的真实性让人失笑，也不合时宜。无论柏拉图式蒙福诸岛还是但丁的天堂,都不能满足我们对死后生命的期望。检查过去30年出现的濒死经验与脱体经验的报道,我们看到它们通常缺乏多数古代启示录的一个基本特征,死后既无惩罚也无奖励。另一方面,科学自身也已经敞开了幽冥探索(有时是空间的其他维度)的迷人前景。于是,我们的幽冥之旅可能导向平行宇宙或各种可能或不可能的世界。

　　这是鬼域消失的一种标志吗?招魂只是过去的事吗?不一定。我们从幽冥的当前表象的多样性中所能得出的唯一结论是,我们生活在一种高级的幽冥多元主义中。幽冥表象通过科幻小说已经获得前所未有的扩展,与任何基本世界观都不一致。实际上,即使阿西莫夫的宇宙(这属于最经典和融贯的),有时也不可预测和保留与不可见维度的相遇。无论我们对宇宙的确信是什么,有一点似乎是确定的:我们当中只有很少一部分人还相信那个"分离的灵魂"的粗糙假定。心灵的其他模型,更加复杂,被控制论和人工智能所激励,代替了古老的模型。尽管在很多情况下我们依然弄混心灵空间和我们的外部空间,我们还是越来越倾向于认为前者并不比后者更少趣味,而且在其中所有种类的神秘冲突都可能发生。不过,对我们心灵空间的探索也不过刚刚起步。

　　同时,任何古代的幽冥信仰都没有完全消失,至少有些人仍然信仰它们。从R.迪索列[1]的飞行之梦到赛诺伊人对梦的解释(本世纪的治疗骗局之一)[2],精神疗法出于多种目的以多种方法推荐对假想宇宙的探索。新时代运动[3]最流行的治疗术之一是基于心灵旅行(被设想为时间旅行)的"重回过去生活"。新时代运动的文献中大量存在这类幽冥旅行。

235

回到真正的过去是不可能的,这种回归可能起到安慰作用通常却也廉价。我们的心灵将继续倍增没有限制的幽冥,心灵在这么做时将探索自身的无限可能性。

注　释

[1]　R.迪索列(Robert Desoille),1890—1966,法国心理治疗师,毕业于索邦大学,以对白日梦的研究著名。——译者注

[2]　赛诺伊人(Senoi)是马来西亚的原住民,有通过暗示来控制梦境的习惯。——译者注

[3]　指 20 世纪六七十年代发生于欧美的"新时代运动"(New Age Movement)。已见第一章注。——译者注

文 献 索 引

A

Abbott, Edwin, *Flatland*, New York: Harper & Row, 1983

Alexander, P., "3 [Hebrew Apocalypse of] Enoch", in Charles-worth, *The old Testment Pseudepigrapha*, vol.1: *Apocalyptic Literature and Testments*

Attar, Farid al-Din, *Muslim Saints and Mystics: Episodes from the Tadhkirat al-Auliya*, A.J. Arberry, trans., London: Routledge & Kegan Paul, 1966

Aynard, J.-M., "Le jugement des morts chez les Assyro-Babyloniens", in *Sources orientales: le jugement des morts*, Paris: Seuil, 1961

B

Bantly, Francisca Cho, "Buddhist Allegory in *The Journey to the West*", in The *Journal of Asian Studies* 48, 1989

Barguet, Paul, *Les texts des sarcophages égyptiens du Moyen Empire*, Paris; Éditions du Cerf, 1986

Barre, Weston La, *The Peyote Cult*, Hamden: Shoe String Press, 1964

Basilov, V., "Shamanism in Central Asia", in Agehananda Bharati, ed., *The Realm of the Extra-Human : Agents and Audiences*, The Hague and Paris: Mouton, 1976, pp.150—153.

Bede, Venerable, *The Ecclesiastical History of England*, London: Dent, 1916

Betz, Hans Dieter, The Problem of Apocalyptic Genre in Greek and Hellenistic Literature: The Case of the Oracle of Trophonius, in David Hellholm, ed., *Apocalypticism in the Mediterranean World and the Near East : Proceedings of the International Colloquium on Apocalypticism , Uppsala August 12—17, 1979*, Tübingen: Mohr[Siebeck], 1983

Beyerlin, Walter, ed., *Near Eastern Religion Texts Relating to the Old Testament*, London: SCM Press, 1978

Bianchi U. and Vermaseren, M.J. ed., *La soteriologia dei culti orientali nell'Impero Romano*, Leiden: Brill, 1982

Black, Matthew, *Apocalypsis Henochi Graece*, Leiden: Brill, 1970

Blofeld, John, *Taoist Mysteries and Magic*, Boulder: Shambhala Publications, 1982

Blumenthal, David R., *Understanding Jewish Mysticism : A Source Reader ; The Merkabah Tradition and the Zoharic Tradition*, New York: Ktav, 1978

Bolton, J.D.P., *Aristeas of Proconnesus*, Oxford: Clarendon Press, 1962

Boyancé, Pierre, *Le culte des Muses chez les philosophes grecs : Étude d'histoire et de psychologie religieuses*, 1936;重印:Paris: De Bbccard, 1972

Brandon, S.G.F., *The Judgment of the Dead : The Idea of Life after Death in Major Religions*, New York: Scribner's Sons, 1969

Boismont, A.Brierre de, *Hallucinations : The Rational History of Ap-*

paritions, *Visions*, *Dreams*, *Ecstasy*, *Magnetism*, *and Somnambulism*, Phildelphia: Lindsay & Blakiston, 1853

Brown, William Norman, *The Indian and Christian Miracles of Walking on the Water*, Chicago and London: Open Court, 1928

Brandon, Ruth, *The Spiritualists: The Passion for the Occult in the Nineteenth and Twentieth Centuries*, New York: Alfred A.Knopt, 1983

Braude, Stephen E., *The Limits of Influence: Psychokinesis and the Philosophy of Science*, New York and London: Routledge & Kegan Paul, 1986

Burket, Walter, "Apocalyptik im fruhen Griechentum: Impulse und Transformationen", in David Hellholm, ed., *Apocalypticism*

Burkert, W., *Lore and Science in Ancient Pythagoreanism*, Cambridge, Mass.: Harvard University Press, 1972

Butcher, S.H. and Lang, Andrew trans., *The Odyssey*, New York: Macmillan, 1888

C

Cancellieri, Francesco ed. and trans., *Visione del Monaco Cassinese Alberico*, Rome: F.Bourlie, 1984

Casadio, Giovanni, "Anthropologia gnostica e antropologia orfica nella notizia di lppolito sui sethiani", in F.Vattioni, ed., *Sangue e antropologia nella teologia*, Rome: 1989

——, "La visione in Marco il Mago e nella gnosi di tipo sethiano", in *Augustinianum* 29, 1989

Charles, R.H., ed., *The Apocrypha and Pseudepigrapha of the Old Testament*, vol.2: *Pseudepigrapha*, Oxford: Clarendon Press, 1913

Charlesworth, J.H., ed., *The Old Testament Pseudepigrapha*, vol.1:

Apocalyptic Literature and Testaments, Garden City, Doubleday, 1983

——, *The Pseudepigrapha and Modern Study with a Supplement*, Chico, Calif.: Scholars Press, 1981

Chernus, Ira, "The Pilgrimage to the Merkavah: An Interpretation of Early Jewish Mysticism", in *Early Jewish Mysticism: Proceedings of the First International Conference on the History of Jewish Mysticism*, Jerusalem: The Hebrew University of Jerusalem, 1987

Clark, Anne, *Lewis Carroll: A Biography*, New York: Schocken Books, 1979

Collins, John J., ed., *Apocalypse: The Morphology of a Genre*, see *Semeia: An Experimental Journal for Biblical Criticism* 14, 1979

——, *The Apocalyptic Imagination: An Introduction to the Jewish Matrix of Christianity*, New York: Crossroads, 1984

Cornford, F.M., *Principium sapientiae: the origins of Greek philosophical thought*, Cambridge: Cambridge University Press, 1952

Courtois, Flora, *An Experience of Enlightenment*, Madras and London: Theosophical Publishing House, 1986

Crapanzano, Vincent and Garrison, Vivian, ed., *Case Studies in Spirit Possession*, New York: John Wiley & Sons, 1977

Culiano, I.P., "A Corpus for the Body", in *The Journal for Modern History*, March, 1991。

——, "Ascension", in L.E.Sullivan, ed., *Death, Afterlife, and the Soul*, New York: Macmillan, 1989

——, "L'Ascension de l'âme dans les mystères", in U.Bianchi and M.J.Vermaseren, ed., *La soteriologia dei culti orientali nell'Impero Romano*, Leiden: Brill, 1982

——, Astrology, in *The Encyclopedia of Religion*, New York: Macmillan，1987

————，"Démonisation du cosmos et dualisme gnostique"，in *Revue de l'histoire des religions* 3，1979

————，*Eros and Magic in the Renaissance*，Margaret Cook 英译本，Chicago and London：University of Chicago Press，1987

————，*Expériences de l'extase：extase，ascension et récit visionnaire de l'hellénisme au Moyen Age*，Payot Paris，1984

————，*Les Gnoses dualistes d'Occident*，Paris：Plon，1990

————，*Gnosticismo e pensiero contemporaneo：Hans Jonas*，Rome：L'Erma di Brettschneider，1985

————，"Iatroi kai manteis：Sulle structure dell'estatismo greco"，in *Studi Storico-Religiosi* 4，1980

————，"Inter lunam terrasque.... Incubazione，catalessi ed estasi in Plutarco"，in *Iter in Silvis*

————，*Iter in Silvis：Saggi scelti sulla gnosi e altri studi*，vol.1，Messina：EDAS，1981

————，*Psychanodia* I：*A Survey of the Evidence Concerning the Ascension of the Soul and its Relevance*，Brill：Leiden，1983

————，"Mircea Eliade at the Crossroads of Anthropology"，in *Neue Zeitschrift Für Systematische Theologie*，1985

————，"Ordine e disordine delle sfere"，in *Aevum* 55，1981

————，"Pons subtilis：Storia e significato di un simbolo"，in *Iter in Silvis*

————，"La Visione di Isaia e la tematica della 'Himmelsreise'"，in M.Pesce，ed.，*Isaia，il diletto e la Chiesa*，Bologna，1983

————，"Le vol magique dans l'Antiquité tardive"，in *Revue de l'Histoire des Religions* 198，1981

D

Dan, Joseph, *Gershom Scholem and the Mystical Dimension of Jewish History*, New York and London: New York University Press, 1987

David, A.Rosalie, *The Ancient Egyptians: Religious Beliefs and Practices*, London and New York: Routledge & Kegan Paul, 1982

Davies, Paul, *Superforce: The Search for a Grand Unified Theory of Nature*, New York: Simon & Schuster, 1984

Delcor, Matthias, ed., *The Testament of Abraham*, Leiden: Brill, 1973

Denis, A.-M., *Concordance de l'Apocalypse grecque de Baruch*, Louvain: Institut Orientaliste, 1970

Dinzebacher, Peter, *Mittelalterliche Visions-literatur*, Darmstadt: Wissenschaftliche Buchgesellschaft, 1989

Dioszegi, Vilmos, *Tracing Shamans in Siberia: The Story of an Ethnogrphical Research Expedition*, Oosterhout: Anthropological Publication, 1968

Dodds, E.R., *The Greeks and the Irrational*, Berkeley and Los Angeles: California University Press, 1951

Dodgson, Charles Lutwidge, *Lewis Carroll: The Complete Works*, Alexander Woolcott, Modern Library Giants

Dowman, Keith, *Sky Dancer: The Secret Life and Songs of the Lady Yeshe Tsogyel*, London and Boston; Routledge & Kegan Paul, 1984

Duyvendak, J.J., *A Chinese "Divina Commedia"*, Leiden: Brill, 1952

E

Edelstein, E.J. and Edelstein, L., trans. *Asclepius: A Collection and*

Interpretation of the Testimonies, 2 vols., Baltimore: Johns Hopkins Press, 1945,第 1 卷

Einstein, Albert, *Relativity: The Special and General Theory*, R.W. Lawson, trans., New York: Peter Smith, 1920, 3:30, see Milton K.Munitz, *Theories of the Uiverse: From Babylonian Myth to Modern Science*, New York: Macmillan, 1965

Elkin, A.P., *Aboriginal Men of High-Degree*, New York: St. Mattin's Press, 1978

Eliade, Mircea, *Yoga: Immortality and Freedom*, New York: Sheed & Ward, 1964

Elliott, Alan J.A., *Chinese Spirit-Medium Cults in Singapore*, London: School of Economics, 1955

Epiphanius, *Panarion*

F

Fallon, Francis T., "The Gnostic Apocalypses", see Collins, ed., *Apocalypse*

Faulkner, Raymond O., trans., *The Ancient Egyptian Book of the Dead*, Carol Andrews, ed., New York: Macmillan, 1985

——, trans., *The Ancient Egyptian coffin Ttexs*, vol.3, Warminster: Aris & Philips, 1973—1978

——, trans., *The Ancient Egyptian Pyramid Ttexs*, Oxford: Clarendon Press, 1969

Fischer, Hans, *Studien über Seelenvorstellungen in Ozeanien*, Munich; Klaus Renner, 1965

Flamant, Jacques, *Macrobe et le néo-platonisme latin à la fin du IVe siècle*, Leiden: Brill, 1977

Frazer, J.G., *The Belief in Immortality and the Worship of the Dead*, vol.1: *The Belief among the Aborigines of Australia*, *The Torres Straits Islanders*, *New Guinea*, *and Melanesia*; vol.2: *The Belief among the Polynesians*; vol.3: *The Belief among the Micronesians*, London: Macmillan, 1913, 1922, 1924

Fremantle, Francesa and Trungpa, Ghögyam, trans., *The Tibetan Book of the Dead: The Great Liberation through Hearing in the Bardo*, Berkeley and London: Shambhala Publications, 1975

G

Gardner, Edmund G., *The Dialogues of Saint Gregory*, London: Philip L.Warner, 1911

Gardiner, E., *Vision of Heaven and Hell before Dante*, New York: Italic, 1989

Gallup, George, Jr. and Proctor, William, *Adventures in Immortality*, New York: McGraw Hill, 1982

Gignoux, Philippe, "Apocalypses et voyages extra-terrestres dans l'Iran mazdéen", in Claude Kappler, ed., *Apocalypses et voyages dans l'au-delà*, Paris: Cerf, 1987

——, "Corps osseux et âme osseuse: essai sur le chamanisme dans l'Iran ancien", in *Journal Asiatique* 277, 1979

——, trans., *Le Livre d'Ardâ Virâz*, Paris: ADPF, 1984

Gimbutas, M.A., *The Goddesses and Gods of Old Europe*, *6500—3500 B.C. Myths and Cult Images*, 2d ed., Berkeley and Los Angeles: University of California Press, 1982

Ginzburg, Carlo, *I benandanti: ricerche sulla stregoneria e sui culti agrari tra Cinquecento e Seicento*, Torino: Einaudi, 1966

――, *Storia notturna*: *Una decifrazione del Sabba*, Torino: Einaudi, 1989

Gherardo Gnoli, "Ashavan: Contributo allo studio del libro di Ardâ Wirâz", in *Iranica*, pp.427―428

――, "Lo stato di 'maga'", in AION 15, 1965

Goodman, Felicitas D., *Speaking in Tongues*: *A Cross-cultural Study of Glossolalia*, Chicago: Chicago University Press, 1972

Gregory of Tours, *History of the Franks*, 2 vols., O. M. Dalton, trans., Oxford: Clarendon, 1927

Groot, J.J.M. de, *The Religious System of China*: *Its Ancient Forms*, *Evolution*, *History and Present Aspect*; *Manners*, *Customs and Social Institutions Connected Therewith*, vol.4―6, Leiden: E.J.Brill, 1901―1910

Gruenwald, Ithamar, *Apocalyptic and Merkavah Mysticism*, Leiden and Cologne: Brill, 1980

――, *From Apocalypticism to Gnosticism*: *Studies in Apocalypticim*, *Merkavah Mysticism and Gnosticism*, Frankfurt, Bern, New York, and Paris: Peter Lang, 1988

Günther, Herbert, *Das Seelenproblem in alteren Buddhismus*, Konstanz: K.Weller, 1949

H

Haldar, J.R., *Early Buddhist Mythology*, London: Luzac & Co., 1977

Halliday, W.R., *Greek Divination*: *A Study of Its Methods and Principles*, London: Macmillan, 1913

Halperin, David J., *The Merkabah in Rabbinic Literature*, New Haven: American Oriental Society, 1980

Haren, Michael and Yolande de Pontfarcy, *The Medieval Pilgrimage* to *St. Patrick's Purgatory and the European Tradition*, Enniskillen: Clogher Historical Society, 1988

Harris, J.R., "The Rest of the Words of Baruch", in *Haverford College Studies 2*, 1989

Herzog, Rudolf, *Die Wunderheilungen von Epidauros: Ein Beitrag zur Geschichte der Medizin und Religion*, Leipzig: Dieterich, 1931

Himmelfard, Martha, *Tours of Hell: An Apocalyptic Form in Jewish and Christian Literature*, Philadelphia: Fortress, 1985

Hinton, Charles Howard, *The Fourth Dimension*, Allen & Unwin, 1912

Hippolytus, *Refutatio omnium haeresium*

Hollander, H.W. and M. de. Jonge, *The Testaments of the Twelve Patriarchs: A Commentary*, Leiden: Brill, 1985

Hooke, S.H., *Middle Eastern Mythology*, Harmondsworth: Penguin Books, 1963

Hultkrantz, Åke, *Conceptions of the Soul among North American Indians: A Study in Religious Ethnology*, Stockholm: Ethnographical Museum of Sweden, 1953

I

Idel, Moshe, *Kabbalah: New Perspectives*, New Haven and London: Yale University Press, 1988

———, "Métaphores et pratiques sexuelles dans la Cabale", 选印本

———, *The Mystical Experience in Abraham Abulafia*, Albany: SUNY Press, 1988

———, *Studies in Ecstatic Kabbalah*, Albany: SUNY Press, 1988

J

Jacobs, Louis, trans., *On Ecstasy: A Tract by Dov Baer*, New York: Chappaqua, 1963

Jacobsen, Thorkild, *The Treasures of Darkness: A History of Mesopotamian Religion*, New Haven and London: Yale University Press, 1976

Janowitz, Naomi, *The Poetics of Ascent: Theories of Language in a Rabbinic Ascent Text*, New York: SUNY Press, 1989

Jordan, David K., *God, Ghosts and Ancestors: The Folk Religion of a Taiwanese Village*, Berkeley and Los Angeles: University of California Press, 1972

Josephus, *Jewish Antiquities*

K

Kappler, Claude, ed., *Apocalypses et voyages dans l'au-delà*, Paris: Cerf, 1987

——, "L'Apocalypse latine de Paul", in *Apocalypses*

Knibb, Michael A., *The Ethiopic Book of Enoch: A New Edition in the Light of the Aramaic Dead Sea Fragments*, 2 vols., Oxford: Clarendon Press, 1970

Knight, W.F.Jackson, *Elysion: On Ancient Greek and Roman Beliefs Concerning a Life after Death*, London: Rider & Co., 1970

L

Lagerwey, John, *Taoist Ritual in Chinese Society and History*, New York and London: Macmillan-Collier, 1987

Laufer, Berthold, *The Prehistory of Aviation*, 人类学系列 18:1, Publicaton 253, Chicago: Field Museum of Natural History, 1928

Law, Bimala Charan, *The Buddhist Conception of Spirits*, Calcutta: Thacker, Spink & Co., 1923

Leertouwer, L., *Het beeld van de ziel bij drie sumatraanse volken*, Groningen: Drukkerijen bv, 1977

Lewis, Ioan M., *Ecstatic Religion: An Anthropological Study of Spirit Possession and Shamamism*, Harmondsworth: Penguin Books, 1971

Lewy, Hans, *Chaldaean Oracles and Theurgy*, Paris: Etudes Augustiniennes, 1978

Lex, Barbara W., "Altered States of Consciousness in Northern Iroquoian Ritual", in Bharati, ed., *The Realm of the Extra-Human: Agents and Audiences*

Livingstone, Alasdair, *Mystical and Mythological Explanatory Works of Assyian and Babylonia Scholars*, Oxford: Clarendon, 1986

Lyle, Emily B., "Dumézil's Three Functions and Indo-European Cosmic Structure", in *History fo Religion* 22, 1982

M

MacDermont, Violet, trans., *The Books of Jeu and the Untitled Text in the Bruce Codex*, Leiden: Brill, 1978

MacDermont, Violet, *The Cult of the Seer in the Ancient Middle East: A Contribution to Current Research on Hallucinations Drawn from Coptic and Other Texts*, London: Wellcome Institute of the History of Medicine, 1971

Macrobius, *Commentary on the Dream of Scipio*, William Harris Stahl 英译, New York: Columbia University Press, 1952

Maier, Johann, "Das Gefährdungsmotiv bei der Himmelsreise in der jüdischen Apokalyptik und 'Gnosi'", in *Kairos* 5, 1963

Marchand, J., trans., *L'autre monde au Moyen Age: Voyages et visions; La Navigation de Saint Brandan; Le Purgatoire de Saint Patrice; La Vision d'Albéric*, Paris: 1940

Masson, J. Moussaieff, *The Oceanic Feeling: The Origins of Religious Sentiment in Ancient India*, Doordrecht; Reidel, 1980

McDannell, Colleen and Lang, Bernahard, *Heaven: A History*, New Haven and London: Yale Universtiy Press, 1988

McDaniel, June, *The Madness of the Saints: Ecstatic Religion in Bengal*, Chicago: The University of Chicago Press, 1989

Meuli, Karl, "Scythica", in *Hermes* 70, 1935

Milik, J.T., *The Books of Enoch: Aramaic Fragments of Qumran Cave 4*, Oxford: Clarendon Press, 1976

Marijan Molé, "Le jugement des morts dans l'Iran préislamique", in *Sources orientales: le jugement des morts*, Paris: Seuil, 1961

Monroe, Robert A., *Journeys Out of the Body*, Charles Tart 序, Garden City, N.Y.: Doubleday, 1971

Moody, Raymond, *Life after Life*, Atlanta: Bantam, 1975

Moore, Robert I., *The Formation of a Persecuting Society*, Oxford: Blackwell, 1987

Morgan, Michael A., trans., *Sefer ha-razim: The Book of Mysteries*, Chico: Scholars Press, 1983

Moricca, Umberto, *Gregorii Magni Dialogi*, Rome: Tipografia del Senato, 1924

Munitz, Milton K., *Theories of the Uiverse: From Babylonian Myth to Modern Science*, New York: Macmillan, 1965

N

Nicholson, Reynold A., *Studies in Islamic Mysticism*, Cambridge: Cambridge University Press, 1980

Nickelsburg Jr., George W.E., ed., *Studies on the Testament of Abraham*, Missoula: Scholars Press, 1976

Nyberg, H.S., *Die Religionen des Alten Iran*, H.H.Schaeder 德译, Leipzig: J.C.Hinrichs, 1938

O

Oesterreich, Traugott Konstantin, *Possession : Demoniacal and Other*, Secaucus, N.J.: Citadel Press, 1974

Oppenheim, Janet, *The Other World : Spiritualism and Psychical Research in England*, 1850—1914, Cambridge: Cambridge University Press, 1985

Oppenheim, A. Leo, *Ancient Mesopotamia : Portrait of a Dead Civilization*, Chicago and London: The University of Chicago Press, 1964

Origen, *Against Celsus* 6. 22, M.Borret 版, Paris: Cerf, 1976, vol.3

Mary Dean-Otting, *Heavenly Journeys : A Study of the Motif in Hellenistic Jewish Literature*, Frankfurt, Bern, and New York: Peter Lang, 1984

Ouspensky, P.D., *Tertium Organum : The Third Canon of Thought ; A Key to the Enigmas of the World*, N.Bessaraboff and C.Bragdon, trans., New York: Vintage Books, 1970

——, *In Search of Miraculous : Fragments of an Unknown Teaching*, New York: Harcourt & Brace, 1949

——, *A New Model of Universe : Principles of the Psychological Method in Its Applications to Problems of Science*, *Religion*, *and Art*, 1931; New York: Vintage Books, 1971 年重印

P

Pais, Abraham, "*Subtle is the Lord* ...": *The Science and the Life of Albert Einstein*, Oxford: Oxford University Press, 1982

Palacíos, Miguel Asín, *La Escatalogia musulmana en la Divina Commedia*, 2nd, Madrid and Granada: Editorial Cristianidad, 1943

Parrinder, Geoffrey, *The Indestructible Soul*: *The Nature of Man and Life after Death in Indian Thought*, London; Allen & Unwin, 1973

Paulson, Ivar, *Die primitiven Seelenvorstellungen der nordeurasischen völker*: *Eine religionsethnographische und religionsphänomenologische Untersuchung*, Stockholm: Ethnographical Museum of Sweden, 1958

Philo, *De vita Mosis* 2.28

Picard, J.-C., *Apocalypsis Baruchi Graece*, Leiden: Brill, 1967

Places, Edouard des, *Oracles chaldaïques*: *Avec un choix de commentaries anciens*, Paris: Belles Lettres, 1971

Plutarch, *De facie in orbe lunae* 943d, see H.H.Cherniss and W.C. Helmbold, ed. and trans., *Moralia*, vol. 12, London and Cambridge: Loeb Classical Library, 1957

——, *De genio Socratis* 591a, see Moralia,第 7 卷

——, *Pythiae* 3:1—58。

——, *De sera* 563d

Pollard, John, *Seers*, *Shrines and Sirens*: *The Greek Religious Revolution of the 6th century B.C.*, London: Allen Unwin, 1965

Pritchard, James B., ed., *Ancient Near Eastern Texts Relating to the Old Testament*, Princeton: Princeton University Press, 1955, vol.1;苏美

尔语翻译 S. N. Kramer,阿卡德语翻译 E. A. Speiser。(本书中略作 ANET)

————, ed., *The Ancient Near East*, vol.1: *An Anthology of Texts and Picture*, Princeton: Princeton University Press, 1958

Proclus, *Elements of Theology*, E.R.Dodds, ed. and trans., Oxford: Clarendon, 1963

R

Raingeard, P., *Hermès Psychagogue: Essai sur les origins du culte d'Hermès*, Paris: Belles Lettres, 1935

Renaud, Etienne, "Le recit du mi râj: une version arabe de l'ascension du Prophè dans le Tafsîr de Tabarî", see Kappler, *Apocalypses*

Ring, Kenneth, *Life after Death: A Scientific Investigation of the Near-Death Experience*, New York: Coward, McCann, and Geoghehan, 1980

Robinet, Isabelle, *Méditation taoïste*, Paris: Dervy Livres, 1979

Robinson, J.M., ed., *The Gnostic Library*, San Francisco: Harper & Row, 1988

Rucker, Rudy, *Geometry, Relativity and the Fourth Dimension*, New York: Dover, 1977

————, *The Fourth Dimension: Guided Tour of the Higher Universes*, Boston: Houghton Mifflin, 1984

————, ed., *Speculations on the Fourth Dimension: Selected Writings of Ch. H.Hinton*, New York: Dover, 1980

Rodriguez, Emir and Reid, Monegal Alastair, ed., *A Reader: A Selection from Writings of Jorge Luis Borges*, New York: Dutton, 1981

S

Sandars, N. K., trans., *The Epic of Gilgamesh*, Harmondsworth:

Penguin Books, 1972

Saso Michael, *The Teachings of Taoist Master Chuang*, New Haven and London: Yale University Press, 1978

Schaefer, Peter, *Synopse zur Hekhalot-Literatur*, Tubingen: Mohr, 1981

Schmidt, Carl and Till, W., ed., *Koptish-gnostische Schriften*, Part 1: *Die Pistis Sophia*, *Die beiden Bücher des Jeu*, *Unbekanntes altgnostisches Werk*, Berlin: Akademie, 1954

Scopello, Madeleine, "Contes apocalyptiques et apocalypses philosophiques dans la bibliothèque de Nag Hammadi", in Claude Kappler, ed., *Apocalypses*

Segal, Alan F., "Heavenly Ascent in Hellenistc Judaism, Early Christianity and their Environment", in *Aufstieg und Niedergang der römischen Welt*, Berlin: De Gruyter, 1980, vol.2

Scholem, Gershom, *Jewish Gnosticism*, *Merkabah Mysticism and Talmude Ttadition*, New York: Jewish Theological Seminary, 1965

Shea, David and Troyer, Anthony, trans., *The Religion of the Sufis*: *From the Dabistan of Mohsin Fani*, London: Octagon Press, 1979

Siegel, Ronald K., "Hallucinations", in *Readings from Scientific American*: *The Mind's Eye*, Jeremy M. Wolfe 导论, New York: W. H. Freeman, 1986

Silverstein, Theodore, *Visio Sancti Pauli*: *The History of the Apocalypse in Latin Together with Nine Texts*, London and Toronto: Christophers, 1935

Simon, Bennett, *Mind and Madness in Ancient Greece*: *The Classical Roots of Modern Psychiatry*, Ithaca and London: Cornell University Press, 1978

Stobaeus, *Florilegium* 1089h: *animae procreatione in Timaeo*

Stone, Michael E., *The Testament of Abraham*, Missoula: Scholars Press, 1972

Strong, John S., "Wenn der magische Flucht misslingt", in H. P. Duerr, ed., *Sehnsucht nach dem Ursprung*, Frankfurt: Syndicat, 1983

Stuip, R.E.V. and Vellekoop, C., ed., *Visioenen*, Utrecht: Hes Uitgevers, 1986

Sullivan, Lawrence E., *Icanchu's Drum: An Orientation to Meaning in South American Religions*, New York: Macmillan, 1988

T

Michel Tardieu, "Comme à travers un tuyau ....," in *Colloque international sur les texts de Nag Hammadi*, Toronto and Louvain: Laval University Press-Peeters, 1981

——, *Ecrits Cnostiques: Codex de Berlin*, Paris: Cerf, 1984

Tart, Charles C., ed., *Altered States of Consciousness: A Book of Readings*, New York: John Wiley & Sons, 1969

Till, W., ed. and trans., *Die gnostischen Schriften des koptischen Papyrus Berolinensis 8502*, Berlin: Academie, 1955

Tyler, Timothy J., ed., *Readings from Scientific American*, vol. of "Altered States of Awareness", San Francisco: W.H.Freeman

U

Ulansey, David, *The Origins of the Mithraic Mysteries: Cosmology and Salvation in the Ancient World*, New York and Oxford: Oxford University Press, 1989

V

Vahman, Feredun, trans., *Ardâ Wirâz Nâmag*: *The Iranian Divina Commedia*, London and Malmo: Curzon Press, 1986

W

Wahl, O., ed., *Apocalypsis Esdrae*; *Apocalypsis Sedrach*; *Visio Beati Esdrae*, Leiden: E.J.Brill, 1977

Wasson, R.Gordon and Wendy Doniger O'Flaherty, *Soma*: *Divine Mushroom of Immortality*, New York: Harcourt, Brace, Jovanovitch, 未注日期

Wehrli, F.R., *Die Schule des Aristoteles*, vol.7, Basel: Schwabe, 1957

Wertheimer, S.A., *Batei Midrashot*, Lauen Grodner, trans., D.R. Blumenthal, ed., Jerusalem: Mossad Harav Kook, 1968, 第 1 卷

Williams, Flank, trans., *The Panarion of Epiphanus of Salamis*, book 1, secs.1—46, Leiden: Brill, 1987

W.Y.Evans-Wentz, ed., Lama Kazi Dawa Samdup 译, *The Tibetan Book of the Dead*, or *The After-Death Experiences on the Bardo Plane*, London, Oxford, and New York: Oxford University Press, 1957

——, ed. and introdction., *The Tibetan Book of the Great Liberation or The Method of Realizing Nirvana through Knowing the Mind*, London, Oxford, and New York: Oxford University Press, 1968

——, ed. and introdction., Lama Kazi Dawa Samdup 译, *Tibetan Yoga and Secret Doctrines*, *or Seven Books of Wisdom of the Great Path*, London, Oxford, and New York: Oxford University Press, 1958

Weynants-Ronday, Marie, *Les Statues Vivantes*, Brussels: Fondation Egyptologique, 1926

Williams, Sidney Herbert, *A Handbook of the Literature of the Rev.* *C.L.Dodgson* [*Lewis Carroll*], London: Oxford University Press, 1931

Y

Yogananda, *The Autobiography of a Yogi*, Bombay: Jaico Publishing House, 1975.此书 1946 年初版,1951 年修订

Yoyotte, Jean, "Le jugement des morts en Égypte ancienne", in *Sources orientales*, vol.5: *Le jugement des morts*, Paris: Seuil, 1961

Yu Anthony C., ed. and trans., *The Journey to the West*, 4 vols., Chicago and London: Chicago University Press, 1977—1986

——, "Two Literary Examples of Religious Pilgrimage: The *Commedia* and *The Journey to the West*", in *History of Religions* 22, 1983

Z

Zaehner, R.C., *Hindu and Muslim Mystics*, New York: Schocken, 1969

Zaleski, Carol, *Otherworld Journeys: Accounts of Near-Death Experience in Medieval and Modern Times*, New York and Oxford: Oxford University Press, 1987

Zolla, Elémire, "Circe, la donna", in *Verità segrete esposte in evidenza: Sincretismo e fantasia, contemplazione ed esotericità*, Padua: Marsilo, 1990

图书在版编目(CIP)数据

出世：从吉尔伽美什到爱因斯坦的幽冥之旅/(美)约安·P.库里亚诺著；张湛译. —上海：上海书店出版社，2022.3(2023.9重印)

（人与宗教译丛）

书名原文：Out of This World：Otherworldly Journeys from Gilgamesh to Albert Einstein

ISBN 978 - 7 - 5458 - 2062 - 1

Ⅰ.①出… Ⅱ.①约… ②张… Ⅲ.①宗教-研究-世界 Ⅳ.①B928.1

中国版本图书馆 CIP 数据核字(2021)第 256161 号

责任编辑　吕高升
封面设计　郦书径

人与宗教译丛

出世：从吉尔伽美什到爱因斯坦的幽冥之旅

［美］约安·P.库里亚诺 著　张 湛 译

出　　版　上海书店出版社
　　　　　（201101　上海市闵行区号景路 159 弄 C 座）
发　　行　上海人民出版社发行中心
印　　刷　江阴市机关印刷服务有限公司
开　　本　889×1194　1/32
印　　张　10.625
字　　数　180,000
版　　次　2022 年 3 月第 1 版
印　　次　2023 年 9 月第 2 次印刷
ISBN 978 - 7 - 5458 - 2062 - 1/B · 110
定　　价　78.00 元